本书受山东师范大学经济学院学科振兴计划资助

本书是山东省自然科学基金青年基金项目（项目号：ZR2022QG088）的阶段性成果之一

政策激励、技术创新与产业高质量发展

冯学良 著

中国社会科学出版社

图书在版编目（CIP）数据

政策激励、技术创新与产业高质量发展 / 冯学良著. -- 北京：中国社会科学出版社，2024.3. -- ISBN 978-7-5227-3835-2

Ⅰ．F120；F124.3；F269.2

中国国家版本馆 CIP 数据核字第 2024YK3951 号

出 版 人	赵剑英
责任编辑	车文娇
责任校对	周晓东
责任印制	郝美娜

出　　版	中国社会科学出版社
社　　址	北京鼓楼西大街甲 158 号
邮　　编	100720
网　　址	http://www.csspw.cn
发 行 部	010-84083685
门 市 部	010-84029450
经　　销	新华书店及其他书店
印　　刷	北京明恒达印务有限公司
装　　订	廊坊市广阳区广增装订厂
版　　次	2024 年 3 月第 1 版
印　　次	2024 年 3 月第 1 次印刷
开　　本	710×1000　1/16
印　　张	14.25
字　　数	208 千字
定　　价	75.00 元

凡购买中国社会科学出版社图书，如有质量问题请与本社营销中心联系调换
电话：010-84083683
版权所有　侵权必究

前　言

　　改革开放40多年来，中国产业结构转型与优化升级，既有市场机制调节资源配置的作用，也是政府出台各类政策积极干预的结果。政府通过一系列的创新激励政策，引导企业加快技术创新，对推动产业转型升级具有重要作用。随着中国经济逐渐由高速增长转向高质量发展的新阶段，产业高质量发展成为新的趋势。那么，政策引导、多方参与的模式对产业高质量发展会产生何种深远影响，技术创新在政策激励推动产业高质量发展的过程中又发挥了怎样的作用，这些问题引发了理论界和学术界的广泛关注。本书将对上述问题进行系统化和规范化的研究，通过理论与实证相结合的方法，试图阐释中国自改革开放以来，政策激励推动技术创新以及影响产业高质量发展的理论逻辑与现实路径。具体而言，本书在梳理、总结已有文献的基础上，提出了政策激励、技术创新与产业高质量发展的内在机制，通过三阶段动态博弈模型、技术内生能力模型对三者的关系进行理论分析，并对中国技术创新水平和产业高质量发展状况进行综合测度，最后基于企业、城市、省际等多层级数据，使用双向固定效应模型、因果推断法（PSM、DID）、空间面板模型，分别从微观、宏观和空间溢出的视角实证检验了政策激励、技术创新与产业高质量发展的影响关系。

　　本书的结构安排如下：第一章为绪论；第二章为核心概念界定与文献综述，对本书涉及的核心概念进行了界定，对已有研究的新进展进行了梳理与评述；第三章为政策激励、技术创新与产业高质量发展的理论机制，通过构建从政策激励到企业创新选择，再到产业高质量发展的分析框架，阐明了政策激励、技术创新与产业高质量发展的内在关系；第四章为中国技术创新评价与关联因素分析，在概述中国技术创新的现状与特征后，对中国技术创新水平进行了测度，并指出影响中国企业技术创新的关联因素；第五章综合度量产业高质量发展，从区域、重点城市和行业等不同维度测度了中国产业高质量发展指数；第六至第八章为实证分析，其中，第六章基于中国A股上市公司数据实证检验政策激励对企业技术创新的影响；第七章以城市面板数据为样本，以一个准自然实验的视角实证分析政策激励对产业高质量发展的影响，并对二者的中介机制进行了检验；第八章从空间溢出视角实证检验政策激励、技术创新影响产业高质量发展的溢出效应，并实证检验了政策激励、技术创新与产业高质量发展的协同关系；第九章为本书的主要结论、建议与展望。

基于对理论与实证的分析，本书得出了关于政策激励、技术创新与产业高质量发展问题的主要结论，具体如下。

第一，在微观层面上，创新政策激励能显著促进企业加大研发投入，提高创新产出数量，但是对于提升企业技术创新质量的作用较为有限。创新激励政策强化了企业的短期创新偏好，偏离长期创新的选择是导致技术创新质量不高的重要原因，而市场化竞争在一定程度上避免了政策的过度干预。

第二，在宏观层面上，创新政策激励能显著提升地区产业高质量发展水平。整体上，在城市层面实施的创新政策可以优化区域内资源配置，促进创新要素向高附加值产业流动，提升产业质量。然而，创新城市试点对产业高质量发展的影响因地理禀赋、城市规模和经济发展水平的不同而存在一定的差异。其中，创新激励和生产性服务业集聚是政策激励促进产业高质量发展的中介机制。

第三，从协同机制上看，政府实施一定的创新激励政策在推动地区产业高质量发展中的作用是有效的，同时，技术驱动产业高质量发展的效应是明显的，产业高质量发展在很大程度上依赖精准的政策激励和技术创新，以提高劳动生产率，淘汰落后产能，促进产业的高效化与绿色化。

第四，在空间溢出效应中，政策激励、技术创新对地区产业高质量发展的影响存在明显的地理空间关联性。政策的溢出效应不仅对本地区产业高质量发展具有显著影响，还可以通过空间效应影响其他地区的要素流动进而改变本地和其他地区的产业高质量发展水平。

本书尝试在以下方面做出创新：第一，在理论层面，本书构建了从外部的政策激励到微观企业创新决策，再到宏观层面产业高质量发展的分析框架，完整阐释了外生的政策影响是如何作用于产业发展的，为识别发展型政府、推动并实现产业高质量发展的内在机制，提供了一定的借鉴与参考。第二，在指标量化上，本书使用主成分分析法和熵权法，从多个维度建立中国城市层面和省际层面的产业高质量发展指标体系，测算得到产业高质量发展的综合指数，为后续的实证研究奠定基础。第三，在实证研究中，本书分别从微观、宏观和空间溢出效应三个维度进行实证关系检验，量化了"政策激励"这一较为主观的变量，从而使研究结论更加客观。在创新投入、创新产出的基础上，进一步引入创新质量对企业技术创新进行量化，从而区分了创新规模和创新质量，为分析中国长期存在的低水平创新原因提供了思路。本书使用工具变量法和因果推断法克服了实证研究中可能存在的内生性问题。

尽管本书试图深刻阐释政策激励、技术创新与中国产业高质量发展的问题，但受限于部分数据资料的可得性和一些指标量化的难度，以及其他客观原因，许多问题并没有得到充分解答。随着时间的推移，中国产业高质量发展进程可能会出现新的问题、新的现象和新趋势，这仍值得深入观察和追踪研究。

由于作者水平有限，书中不足之处，在所难免，恳请读者批评、指正。在本书撰写过程中，我参考了大量文献，敬列于参考文献部分，在此对相关领域的学术前辈、专家、同行，表示崇高的敬意和衷心的感谢。同时，由衷感谢南开大学邓向荣教授、张云教授、李宝伟副教授，西北农林科技大学聂强副教授，国务院发展研究中心张嘉明副研究员，对书稿提出的建设性指导意见。感谢山东师范大学乔翠霞教授的鼓励与帮助，感谢山东交通学院周桢博士对书稿出版给予的大力支持。另外，中国社会科学出版社的工作人员为本书的出版倾注了大量心血，在此谨致谢意。

冯学良

目　录

第一章　绪论 ………………………………………………………… 1

　　第一节　研究背景与研究意义 ……………………………………… 1
　　第二节　研究目的与研究内容 ……………………………………… 8
　　第三节　研究思路与研究方法 ……………………………………… 12
　　第四节　创新之处与不足 …………………………………………… 13

第二章　核心概念界定与文献综述 ………………………………… 16

　　第一节　核心概念界定 ……………………………………………… 16
　　第二节　文献综述 …………………………………………………… 18
　　第三节　文献评述 …………………………………………………… 30

第三章　政策激励、技术创新与产业高质量发展的理论机制 …… 32

　　第一节　政策激励影响企业技术创新的内在机制 ………………… 32
　　第二节　技术创新影响产业高质量发展的内在机制 ……………… 38
　　第三节　政策激励、技术创新与产业高质量发展的
　　　　　　协同传导机制 ……………………………………………… 41
　　第四节　本章小结 …………………………………………………… 48

第四章　中国技术创新评价与关联因素分析 ……………………… 49

　　第一节　中国技术创新的现状与特征 ……………………………… 49
　　第二节　中国技术创新水平测度 …………………………………… 62

　　　　第三节　中国与世界科技前沿国家的技术创新
　　　　　　　水平比较 ··· 70
　　　　第四节　影响中国技术创新的关联因素分析 ··············· 76
　　　　第五节　本章小结 ··· 80

第五章　产业高质量发展综合度量与特征分析 ··············· 81
　　　　第一节　省级层面的产业高质量发展测度 ·················· 81
　　　　第二节　重点城市产业高质量发展测度 ····················· 88
　　　　第三节　不同产业的高质量发展测度
　　　　　　　——以制造业为例 ····································· 97
　　　　第四节　本章小结 ··· 103

第六章　政策激励影响企业技术创新的实证分析 ··············· 105
　　　　第一节　问题的提出 ·· 105
　　　　第二节　研究假说 ··· 107
　　　　第三节　计量模型与数据来源 ································· 109
　　　　第四节　实证结果分析 ··· 113
　　　　第五节　内生性讨论
　　　　　　　——来自因果推断的检验 ····························· 127
　　　　第六节　市场竞争与政策激励的互补性检验 ··············· 130
　　　　第七节　本章小结 ··· 133

第七章　政策激励促进产业高质量发展的实证分析
　　　　——一个准自然实验的证据 ··································· 135
　　　　第一节　问题的提出 ·· 135
　　　　第二节　研究假说 ··· 136
　　　　第三节　研究设计 ··· 140
　　　　第四节　双重差分模型的适应性检验 ························ 142
　　　　第五节　实证结果分析 ··· 146
　　　　第六节　中介机制分析 ··· 159

第七节　本章小结 …………………………………………… 162

第八章　政策激励、技术创新与产业高质量发展的溢出效应研究
　　　——基于空间视角的实证分析 ………………………… 164

第一节　问题的提出 ………………………………………… 164
第二节　理论分析与研究假说 ……………………………… 165
第三节　模型构建与数据说明 ……………………………… 168
第四节　实证结果分析 ……………………………………… 179
第五节　中介机制检验 ……………………………………… 191
第六节　本章小结 …………………………………………… 193

第九章　结论、建议与研究展望 ……………………………… 195

第一节　主要结论与政策建议 ……………………………… 195
第二节　研究展望 …………………………………………… 199

参考文献 ………………………………………………………… 200

第一章 绪论

第一节 研究背景与研究意义

一 研究背景

(一) 中国经济进入了高质量发展的新阶段

改革开放 40 多年来,中国经济增长取得了举世瞩目的成就,创造了经济增长奇迹,为拉动世界经济增长作出了重要贡献。根据国家统计局公布的数据,中国 GDP 由 1978 年的 3679 亿元增长至 2020 年的 101 万亿元,人均 GDP 由 1978 年的 155 美元提高至 2020 年的 1 万美元以上[①]。与此同时,三次产业结构不断变化和调整。伴随近十年移动互联网的兴起,"平台经济""互联网+"等新模式、新业态进一步加速了第三产业的发展步伐。截至 2019 年年底,中国三次产业产值比重分别为 7.1%、38.6% 和 54.3%,第三产业产值超过第一产业和第二产业产值之和。其中,第三产业增加值比重分别在 2011 年和 2012 年超过第一产业和第二产业,成为产业增加值最高的产业。随着经济总量的持续上升,人均 GDP 已经突破 1 万美元大关,初步进入中等收入国家行列,中国产业逐渐在全球价值链中由中低端向中高端迈进。在参与全球市场的竞争中,中国制造向中国创造转变的趋势非常明显。这就需要深入变革经济增长方式,以适应新发展阶段的要素

---

① 国家统计局网站,http://www.stats.gov.cn/tjsj/zxfb/202102/t20210227_1814154.html。

投入方式。曾经的以牺牲环境为代价、容忍非均衡、粗放式的经济高速增长模式明显已经不适应当前经济发展的要求，中国正转向经济高质量发展的新模式。尤其是在党的十九大以后，以创新驱动实现中国经济高质量发展成为新的共识。

（二）推动中国产业高质量发展成为新的趋势

经济高质量发展离不开产业高质量发展，回顾改革开放以来的中国产业发展史，政策引导、技术革新、产业升级是一以贯之的逻辑主线。经过改革开放 40 多年的持续快速发展，中国已经成为制造大国、交通大国、物流大国、网络大国、科技大国、能源大国等，许多产业已实现了在数量与规模上对发达国家的追赶和超越。但中国还不是产业强国，在质量、效率、竞争力、品牌、前沿技术等方面还需"二次追赶"。值得注意的是，自 2012 年以来，中国工业增加值占 GDP 的比重持续下降，以服务业为主的第三产业增加值占比则相对上升。这一方面反映了中国仍处于工业化进程，第二产业增速的下降部分解释了经济增速的下降；另一方面也反映出受信息技术支持和产业转型升级推动，服务业继续保持较快发展势头，特别是现代服务业加快发展，为产业高质量发展提供了重要契机。未来五至十年，新一轮科技革命和产业变革将会深入推进，国际产业、科技竞争更加激烈，产业分工和贸易环境会出现许多新的重大变化。新一代信息技术、高端装备制造、新材料、生物医药、新能源汽车、新能源、节能环保、数字创意、相关服务业等战略性新兴产业，代表了新一轮科技革命和产业变革的方向，是培育发展新动能、获取未来竞争新优势的关键领域。因此，在战略性新兴产业发展的重要窗口期，推动产业高质量发展，全面改造提升传统产业成为新的趋势。

（三）中国研发投入与创新规模居于世界前列，但创新质量不高

科技创新是一国保持竞争力的重要保障。近十几年来，中国科技创新保持了跨越式的发展，企业科研投入强度和创新水平得到显著提升。从研发投入情况看，2020 年，中国研发（R&D）经费支出总量达 2.4426 万亿元，居世界第二位，仅次于美国；研发投入强度（研

发投入占GDP比重）超过2.4%[①]，已接近发达国家的水平。其中，2020年中国基础研究经费支出1504亿元，占研发经费支出总量的6.16%，这也是在2019年中国基础研究经费比重首次突破6%后的继续上升。相比于过去多年中国基础研究经费比例长期在4%—5%徘徊，这一变化说明中国对原始创新方面的重视程度和重点领域的投入力度有了较大幅度的提升。此外，中国的研发人员全时当量位居世界第一，创新型企业数量庞大，为中国建设世界科技强国奠定了基础。从国际上对创新型国家的公认指标来看（如研发投入占GDP比重达到2.5%，科技进步贡献率超过60%），中国基本上进入了创新型国家行列。

从创新产出水平看，世界知识产权组织发布的最新数据显示[②]，2020年中国国际专利申请量同比增长16.1%，以68720项稳居世界第一。紧随其后的是美国，国际专利申请量达59230项。日本、韩国和德国分别位居第三、第四、第五。另据《2020世界知识产权指标》，2019年中国受理的专利申请数量达到140万项，连续9年排名全球第一，是排名第二国家专利申请数量的两倍以上。中国专利申请数量在2011年上升为世界首位后，连续多年保持绝对的领先地位。2019年中国专利申请数量占全球总量的43.4%，在过去10年里该比重增长超过26个百分点。在实用新型专利申请方面，中国的申请数量出现大幅上升的趋势，由2009年的近31万项增长到2019年的近230万项。

然而，我们也应看到，在许多前沿技术领域，中国的技术创新能力与世界前沿技术的差距仍非常大。据统计，中国在半导体设备和材料、超高精度机床、工业机器人、全球顶尖精密仪器、垃圾焚烧设备等领域仍然与国际先进技术存在很大差距，而这些领域中的核心技术往往影响一国在全球产业价值链中的位置。从世界知识产权组织发布的《2020年全球创新指数》看，中国2020年获得了53.28分的全球

[①] 国家统计局网站，http://www.stats.gov.cn/tjsj/zxfb/202102/t20210227_1814154.html。

[②] 世界知识产权组织网站，https://www.wipo.int/global_innovation_index/zh/2020/。

创新指数成绩，位列全球第 14，这一结果与 2019 年持平，也是第二次在排行榜中进入前 20 名。这一结果与中国排名世界第二的研发投入规模以及排名世界第一的专利大国地位并不相称。同时，中国仍然面临着创新质量不高、核心技术严重依赖进口的被动局面，这也意味着中国高水平创新能力仍有待大幅提升。

（四）中国推出大规模的产业政策以激励企业创新

中国实施了大规模的各类产业政策，整体上激发了企业开展创新活动的热情，提升了企业的研发投入和创新产出。但是，"一刀切"的政策激励也存在许多弊端。以电动汽车行业为例，自 2008 年国际金融危机和全球气候变暖引起世界各国的广泛关注以来，新能源汽车的概念逐渐兴起，也成为政府主导的战略性新兴产业之一。据统计，2009—2019 年中国推出对电动汽车行业的扶持政策，但是国产电动汽车始终难以掌握核心技术，无法与国际前沿的电动汽车技术"同台"竞争。相反，许多企业通过各种方式和噱头"骗取"国家创新补贴的事件却层出不穷、屡禁不止[①]。2019 年 3 月，财政部等四部委联合出台文件，对新能源汽车的扶持政策及补贴标准进行了调整。随后半年多的时间里，陆续出现了新能源汽车企业的倒闭浪潮。这一现象说明，如果缺乏一定的市场竞争机制，中国的产业政策不仅会加剧各方的投机行为，导致资源浪费，而且会错过技术创新与产业变革的机会窗口。事实上，很多研究表明，中国大规模的产业政策在一定程度上激励企业开展了很多追求短期收益的低水平、策略性创新，偏离了以核心技术研发与基础研究为主的实质性创新。因此，对新兴产业的发展和技术创新的支持，还需要更为精准的政策激励，既要避免因政府参与导致的产能过剩，还应帮助那些真正进行前沿性创新的高新技术企业完成技术升级。

（五）中国科技创新和产业高质量发展面临新的挑战

随着中国经济增长稳步推进、技术创新能力持续增强，产业发展

---

① 《72 家车企涉嫌骗补谋补：集体"作弊"反思新能源补贴政策之殇！》，搜狐网，https://www.sohu.com/a/114236286_254218，2016 年 9 月 13 日。

模式加快变革，新一轮科技革命孕育了新一轮产业风口和机遇，中国进入了新的发展阶段。然而，世界格局和外部环境的不确定性以及逆全球化潮流涌动，为中国产业全面迈向全球产业价值链中高端带来了巨大挑战。自2018年以来由美国发起的贸易保护政策和高关税壁垒破坏了世界贸易规则，在此情形下，美国对中国部分高科技企业的"断供"和"实体名单"限制严重阻碍了中国科技水平的进一步提升。尽管中国在许多领域已经取得辉煌的成就，但在客观上，大量"卡脖子"技术和原始创新能力不足，依然制约着中国的产业发展水平和全球产业价值链的分布。当"低垂的果子"摘完后中国需要进一步依靠核心技术提升产业发展质量时，如何正视中国当前科技创新领域面对的新挑战，是一项重大社会课题。

自改革开放以来，中国产业发展过程长期采用的"引进、消化、吸收、再创新"模式，在很大程度上节约了技术研发与创新的周期，快速缩短了与先发国家的技术差距，促进了中国产业结构的转型与发展，为中国保持经济高速增长奠定了重要基础。毋庸置疑，利用要素禀赋和后来者优势，开展模仿创新的技术变迁路径可以降低创新研发失败的概率，避免走不确定性创新的"弯路"，大幅度缩短技术追赶与跨越的时间。但事实上，这一创新模式对低水平技术、低层次创新具有广泛的应用前景，却并不适用于关键核心技术的突破。而且，技术引进或"以市场换技术"的模式，永远也"引不来、换不来"核心的底层技术和经年累月研发所形成的宝贵经验。特别对于原始创新、底层技术以及基础研究而言，没有持续、大规模的研发投入以形成技术累积效应，很难实现关键技术的突破。

当中国处在由科技大国迈向科技强国的重要关口时，如何强化政府的精准政策引导，激发原始技术创新的意愿和动力，真正实现以基础研发能力为主的核心技术创新，是实现中国创新强国的必经之路，也决定了未来中国产业高质量发展的高度。

二 研究意义

（一）理论意义

第一，本书构建了政府创新激励政策影响企业创新选择的理论机制，阐释了政策激励效应在微观层面的作用过程。具体而言，本书通过三阶段动态博弈模型刻画了在政府社会福利最大化目标与企业利润最大化目标不一致的情况下，后者向最优化均衡状态调整的路径。这在一定意义上表明在较长的一段时间内中国的创新政策与产业政策能够有效提高短期化应用创新水平的客观现状，但对于研发周期更长、研发投入更大而研发失败概率更高的原始创新的促进作用相对有限。

第二，构建了技术创新影响产业高质量发展的理论机制。具体而言，本书在产业层面拓展了技术内生化模型，从而解释了企业层面的技术创新如何影响产业发展水平。基于技术创新内生化的分析框架，建立低水平产业发展部门和高水平产业发展部门的经济增长模型，考察技术创新决定产业高质量发展在理论层面的影响机理。因此，本书在理论层面解释了中国的创新政策激励尽管有助于产业转型升级，但是在很大程度上是通过政策推动低技术层级的结构转型和要素转移来完成的，而在向更高产业价值链攀升所需的重大核心技术的突破上，政策激励的作用难以体现。

第三，本书提出了政策激励、技术创新与产业高质量发展的内在机制。

本书将政策激励、技术创新和产业高质量发展纳入统一的分析框架，试图从微观、宏观两个维度阐明政策激励、技术创新影响产业高质量发展的传导机制，并引入市场竞争的补充与调节效应。在微观层面，通过创新政策的信号效应和"逆向选择"改变企业的研发创新的融资环境，进而影响企业的短期化创新和长期化创新，最后通过技术累积效应、知识溢出效应等渠道传递至产业高质量发展上。在宏观层面，创新激励政策可以通过环境规制、高新技术产业集群发展、淘汰落后产能等渠道直接影响产业高质量发展水平。

第四，相较于政策激励对技术创新的影响，本书试图刻画产业政策之外的市场化程度对原创性技术创新的作用过程，从而深入揭示技术创新的内在逻辑以及中国长期低水平技术创新的原因。改革开放40多年来，中国的技术创新正处在由模仿创新向原始创新的转变阶段。

在创新的不同阶段对要素投入的要求并不一样，在前期低水平创新的要素"红利"被吃尽后，后续高层次创新变得更加困难，创新的边际成本逐步抬升。对于需要大量研发投入并在不确定性中取得研发成果的高水平技术创新而言，外部的政策补助往往难以满足这一研发创新的需要，因而较难发挥创新的激励作用。在相对自由的市场环境中，职业经理人能够更敏锐地感知市场需求和技术应用的前景，对重大核心技术问题有更客观、更清晰的认识。而资本市场（如风险投资）的资本所有者提供了该技术研发所需的资金，为新技术突破创造了可能。

（二）现实意义

第一，本书测度了中国区域（省级和城市）层面和产业层面的产业高质量发展指数，为产业高质量发展评价提供了参考。在以往的文献中，很少有学者对产业高质量发展进行量化分析，部分关于产业高质量发展的研究也均属于定性分析，因此，本书开创性地构建了产业高质量发展评价指标体系，使用多种方法评估和测度区域层面与产业层面的产业高质量发展水平。此外，本书还绘制了全国层面的产业高质量发展水平分布地图，从产业发展空间层面，解释了中国区域空间分布与转移规律，为大都市圈的建设提供了一定的依据。

第二，通过分析创新引导政策对技术创新的影响过程，阐明政策激励如何更好地促进并激励企业提升核心技术创新能力，为后续政策出台提供了一定的参考和借鉴。在中国实施创新驱动发展战略的背景下，从中央到地方均有各类引导和鼓励企业开展科技创新活动的相关政策，大量政策的出台在激发企业创新活力的同时，也存在诸多不利因素和弊端，例如，部分企业可能会"伪装""美化"成科技型企业以骗取国家创新补贴，但事实上这类"被美化"的企业并无实质性创新的能力和意愿。因此，如何甄别政策激励对企业创新活动的促进作用，有效发挥政策引导的实质性作用，更好地提升企业创新能力，具有重要的研究价值。

第三，基于大量数据和事实，为呈现中国技术创新的优势与不足，本书通过技术创新的国际比较，厘清中国技术创新与先发国家的技术差距，为后续技术跨越和追赶提供借鉴。近年来，大量媒体报道聚焦中国的科技创新水平以及重大科研成果产出，一定程度上夸大了中国在前沿性核心技术领域的优势和地位，掩盖了中国技术创新面临的机遇与挑战。与此同时，中美贸易摩擦以及美国针对中兴、华为的限制进口事件，则从侧面暴露了中美两国技术差距的客观事实。如何正确认识和理解中国技术创新的现状与事实，找出推进中国技术创新与追赶的现实途径，是当前研究的重要内容。因此，本书的研究具有重要现实意义。

第二节　研究目的与研究内容

一　研究目的

第一，对产业高质量发展进行量化分析，并将政策激励、技术创新与产业高质量发展纳入同一研究框架，就三者的影响关系进行理论分析与实证检验。产业高质量发展是经济高质量发展的重要组成部分，也是近年来学术界和理论界的热点问题。目前，关于产业高质量发展的文献多集中于定性分析，缺少定量研究。本书试图构建产业高质量发展评价指标体系，测度中国产业高质量发展的综合指数。此外，中国产业发展与政府的政策引导、技术革新关系密切，那么，政策激励、技术创新与产业高质量发展之间的逻辑关系如何，本书将通过理论和实证进行检验。

第二，聚焦中国当前低水平创新的客观现状，发现问题，分析原因，总结规律。在新一轮科技革命与经济高质量发展的目标下，总结中国技术创新的进程、取得的成就与存在的问题，客观评价中国在技术前沿领域的真实创新水平以及与技术领先国存在的差距。基于此，探究中国改革开放40多年来相关政策对企业技术创新活动的推动作用和技术累积贡献，客观地反映中国创新激励政策对企业真实创新活动的影响，通过区分基础创新与应用创新的差异，从而找出中国几十年技术创新与产业发展进程中，核心技术研发创新能力不足的深层原因和可能的解决方案，以适应新时期经济高质量发展和产业价值链全面攀升的新要求。

二 研究内容

本书聚焦改革开放40多年来政策激励对技术创新的影响路径，将技术创新区分为以底层技术为核心的基础研发和面向商品市场的应用技术研发，试图解释政策激励对核心技术能力提升以及产业高质量发展的影响。具体包括以下内容。

第一章为绪论。这一部分主要概述了本书的研究背景、研究意义、研究内容、研究方法、研究思路、技术路线、本书的创新之处与不足。

第二章为核心概念界定与文献综述。在这一部分，首先对政策干预与政策激励、创新数量与创新质量、产业升级与产业高质量等概念进行了界定与比较，其次从不同维度梳理了政策激励影响技术创新及产业发展的相关研究，通过归纳已有文献资料，对比了已有文献的研究视角和研究结论，准确把握了这一问题的研究进展，并指出了围绕这一主题的相关研究的不足和局限。

第三章为政策激励、技术创新与产业高质量发展的理论机制。这一部分从理论层面刻画了创新政策影响技术创新的信号传递模型，通过三阶段动态博弈揭示在技术创新的实现过程中，政府和企业在不同目标下可能做出的反应，从而阐释了政策激励影响企业创新选择的内在机制。进一步，本章基于技术创新内生化的分析框架，建立低水平产业发展部门和高水平产业发展部门的经济增长模型，考察技术创新影响产业高质量发展的理论逻辑。在此基础上，本章建立了政策激励、技术创新与产业高质量发展的协同传导机制。

第四章为中国技术创新评价与关联因素分析。本章梳理了中国技术创新的现状与特征，利用大量指标和数据对中国技术创新水平进行测度并对影响技术创新的关联因素进行分析，最后与先发国家存在的技术差距进行了对比分析。

第五章为产业高质量发展综合度量与特征分析。本章使用主成分分析法、熵权法，构建了省级层面和城市层面的产业高质量发展的评价体系，并测度了省级和部分城市历年产业高质量发展综合指数。除测度区域层面的产业高质量发展指数外，本章还按照《国民经济行业分类》（GB/T 4754-2017）中的两位数行业分类规则，测度了33个行业历年产业高质量发展指数。

第六章至第八章为实证分析。其中，第六章为政策激励影响企业技术创新的实证分析，主要从微观视角实证检验政策激励对企业技术创新的影响关系，从企业创新的投入、产出、质量三个视角测度企业技术创新，以体现政策引导对创新效果的推动作用。

第七章为政策激励促进产业高质量发展的实证分析。这一章属于宏观层面的政策激励对产业高质量发展的影响，主要以创新城市建设政策为准自然实验，使用双重差分法实证检验宏观层面的政策激励对产业高质量发展的影响。

第八章为政策激励、技术创新与产业高质量发展的溢出效应研究。本章使用空间杜宾模型、空间滞后模型和空间误差模型实证检验了创新激励政策、技术创新与产业高质量发展的空间分布特征与协同影响关系，测度了不同年度的产业高质量发展的莫兰指数，并画出了中国31个省份产业高质量发展的不同空间分布。本章还使用中介效应模型检验了技术创新在政策激励影响产业高质量发展中的作用机制。

第九章为结论、建议与研究展望。这一部分总结了本书的主要结论，基于研究结论提出了针对性的政策建议，并对这一问题后续可能的研究方向进行了展望。

三　技术路线

本书的技术路线如图1.1所示。

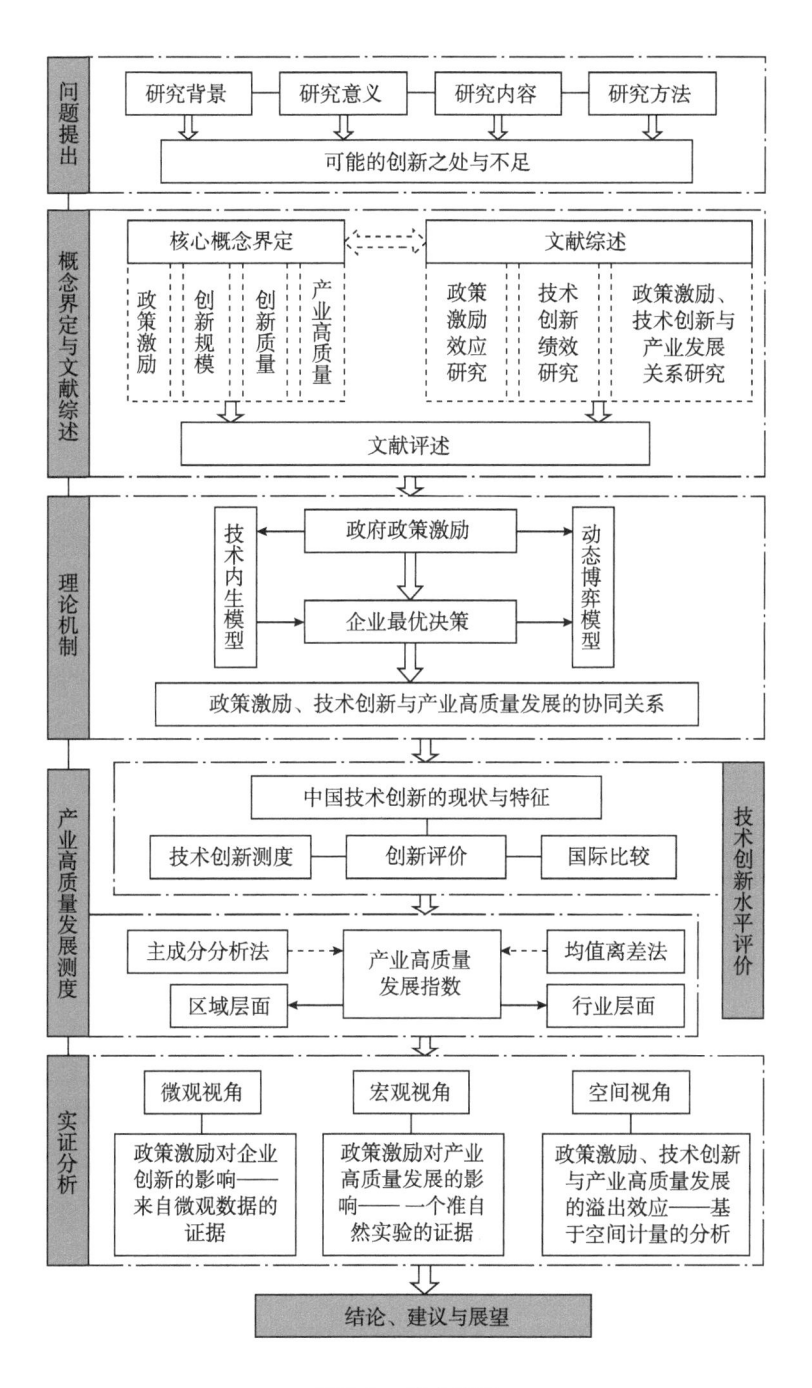

图 1.1 技术路线

第三节　研究思路与研究方法

一　研究思路

基于研究内容，本书的研究思路主要体现在：第一，通过研究背景和文献分析明确已有研究的主要内容和结论，总结已有研究的不足和局限，从而找到本书研究的切入点。第二，在理论层面构建政策激励影响技术创新及产业高质量发展的内在机制，阐明政策激励对中国技术创新的实质性贡献和可能的政策效果。第三，基于大量数据呈现中国技术创新的现状、特征及技术创新的国际比较，并对中国技术创新水平进行测度。第四，产业高质量发展是本书相较于以往研究中较为新颖的内容，鉴于现有文献缺少对产业高质量发展的定量分析，本书专门建立了产业高质量发展评价指标体系，并测度了省级层面和城市层面的产业高质量发展综合指数，为后文的实证研究提供基础。第五，分别从微观、宏观、空间溢出三个视角实证检验政策激励对技术创新及产业高质量发展的影响。第六，得出本书的研究结论，并提出有针对性的政策建议。

二　研究方法

（一）定性研究与定量研究相结合

1. 定性研究

本书建立政策激励影响微观经济主体创新选择的理论机制模型，并运用动态博弈模型阐述在不同目标下各参与方为实现利益最大化而出现的博弈过程。此外，本书从学理的角度分析影响企业创新的相关因素，包括外部因素（如政策扶持、营商环境和市场化水平）和内部因素（如企业财务状况、内部管理结构、企业所有制、企业家才能和地理禀赋）。

2. 定量研究

基于不同的数据类型和研究目标，本书分别使用多种计量方法进行实证分析。具体而言，本书基于 WIND 数据库、CNRDS 数据库、国家专利局数据库、《中国城市统计年鉴》和《中国科技统计年鉴》等样本数据，呈现中国科技创新的规律特征，并使用双向固定效应模型、双重差分法、空间面板模型、Logit 模型实证检验政策激励对技术创新及产业高质量发展的影响。

（二）规范分析与实证分析相结合

本书从理论层面阐述政策激励影响技术创新及产业高质量发展的内在机制，以及政策出台后微观企业可能的行为选择。本书基于数据对政策激励、技术创新水平和产业高质量发展进行预测度量化，并使用多种计量模型实证检验上述变量的影响关系。

（三）文献分析法

本书在文献回顾部分，按照政策激励、技术创新绩效以及产业发展三个大的维度梳理已有文献和已有研究推进的逻辑主线及脉络，梳理相关研究在不同阶段从何种视角、使用何种方法进行何种研究，进而得出研究的边际贡献。

（四）对比分析法

该方法在本书中有广泛的应用。首先，从技术创新的角度，本书将中国与技术领先的创新情况进行对比分析，然后对中国与全球主要经济体的技术创新差距进行横向比较和纵向比较。其次，在实证分析中，本书进行了不同样本的异质性分析，考察不同条件下主要变量间的影响关系。最后，在数据层级上，本书对比了企业、城市、省级层面各指标的差异。

第四节 创新之处与不足

一 可能的创新之处

第一，本书构建了外部的政策激励到微观企业创新决策再到宏观层面产业高质量发展的理论框架，完整阐释了外生政策影响是如何作用于产业发展的，为识别发展型政府推动并实现产业高质量发展的内在机制提供了一定的借鉴与参考。首先，本书拓展了 Petrakis（2002）

关于政府补助影响企业创新的理论模型，在加入涵盖模仿创新与原始创新的因素后，建立了更为细致的微观企业创新激励效应模型。其次，本书采用三阶段动态博弈模型刻画了在不同目标约束下，政策激励促使企业创新选择分化，进而决定技术创新水平差异的内在机制，拓展了已有理论的解释宽度，补充了这一研究的不足。再次，本书改进了技术能力内生模型，呈现了技术创新影响产业高质量发展的内在逻辑。最后，本书就政策激励、技术创新与产业高质量发展的协同传导机制进行了阐述。

第二，本书对产业高质量发展进行了量化与测度，构建了产业高质量发展指数。已有关于产业发展方面的实证研究，多以产业升级作为切入点，并从产业结构高度化与产业结构合理化两个维度测度产业结构升级。但是，无论是产业结构的高度化与合理化，均反映了产业变迁中的结构性问题，而产业发展中的质量升级却无法客观体现。自党的十九大以来，中国逐渐转向经济高质量发展的新阶段，高质量的丰富内涵不仅指经济高质量发展，落到产业层面，也需要实现产业高质量发展。目前，关于产业高质量发展的相关文献主要以定性分析为主，定量分析的文献较少，且缺乏对产业高质量发展的测度与量化分析。因此，本书使用主成分分析法和熵权法，基于多个维度建立中国区域层面和行业层面的产业高质量发展评价指标体系，测算产业高质量发展的综合指数，为后续的实证研究奠定基础。

第三，在数据分析部分，本书基于大量的创新数据指标如专利、研发投入（R&D）、论文数量等，测算了中国整体的技术创新水平，呈现了中国长期创新的优势和不足，分析了影响技术创新的关联因素，并就创新指标数据进行了国别层面的比较。这在一定程度上明确了中国与前沿技术国家存在的差距与追赶的方向。

第四，在实证研究中，本书量化了"政策激励"这一较为主观的变量，从而使得研究结论更加客观。具体而言，本书基于中国近3000家上市公司年报数据，通过关键词检索的方式提取了"研发""科技""科研"等30多条政府创新补助政策，以其占政府补助总额的比重作为创新激励的代理变量，实证研究政策激励对企业创新行为的影响。

此外，本书在创新投入、创新产出的基础上，进一步引入创新质量对企业技术创新进行量化，从而区分了创新规模和创新质量，为中国摆脱长期低水平创新提供了思路。

二 本研究的不足之处

第一，受限于数据的可得性，本书在微观数据的处理中采用了中国 A 股上市公司数据作为样本，但是许多具有创新意识的科技中小企业或超大型科技企业并不在这一样本范围内。例如，中国工业企业数据库提供了中国规模以上企业的大样本数据，但该数据库自 2008 年以后的数据缺失情况较为严重，而 2007 年及以前的企业数据无法反映中国最近十几年的创新趋势，因此本书放弃使用该数据库。但不可否认的是，许多原创性的技术来自中小微企业，特别是初创期的小微企业。由于数据收集的难度，目前该类企业未能进入样本范围，因而这一研究可能具有一定的偏差和局限。

第二，本书在对技术创新的分析与量化中引入了创新质量，这相对于以往文献多使用企业的研发投入和专利数据算是一个小的进步。但是，本书仅使用专利引用率作为创新质量的测度指标，无法采用更有说服力的指标来衡量原创性技术或基础性创新。已有的文献关于数量型创新的讨论已经足够充分，而对创新质量的分析，尤其是如何从原始创新等角度更为客观地反映创新质量，本书未能提供更好的方案。

第二章 核心概念界定与文献综述

第一节 核心概念界定

一 政策干预与政策激励

新古典经济学所倡导的完全信息市场条件下的均衡状态在现实中并不存在，市场机制并不能完全解决外部性、垄断、收入分配和公共品供给等问题。从技术创新的角度，由微观个体主导的技术创新具有外部性和（准）公共品的特点，即研发创新的风险和成本由微观个体承担，而研发创新的成果通过技术溢出效应由全社会共享。在知识产权保护机制不健全、研发活动的风险和门槛过高、潜在的收益难以弥补研发成本的情况下，理性的微观经济体往往不会进行研发创新。因此，政府应对开展研发活动的微观经济体进行必要的干预与补偿，以激励其进行技术创新。顾名思义，政策干预即政府通过一系列的政策措施和法规，约束或改变微观个体自愿性经济活动的行为。与之相比，政策激励的作用方向更为明确，即政府通过某项措施或出台一系列政策文件，对微观经济主体的行为活动进行支持或奖励，引导其改变或强化某一行为决策与行动，以达到政府预期的目标。

本书将研究范围限定为政策激励。目前，常见的技术创新激励政策主要包括：（1）在微观层面，针对企业的政府财政补贴和税收优惠；（2）在宏观层面，针对某一特定领域产业的（扶持）政策，如战略性新兴产业的补贴或准入政策；（3）在部分城市实施的区域性政策，如创新型城市试点政策、国家智慧城市建设政策等。本书将政策激励定义为，政府及政策决策部门为引导微观经济体改变投资行为与经济活动以实现某一政策目标的手段。

二 创新数量与创新质量

创新一直是学术界研究的热点，在围绕技术创新的研究中，已有的多数文献对创新的表述实质上属于创新规模或者数量型创新。创新数量，顾名思义，就是指在创新的研发投入阶段和创新产出阶段只注重规模和数量的变化，未能考虑创新成果的原创性价值、技术突破的边际贡献大小。正如 Tong 等（2014）所指出的，使用专利申请数量衡量的创新，在一定意义上反映的只是策略性创新。例如，使用 R&D 支出、专利数量、科技论文数量等指标对创新进行量化，所反映的创新均属于数量型创新。

在最新的文献中，创新质量这一主题出现的频次逐渐增多。在对创新质量的界定中，Haner（2002）较早地提出了创新质量（Innovation Quality）的概念框架，并指出创新质量是涵盖产品/服务、生产流程和企业管理的全方位的质量。Teemu（2014）的研究认为，创新质量是创新的技术价值和经济价值的综合产物。杨幽红（2013）将创新质量定义为"创新所提供的产品、服务、过程、市场以及经营管理的组织、方法的特征满足顾客要求的程度及所含不良的免除程度"。本书认为，创新质量是指在创新规模基础上创新产出的社会效益、技术溢出效应和潜在的社会价值。具体而言，创新质量体现了对原始技术的实质性突破、变革与改进。

三 产业升级与产业高质量发展

产业升级一般强调原有技术水平的改进和新的附加值更高的产业的出现，主要表现为产业之间各要素由低生产率行业向高生产率行业的流动，或各类要素由低附加值行业向高附加值行业的转移。产业升级主要体现在产业结构的变化，而产业高质量有着比产业升级更为丰富的内涵和外延。

产业高质量源于经济高质量的深刻内涵，是构建现代化产业体系的重要议题。党的十九大报告首次提出"经济高质量"发展的概念，围绕这一话题，学术界有着广泛的讨论。产业高质量与经济高质量十分密切,讨论产业高质量应当在经济高质量发展的前提下。按照经济高质量发展的定义,经济高质量发展是体现新发展理念的发展,是创新成为第一动力、协调成为内生特点、绿色成为普遍形态、开放成为必由之路、共享成为根本目的的发展。那么,经济高质量具体落实到各产业层面即为产业的高质量。基于三次产业数量比例关系的产业升级符合产业高度化的规律,而产业高质量有更丰富的内涵,但目前文献对此鲜有定义。本书从结构、规模、效率、清洁化四个角度定义产业高质量,即产业高质量是指在三次产业数量比例关系持续调整的基础上,技术能力逐渐接近世界前沿技术领域,产业链各环节协调强、产业融合度高、供给体系合理、要素配置效率、生产清洁化的产业发展形态。

第二节　文献综述

一　创新政策激励效应的相关研究

创新激励政策对企业创新活动的影响一直是学术界长期关注和深入探究的热点问题,已有文献对这一话题进行了多维度、系统性的研究。具体而言,可以归纳为以下几个方面。

(一)微观层面政策激励效应的研究

影响企业创新活动的激励政策多种多样,学者从不同角度应用多种方法进行了深入的研究。

关于微观层面的政策激励效应,学者主要关注财政补贴、税收优惠对企业创新的影响。一部分研究认为,政府的财政补贴和税收优惠政策能显著提升企业的创新绩效。就政府的研发补贴而言,Meuleman等(2012)研究政府的公共研发补助政策对中小企业外部融资的影响,发现获得公共研发补助的企业能向利益相关者释放利好信号和信誉保证,从而缓解中小企业面临的融资困境。政府研发补贴不仅降低了研发成本和风险(Bronzini and Iachini, 2014),还补偿了企业研发活动的外部性风险,减少私人投资与社会收益之间的不匹配(朱云欢、张明喜，2010），形成对私人研发投资的激励。政府研发补助政策还能引导企业加大内部 R&D 支出，提升技术创新绩效（陈玲、杨文辉，2016）。从政府税收优惠看，部分学者的研究表明，税收优惠整体上能激励企业加大研发创新投入（Bloom et al.，2002；戴晨、刘怡，2008；刘放等，2016）。另一部分研究认为，财政补贴和税收优惠两类政策对企业创新活动的影响并不一致，甚至具有完全相反的结果。Nadiri（1996）研究企业研发税收优惠和政府补助政策对美国制造业产出增长和私人研发投资的影响，发现政府的创新资助政策和税收优惠能够为企业节约研发成本、引导企业加大创新研发投入，但政府创新补贴对私人研发投资也存在"挤出效应"，两类政策工具的最优组合是维持制造业产出和促进企业创新绩效增长的重要因素。国内学者白旭云等（2019）对财政补贴政策与税收优惠政策的创新激励效应进行对比分析，发现后者能提升企业的研发绩效，而前者对企业的研发绩效存在明显的挤出效应，并在一定程度上抑制了企业技术创新。

还有一部分研究发现，政府的财政补贴和税收优惠对企业的创新活动均存在负向影响。王桂军等（2020）基于国内数据的研究表明，政府补助与税收优惠的政策组合降低了企业的创新能力。Tokila等（2009）的研究发现，政府的研发补贴会降低企业自身的研发投入比重，进而将资本投入缺乏资金时不会投资的项目，甚至加大投向金融等更容易变现的领域。此外，还有学者的研究表明，无论是政府补助还是税收优惠，与企业创新活动的影响并非线性关系，而是存在一定的临界值和条件性。余泳泽等（2017）的研究表明，税收负担与企业创新之间具有倒"U"形关系，即一定的税收负担能增加政府的基础设施建设并促进企业创新，但是过高的税收负担又加重了企业创新活动的成本，限制了私人创新资本的进入进而抑制创新。张杰（2020）发现政府的财政补贴政策对微观企业的私人研发投入整体上表现出"U"形关系，即财政补贴额低于一定值时，会抑制企业创新研发投入，而大于一定值时，则促进企业创新研发投入。张明斗（2020）发现财政补贴对高新技术产业的创新活动存在挤出效应，但在较高水平的高新技术企业创新活动中，这种挤出效应不明显。

(二) 宏观层面产业政策和区域政策激励效应的研究

1. 从产业政策的角度，政府对部分重点行业的鼓励与发展规划、对准入限制的调整等可能影响企业的创新投入和创新效率

一部分研究认为，产业政策能够促进企业创新。持这一观念的学者认为，创新活动不同于一般的投资活动，具有进入门槛高、研发风险大、持续周期长、收益不确定的特点（Hsu, Tian and Xu, 2014），且对资金的需求大，因而研发性行业如果得到政府的创新型产业政策扶持，可以增强"外部信心效应"和"内部信心效应"，最终促进企业研发投入的增加（芮明杰、韩佳玲, 2020）。Manso (2011) 指出，投资高风险、收益不确定的研发性行业，存在融资约束的困境，企业创新面临着严重的激励不足的问题，因而产业政策的存在是必要的。李广子等（2020）发现若企业属于国家产业政策支持的行业，该企业拥有的政企关系对银行信贷合约的制定起到积极作用，进而获得更高的资金配置份额。除了信贷干预和资本配置，姜国华等（2011）的研究表明，产业政策本身容易产生对经济活动的预期，可提前调整资本成本进而影响研发性企业所处的外部融资环境、缓解企业的融资约束。制定行业税收标准和财政补贴是激励企业创新的重要举措，其中，税收激励能直接降低研发性行业企业创新活动的边际成本（林洲钰等，2013），财政补贴能够在新兴产业起步阶段提供企业成长的初期资金，降低产能成本，提高盈利优势，进而形成创新激励（周亚虹等，2015）。此外，还有研究发现，产业政策能够改变行业的准入限制，放松对政策鼓励行业的行政审批，增加企业进入，从而提升行业创新的竞争优势。如余明桂等（2016）基于"五年规划"文件，分析产业政策对企业技术创新的影响，发现产业政策的实施能明显促进受重点政策扶持行业企业的创新产出，且产业政策对重点扶持行业的企业创新产出大于仅得到一般扶持行业的企业创新产出。

还有一部分研究认为，产业政策对企业创新具有抑制效应。对持

这一观点的文献进行梳理，可以归为以下几类：首先，一个地区的资源禀赋会影响地区或部门的经济发展、就业结构以及寻租腐败等活动（Brollo et al.，2013）。Krueger（1974）从资源诅咒的角度指出，尽管产业政策可能为被鼓励的企业提供财政、税收、信贷、环境等方面的支持，但是丰富的资源也可能加剧寻租活动和资源错配，抑制企业创新活力。Chen等（2011）认为，在处于经济转型期的中国，政府拥有强大的资源分配权，在相关制度建设不完善、信息不够透明的情况下，资源越丰富，产业政策的干预性越强，企业进行寻租的可能性也越大。杨其静（2011）从企业成长的角度进行分析，发现若政府拥有较强配置与干预权而企业改进和维持优质产品的成本过高时，企业将倾向于加强政企联系而非提高企业自身能力。袁建国等（2015）进一步发现，企业为寻求和维护政治联系，会付出高昂的寻租成本，挤占用于开展创新活动的资源，进而导致企业技术创新乏力，阻碍企业的创新活动，降低创新效率。其次，政府出台的产业政策通过信号传递、金融信贷、财政倾斜、土地资源等要素配置，引导资源向重点行业和重点企业转移，在带来行业产量增加的同时，可能加剧行业的产能过剩，降低资源的利用效率（王文甫等，2014）。王立国等（2012）认为，在政府的干预下，企业容易出现过度投资，导致产能过剩，这反而引起企业的亏损和不良资产率的上升，产业组织恶化，最终不利于企业成长。一旦出现行业性产能过剩，企业所处的外部环境就会立刻恶化，潜在的盈利能力下降，融资约束加强，增加企业对创新投资项目的风险，因而抑制了该领域的企业创新能力。此外，Blonigen（2016）认为，产业政策往往使企业产生依赖性，并导致相关产业的下游企业投入成本上升，投资创新的空间被压缩。

2. 从区域政策角度，政府设立的高新区、经济技术开发区、创新型城市试点、智慧城市建设等政策可能影响企业的创新行为

一部分学者的研究认为，整体上宏观层面的区域政策能有效提升企业的创新能力。王永进等（2016）认为，开发区的设立能在地理上形成集聚，在开发区实施的政策优惠能够形成选择效应，进而提高了

园区内的生产率。林毅夫等（2018）发现，设立开发区后，企业的"生产率溢价"并非政府筛选高生产率企业进入园区的结果，而是开发园区内拥有更好的政策环境而提高了企业生产率。企业生产率的提高反映了企业的整体运转表现，本质上是提高了生产效率而降低了相关生产成本，这被认为是企业的流程创新（Aghion et al., 2015）。晏国菀等（2020）基于倾向得分匹配和双重差分法的研究发现，设立开发区后，园区内企业的创新绩效获得显著提升。Kline等（2014）指出，设立开发区的目的在于形成企业集聚，从而产生溢出效应。Knudsen等（2008）研究了集聚与空间集群对创新的影响，发现产业集聚可以通过溢出效应促进技术扩散，提高企业创新效率。谢子远等（2017）指出，产业集聚过程能够通过竞合效应强化知识外溢程度，降低学习成本，进而改进企业的研发产出效率。另一组文献分析国家高新区的设立对企业创新绩效的影响。谭静等（2018）的研究表明，国家高新区的设立能显著提升城市全要素生产率，同时二者的作用关系主要是借助技术进步的提升过程实现的。高新区的设立容易形成产业集群效应，Porter（1998）研究发现，同群效应和集聚效应强化了技术扩散能力，这对于高新区内企业创新能力的提升是积极的。李政等（2019）基于城市层面的分析指出，设立国家级高新区能够提高其所在城市的创新产出，且二者的主要中介渠道是城市加大投资而形成的集聚效应。江兵（2018）基于倾向得分匹配法的研究表明，企业入驻高新技术园区后，企业创新绩效得到了明显提升。还有一类文献分析创新城市试点、智慧城市试点、城市户籍政策的实施对企业创新的影响。刘佳等（2019）发现创新城市建设显著推动了地区高新技术企业的创新产出向实质性创新的转变，提升了创新绩效。杨仁发等（2020）研究表明，创新试点政策显著提升了企业创新水平，但作用效果会因企业规模、技术水平、控股性质和城市规模的不同而存在一定差异。袁航等（2020）发现智慧城市建设能显著促进城市创新水平的提升，且这种促进作用主要是通过革新信息科学技术、集聚高端人力资源、优化营商环境实现的。

另一部分研究则认为，区域政策的实施并不利于企业创新能力的提升。例如，吴一平等（2017）发现，开发区内的"利好"政策实际上阻碍了企业研发创新，并导致企业开展研发活动的机会下降了约7.14个百分点。这是因为，开发区设立后采取了政府管理的方式，开发园区内企业享受的税收优惠、财政补贴具有一定的随意性，缺少必要的科学性。徐伟民（2008）研究科技政策、设立开发区对企业创新的影响，认为园区内企业生产率的改进主要源于政策效应，开发区的存在对于企业全要素生产率的提升效应并不显著。郑江淮等（2008）的实证研究表明，入驻开发区的企业是为了实现"政策套利"，企业的空间"集中"并不存在广泛意义上的产业高度集群后的溢出"红利"。开发区的设立影响企业绩效和园区规模经济效应是企业已有技术与当地特定产业耦合作用的结果，由于政府主导了这一过程，在一定程度上导致要素价格扭曲，抑制了企业的创新投入动机。袁其刚等（2015）发现整体上全国各地区的经济功能区并未有效提升企业的生产率，而功能区的专业化水平存在一定的阈值，过高或过低的功能区专业化水平都会抑制企业生产率的提高。还有学者针对高新区的创新效应进行研究，认为由于制度安排并不完善，国家高新区也存在着体制惯性、比较优势弱化、价值链低端锁定、短期模仿、盲目扩区、路径依赖、集中而无集群效应等问题（吕政、张克俊，2006；赵延东、张文霞，2008；刘瑞明、赵仁杰，2015）。

二 技术创新绩效研究的进展

创新激励政策对技术创新的影响效果，还反映在企业创新绩效中，本部分从研发投入、创新产出和创新质量三个角度进行文献梳理。

（一）研发投入的角度

技术创新离不开大规模、长周期的研发投入，研发决策的风险和未来收益的不匹配限制了企业的研发投入动机。大量的文献也正是围绕如何提升企业的研发投入而展开。

首先，融资约束是企业开展创新研发最大的制约因素。Hall（1992）是较早地研究这一问题的学者，其利用美国制造业企业1973—1987年的数据实证分析了资金紧缩对企业研发行为的影响，发现不完全市场的信息不对称、研发项目的不确定性风险和研发结果的易模仿、难抵押带来的融资困境限制了企业研发投入。Aghion 等（2005）使用 1960—2000 年 OECD 成员的面板数据进行分析，发现一国的金融体系越完善，金融市场的信息越透明，交易效率越高，则抵御外部不确定风险的能力越强，该国 R&D 经费支出与金融市场流动性关系越密切。Philippe（2012）基于法国 1980—2000 年 1.3 万家企业的微观数据进行分析，发现企业的 R&D 经费支出与资金的充裕程度存在正向相关关系。成力为等（2012）的研究发现，政策的不确定性与企业研发投入之间存在先上升、后下降的非线性关系，但融资约束对二者的关系起到了显著的调节效应。Brown 等（2012）从企业内源融资的视角进行研究，发现企业内部的现金流能显著促进企业的研发投资，即改善企业内源融资状况有利于促进企业创新。相反，信贷、股权融资等外源融资渠道与企业创新投资的关系较为复杂，影响并不明确（李汇东等，2013；Hsu et al.，2014）。张杰等（2012）进一步分析了企业多元化的融资渠道对企业创新投入的影响，发现如果企业面临较高的资金获取成本，那么企业的 R&D 投入会被大幅压缩。马光荣等（2014）基于微观企业数据的研究表明，企业一旦得到银行信贷支持，其 R&D 经费投入会上升 8.59 个百分点，而研发投入强度则上升 0.23 个百分点。

其次，政府弥补微观个体研发活动的外部性能否激励企业加大研发投入，是学者关注的另一重要话题。张嘉望等（2019）研究发现，尽管融资约束会抑制企业的研发投入，但政府干预能明显提升企业的研发水平。Howell 等（2017）的研究表明，政府补贴对企业早期创新活动提供的资金支持，存在缩减成本效应。Huang（2016）的研究发现，政府补贴与企业效率存在"U"形关系，即政府的财政补贴额度达到一定值时，创新的激励效应才会显现。张杰（2020）的研究也得出了类似的结论，即政府补贴规模低于一定值时，政府支持对企业 R&D 投入的影响表现为"挤出效应"，当政府补贴规模高于一定值时，政府支持对企业 R&D 投入的影响表现为"挤入效应"。Kasahara 等（2013）通过研究企业间 2001—2004 年合格税收优惠率的变化对企业研发活动的影响,发现企业面临的财务约束是税收抵免影响企业研发支出的重要中介因素。

最后,从企业的内部管理与控制看,高管股权激励能缓解委托代理机制中的不足,使代理人更多地与委托人的利益目标保持一致,更好地经营企业(Vishny,1988;Eisenhardt,1989;Mcconnell and Servaes,1990)。赵世芳等(2020)的实证研究表明,股权激励有利于抑制企业高管急功近利的行为,促使高管更加注重企业发展的长远利益,加大研发投入。张劲松等(2020)的研究表明,企业高层管理人员的风险非厌恶态度对企业 R&D 经费支出存在正向促进作用,但在"两肩挑"的公司中,高层管理人员的风险非厌恶态度对 R&D 支出的作用更小。

(二)创新产出的角度

创新产出规模(数量)是衡量企业技术创新的重要维度,也是目前文献中广泛采用的指标。如何提高企业创新产出是学者重点关注的话题。相比于研发投入的视角,创新产出涉及的研究范围更为多元,大致可以分为以下三个维度。

一是政策环境对企业创新产出有着重要的影响。一部分学者认为,不确定的经济政策有利于提高创新产出。Bhattacharya 等(2017)发现,并不是政策本身而是政策的不确定性影响了企业创新。顾夏铭等(2018)的研究表明,经济政策的不确定正向影响了企业的专利申请量,同时这一结果受财政补贴、金融约束、企业类型和行业属性的影响。赵萌等(2020)对制造业上市企业的研究发现,经济政策不确定对制造业企业的专利数量具有正向影响,但如果这种不确定性导致部分企业出现融资困境,则会抑制企业的创新产出。另一部分学者发现经济政策不确定性抑制了企业创新产出。王丽纳等(2020)使用省级党报数据构建中国经济政策波动指数,其对制造业上市企业的研究发现,经济政策波动性越高,企业的全要素生产率上升得越慢。

二是政府政策激励对企业创新产出的影响。王瑶等(2021)基于"营改增"的准自然实验进行研究,发现税收激励仅能增加企业的研发投入，而企业申请专利的数量并没有同步增加，即税收激励的创新效率实际上是下降的。Czarnitzki 等（2011）基于加拿大 1997—1999 年制造业企业面板数据的分析表明，研发活动的税收抵免政策能够有效提升企业申请专利的数量，增加新产品产出。Cappelen 等（2012）基于挪威的一项税收激励措施的准自然实验研究发现，相比未获得税收减免的企业，那些获得税收减免的企业能改进现有的生产工艺，并有更大的可能研发出新产品。Zhang 等（2018）的研究表明，相比于税收优惠，政府补贴对企业技术创新的激励仅是短期有效的。Einiö 等（2016）发现，相比于直接发放财政补贴以支持企业的研发创新，税收优惠政策能够降低政府的行政负担，并减小"挑选输家"（Picking Losers）现象出现的概率。李艳艳等（2016）认为，企业的研发创新活动属于企业的内部规划行为，外部的政策激励并不直接影响企业的研发活动，但是税收优惠会转化为内部研发资源，降低研发的资金风险，强化企业内部研发决策的驱动机制，进而促进企业创新产出。

三是缓解融资约束对企业创新产出的影响。钱雪松等（2021）发现，从法律层面缓解企业面临的融资约束有利于提高企业的专利申请数量，促进创新产出。常曦等（2020）认为，产业激励政策能够提升企业创新产出，同时机制研究发现，各地自主产业政策通过加大政府补贴、金融支持而稳定现金流，增加企业 R&D 经费支出进而提高了企业创新产出。Philippe 等（2012）指出，融资约束会加大企业出现资金流动性不足的风险，企业可能增加对短期项目的投资，减少研发创新活动，因而创新产出大幅下降。冉茂盛等（2020）发现，金融资源错配明显抑制了企业创新产出，且对技术含量更高的发明专利的抑制效应更大。钟腾等（2017）从金融发展的角度进行分析，发现相较于商业银行贷款，股权市场的直接融资能显著推动企业研发专利数量的上升，且对发明专利的提升作用更有效，其作用主要在于缓解了企业的外部融资约束。

（三）创新质量的角度

如前所述，围绕企业创新的研究，多集中于规模创新。近年来，随着经济高质量话题的热议，对创新质量的讨论也逐渐增多。许多学者对创新数量和创新质量进行对比，发现多数情况下外部政策的冲击仅能促进企业创新数量的增加，而对提升创新质量作用有限。例如，黎文靖等（2016）将创新分为两类：寻求技术突破和占据技术优势的实质化创新，强调创新产出规模甚至进行"政策套利"的策略化创新，并通过实证分析指出，获得政策扶持的企业，专利申请规模明显上升，且上升幅度主要体现在非发明专利上，即创新激励政策在一定意义上促使企业因"寻补贴"而开展策略化创新，过度追逐创新规模而放弃了创新质量。正如Tong等（2014）指出的那样，以专利申请量衡量的创新很多时候只能被认定为策略性创新。张永安等（2021）进一步的实证分析发现，政府补助对于企业创新数量呈现明显的促进作用，但对于创新质量则呈现显著的抑制效应。这与企业过于追求短期化收益或来自政府财政支持的创新补贴而导致低水平重复创新有关（Czarnitzki et al., 2011；Huang, Jiang and Miao, 2016；陈玲、杨文辉，2016）。杨亭亭等（2019）发现，股票流动性能够促进专利申请数量的上升，但抑制了专利质量的提升。邓向荣等（2020）的研究表明，网络关注度有效提升了创新数量，但创新仅维持在低水平上，并没有提升创新质量。闫绪娴等（2021）发现，无论是政府的还是企业的研发经费支出，均不能有效地提升企业技术创新的质量，但创新数量的提高在一定程度上会提高创新质量。还有少部分研究发现，在某些情况下，技术创新的质量也会有所上升。金宇等（2019）发现，特定的产业激励政策提升了中国专利申请的质量，但该类产业政策对专利申请质量的激励和提升效应，只有在知识产权制度较为健全的情况下才是成立的。金培振等（2019）从城市层面的研究发现，不同城市的制度差别对创新质量的影响存在明显的空间分化效应，其对创新质量产生的空间外溢程度和外溢距离因城市规模的差异而有所不同。

三 政策激励、技术创新与产业发展作用关系的相关研究

围绕政策激励效应是否促进了产业发展，以及政策激励是否改进了创新绩效进而提升了产业发展水平的相关研究繁多，大致可以分为以下几个方面。

(一) 关于创新激励政策 (产业政策) 是否助推了产业升级与发展的讨论

一部分学者的研究认为,创新激励政策(产业政策)对于产业发展的作用是有效的。Stiglitz等(2013)认为,产业政策能够弥补市场失灵的缺陷,缩短前沿技术势差,促进产业兴起与发展。张国庆等(2020)发现,政府利用财政税收政策通过改变生产要素的税率,引起该要素向不同的产业方向流动,进而起到调整产业结构的目的,如发达地区对落后产业实施高税率,而对新兴产业实施低税率,可以倒逼产业结构升级。郭然等(2020)以"新常态"下不同政策的耦合为切入点,发现环境规制政策和政府创新补贴政策的耦合效应能够显著促进产业结构升级,其作用机制在于政策的耦合效应能够强化创新研发的补偿效应,进而正向影响产业结构升级。霍春辉等(2020)基于创新城市试点的准自然实验,发现创新型城市建设政策能够显著提升城市的产业结构,且该激励政策主要通过强化企业创新能力、提升人力资本的密集度和政府的战略产业引领作用等渠道促进产业结构升级。

另一部分学者认为,创新激励政策(产业政策)对于产业发展的影响效应,需要借助一定的条件才能实现。Nunn(2010)通过因果机制检验发现,一国关税结构的"技能偏向性"能显著促进技能密集型产业的快速发展,但也会导致一定的寻租活动而影响行业潜力。Acemoglu(2013)建立了一个企业进入、退出、研发和产出的动态模型,发现针对当前企业进行研发补贴的产业政策事实上会因阻碍高创新能力的企业进入而造成福利的损失并抑制增长;而对现有企业进行征税,并对新进入企业和现有企业进行财政补贴则有利于提高社会福利。唐荣等(2021)基于不同类型产业政策的研究发现,竞争性产业政策明显促进了制造业价值链的升级,而选择性产业政策却抑制了制造业价值链的升级。这是因为选择性产业政策恶化了资本错配程度而抑制了产业升级,竞争性产业政策改善了资本错配且提升了制造业升级水平。田志龙等(2019)发现,创新激励政策借助的是竞争化的多方"博弈"手段,而非"一刀切"地发放补助资金,更容易调动微观企业之间竞争政策"红利"的积极性，进而提升企业创新绩效和产业发展水平。

此外，还有一部分学者认为，创新激励政策（产业政策）的实施无助于产业的升级与发展。Blonigen等（2010）基于美国钢铁行业的研究发现，产业补贴政策和产能过剩抑制了钢铁行业的发展，即产业政策事实上对产业发展具有抑制作用。Blonigen（2016）使用1975—2000年主要钢铁生产国的数据进行分析，发现产业政策（如生产补贴、出口补贴和进口保护等）会抑制未受产业政策影响行业的发展，且与产业政策高度关联的知识产权对其他制造业出口竞争力的抑制作用更为明显。张纯等（2012）的研究表明，产业政策的有效性是比较微弱的，即便受到产业政策的限制，地方政府仍可能为与当地经济发展关系密切的企业提供金融支持。余东华等（2015）发现，政府对战略性新兴产业往往给予过多的干预，如财政补贴、土地价格优惠和金融支持等，成为加剧产能过剩的重要原因。

（二）关于微观企业技术创新传导作用的讨论

Peters等（2012）发现，合理的产业扶持政策能够指明技术创新的方向，引起各类要素的汇聚而提升产业发展效率。Feldman等（2006）的研究也表明，政府研发补贴作为一种公共政策工具，能够加速知识溢出进而促进技术创新，刺激经济增长。Kleer（2010）发现，就技术创新而言，政府补贴可以激励私人投资，且偏向基础研究项目，而银行等机构更偏爱具有较高私人投资回报的应用研究项目。张健等（2018）基于企业数据，从多个维度构建产业政策和产品升级的测度指标，发现整体上各种产业政策促进了企业产品结构升级。胡浩然（2018）以经济技术开发区为准自然实验，发现择优政策对企业生产率的影响与企业发展水平高度相关，同时择优政策为发展水平较低的企业提供了利用"学习效应"赶超优势企业的机会。王晓珍等（2018）基于风电企业的案例研究发现产业政策实施前和实施后对企业创新绩效存在先提升、后抑制的特征。Baldwin（1969）认为，即使一国或地区的技术水平处于世界前沿，政府利用产业政策进行引导也有利于本地企业通过"干中学"实现产业技术的进一步跨越。

(三) 关于市场竞争机制在政策激励方面对产业发展影响的讨论

创新激励政策之所以有效，根本在于能弥补市场失灵时的不足 (Aghion et al., 2015)。那么，在市场起作用的地方，就应当发挥"市场在资源配置中的基础性制度作用"（林毅夫, 2012）。在现有文献中，许多学者对市场竞争机制的调节作用进行了分析。Lin 等 (2012) 基于多国数据的分析认为，政府政策能够发挥作用是建立在一定市场竞争机制基础上的，或者是市场效率增进的结果。唐荣 (2020) 基于中国制造业企业微观数据的分析表明，政府的扶持政策对企业价值链升级具有明显的促进作用，且其影响主要是通过信贷机制和市场竞争机制实现的。Aghion 等 (2015) 发现，施加在高竞争性部门的产业政策（如免税期、信贷、关税）对生产率的提升作用更为明显，即市场竞争是政策激励影响全要素生产率的重要中介因素。彭伟辉等 (2019) 认为，产业政策可以分为功能性产业政策和选择性产业政策，且二者均能促进产业结构升级，但政策效果受市场化水平的影响。韩永辉等 (2017) 发现，产业政策仅对产业结构合理化表现出正向影响关系，对产业结构升级的提升效应很大程度上依赖当地的市场化程度。

第三节 文献评述

已有研究就政策激励、技术创新以及产业发展的关系进行了充分论述，很多文献从理论和实证层面阐述了政府的创新激励政策对微观企业技术创新活动的影响。从理论层面看，企业创新研发投入的收益与风险不匹配是制约企业自发开展技术创新的重要因素，同时，企业技术创新的外部性和（准）公共性，也为政府实施创新激励政策以弥补技术创新外部性提供了依据。从实证分析看，已有文献对政策激励视角的研究包括针对微观企业的政府财政补贴和税收优惠，以及宏观层面的各类产业政策和区域政策，这都是分析政策激励的主要方式。在围绕技术创新的实证研究中，多数学者主要关注企业创新活动中

R&D投入和创新产出，近年来创新质量的概念逐渐兴起。

就产业发展的新进展看，大量文献关注了宏观层面和微观层面的政策激励对产业结构升级与发展的影响，其中，技术创新作为政策激励影响产业发展的重要渠道在许多文献中有所提及。还有一部分研究将市场竞争机制纳入分析过程。市场效率与政策激励相辅相成，二者对产业发展的共同影响也是学者关注的重点。

既有文献已经较为充分地讨论了外部政策激励如何改变企业的研发投入、创新产出以及创新绩效，甚至从企业所有制类型差异、行业异质性、地区异质性以及影响机制和作用渠道等不同视角进行深入探究，得出了许多有价值的结论。大部分研究均指出政策激励的技术创新效应是存在的，但对创新的测度多从数量型创新的视角（如R&D投入、专利数量）进行的。也就是说，很多研究并没有区分政策激励对创新规模和创新质量的影响。同时，已有文献主要分析了政策激励、技术创新对产业结构升级的影响，而产业高质量发展衍生于经济高质量发展这一新概念，但目前少有文献对此进行阐述。产业结构升级与产业高质量发展有着不同的内涵与外延，前者主要测度产业结构高度化与产业结构合理化，本质上属于"结构化"指标，而产业高质量发展的内涵则更为丰富。因此，创新激励政策是否促进了技术创新的质量，以及是否推进了产业的高质量发展，尚缺乏理论与实证层面的分析。

随着中国进入经济高质量发展的重要转型时期，中美贸易摩擦及部分高技术企业被列入限制性"实体名单"等逆全球化事件进一步提升中国创新发展的迫切性。而当前尚缺少在新时期全面提升中国创新能力与创新水平的激励机制，具体而言，应当进一步聚焦政策激励与市场化程度的相互协调，共同促进中国实体科技企业创新的新模式和新机制。因此，我们需要在原有研究的基础上，进一步探索影响和限制中国基础科研能力提升与全球价值攀升的症结以及可能突破的路径。通过理论与实证层面的深化研究，提出缩短前沿技术差距的可行性政策建议，是当前研究中亟须解决的课题。

第三章 政策激励、技术创新与产业高质量发展的理论机制

本章构建了由政策激励到企业创新选择再到产业高质量发展的分析框架,从理论层面阐述了政策激励影响企业技术创新的内在机制,技术创新影响产业高质量发展的内在机制,以及政策激励、技术创新与产业高质量发展的协同传导机制。

第一节 政策激励影响企业技术创新的内在机制

本部分拓展了 Petrakis(2002)关于政府补助影响企业创新的理论模型,在加入涵盖模仿创新与原始创新的因素后,建立了更为细致的微观企业创新激励效应模型。进一步,本部分采用三阶段动态博弈模型刻画了政策激励促使企业创新选择分化进而决定技术创新水平差异的内在机制。

假定在双寡头市场中,企业生产同质的最终产品,政府对企业实施创新补助,且不同类型的创新获得补助的份额有差异。首先,假设市场的反需求函数为:

$$P(Q) = a-Q, \quad Q=q_i+q_j, \quad a>0 \text{ 且 } a>q_i+q_j, \quad i, j=1, 2 \quad (3.1)$$

其中,a 表示市场规模,q_i、q_j 分别表示企业 i、j 的产量,Q 表示市场总产量。

假设企业通过相同类型的措施开展创新活动(如新能源技术),提供创新产品,并存在技术溢出效应。企业开展创新活动的研发成

本 C 为：

$$C = kx_i^2/2, \quad k>0 \tag{3.2}$$

其中，k 为研发成本系数，企业创新研发能力越强，则 k 越小，研发成本越低。

企业的创新研发活动有两种选择：一是技术引进或模仿创新，即在已有底层技术的基础上进行应用创新；二是进行原始创新，即站在国际前沿创新领域进行原始技术的突破。在外部政策的激励下，一方面，企业可以自己开展创新研发活动以满足所需的基本技术、降低边际生产成本。假定企业的边际生产成本为：

$$c_i = c - x_i - \beta x_j, \quad 0<\beta<1, \quad i, j = 1, 2 \tag{3.3}$$

其中，c 表示单位固定成本，β 表示技术溢出系数，x_i、x_j 分别表示企业 i、j 的有效创新研发水平。

另一方面，企业可以通过购买或使用已有的成熟技术，进行面向产品市场的模仿创新，此时企业引进技术的总成本为：

$$e_i = r_i q_i - w_i \tag{3.4}$$

其中，r_i 表示技术引进成本，w_i 表示可获得的研发补助。假设企业获得的单位研发补助基准为 θ，$\theta>0$，则企业 i 在当年度可以获得的创新补助为 θq_i，那么企业需要购买（$\Delta e_i>0$）引进的技术份额为：

$$\Delta e_i = r_i q_i - w_i - \theta q_i \tag{3.5}$$

企业引进技术的过程容易造成自主创新的惰性效应和依赖效应。设依赖效应的函数为：

$$D_i = \lambda e_i = \lambda(r_i q_i - w_i) \tag{3.6}$$

其中，$\lambda>0$，为技术依赖系数，表示企业技术引进过程对原始创新的抵消。

在可以获得政府创新政策激励的情况下，企业追求利润最大化的目标，本部分假设新产品价格 P^e（$P^e>0$）为外生变量，则企业的利润为：

$$\pi_i(q_i, x_i) = Pq_i - c_i q_i - kx_i^2/2 - w_i^2/2 - P^e(r_i q_i - w_i - \theta q_i) \tag{3.7}$$

消费者剩余（CS）表示为：

$$CS = \int_0^Q P(Q)dQ - P(Q)Q = aQ - Q^2/2 - P(Q)Q \qquad (3.8)$$

政府追求社会福利（SW）最大化，社会福利包括消费者剩余（CS）、企业利润（PS）和技术溢出（D），即：

$$SW = CS + \pi_i + \pi_j - D_i - D_j$$
$$= aQ - \frac{Q^2}{2} - c_i q_i - c_j q_j - k(x_i^2 + x_j^2)/2 - (w_i^2 + w_j^2) - \lambda(e_i + e_j) \qquad (3.9)$$

式（3.9）表明了社会福利与企业的产量、边际生产成本、自主创新研发水平、技术引进水平的关系。企业追求自身利润最大化的过程与社会福利最大化的目标并不一致，但政府可以通过政策激励改变企业的研发系数最终影响社会福利。那么，在政府和企业共同参与的关于技术研发创新"行动"的博弈中，各参与方的策略选择会导致出现不同的结果。

不难看出，该博弈过程属于完全信息三阶段动态博弈，在给定政府创新补助的前提下，进一步分析企业如何调整创新决策。第一阶段，在创新驱动和产业高质量发展的目标下，政府从社会福利最大化的角度确定政策激励标准；第二阶段，企业在原始创新研发水平和技术引进研发水平之间做出最优决策；第三阶段，企业选择最优的产出水平。为了更清晰地呈现面对外部政策冲击与企业利润时企业是如何调整创新策略的，下面运用逆向归纳法求解三阶段动态博弈模型。

第三阶段：企业的产量选择决策。

在本阶段，两家企业进行古诺产量竞争（尽管运用技术的手段不同，但产品可以认为是近似同质的），那么企业 i 的最优产量由利润最大化的一阶条件求得：

$$\max \pi_i(q_i, x_i) = Pq_i - c_i q_i - k\frac{x_i^2}{2} - \frac{w_i^2}{2} - P^e(r_i q_i - w_i - \theta q_i) \qquad (3.10)$$

由 $\frac{\partial \pi_i}{\partial q_i} = \frac{\partial \pi_j}{\partial q_j} = 0$ 得：

$$q_i^* = \frac{1}{3}[a - c + \theta P^e + (2-\beta)x_i + (2\beta-1)x_j - P^e r_i] \qquad (3.11)$$

$$Q = q_i^* + q_j^* = \frac{1}{3}\left[2(a-c+\theta P^e+(\beta+1)(x_i+x_j)-2P^e r_i\right] \quad (3.12)$$

$$\pi_i^* = (q_i^*)^2 - kx_i^2/2 - w_i^2/2 + P^e w_i \quad (3.13)$$

由式（3.13）可以看出，企业利润水平与自身的研发成本系数 k 负相关，企业的产出水平与获得的政府补助正相关。研发过程中的成本越低，企业越有可能通过扩大产能提高企业利润率。

第二阶段：企业最优原始创新研发水平和技术引进研发水平。

面对政府的创新政策激励，企业会出现两种创新策略：一是原始创新研发；二是技术引进研发。不同的研发类型将带来不同的研发收益。

（1）原始创新研发。在这一阶段，若两家企业均选择原始创新研发，则企业最优研发水平需要满足各自企业利润最大化的条件，通过对式（3.13）求一阶偏导数 $\frac{\partial \pi_i^*}{\partial x_i} = \frac{\partial \pi_j^*}{\partial x_j} = 0$，可得：

$$2q_i^*\left(\frac{\partial q_i^*}{\partial x_i}\right) = kx_i \quad (3.14)$$

把式（3.11）代入式（3.14），得：

$$\frac{2}{9}(2-\beta)\left[a-c+\theta P^e+(2-\beta)x_i+(2\beta-1)x_j-P^e r_i\right] = kx_i \quad (3.15)$$

由此可以得出均衡状态时的对称创新水平：

$$x_i^{s*} = x_j^{s*} = x_\theta^{s*} = 2(2-\beta)(a-c+\theta P^e-P^e r_i)/[9k-2(2-\beta)(1+\beta)] \quad (3.16)$$

其中，$a-c$ 用以测度产品市场规模。为了保证最优的投入创新水平，需要满足以下条件：$9k-2(2-\beta)(1+\beta)>0$ 且 $a-c>P^e(r_i-\theta)$。

把式（3.16）代入式（3.11）可以得到：

$$q_\theta^{s*} = 3k(a-c+\theta P^e-P^e r_i)/[9k-2(2-\beta)(1+\beta)] \quad (3.17)$$

若每家企业选择最优的原始创新研发水平以满足各自企业利润最大化，则此时纳什均衡满足式（3.14）的一阶条件。

由 $\frac{\partial \pi_i^*}{\partial w_i} = \frac{\partial \pi_j^*}{\partial w_j} = 0$ 得：

$$w_i^{s*} = w_j^{s*} = P^e \tag{3.18}$$

由式（3.18）不难看出，如果没有政府的补贴激励，即 $P^e = 0$，则企业没有开展原始创新研发的动力。

把式（3.17）和式（3.18）代入式（3.14），得：

$$\pi_\theta^{s*} = k[9k-2(2-\beta)^2](a-c+\theta P^e - P^e r_i)^2/[9k-2(2-\beta)(1+\beta)]^2 + (P^e)^2/2 \tag{3.19}$$

（2）技术引进研发。假设企业选择技术引进研发的策略，此时企业之间拥有完全信息。不失一般性，技术引进后的溢出系数取最大值 $\beta=1$。在上文模型的基础上，两企业利润最大化之和为 $\pi = \pi_i + \pi_j$。通过一阶导数可以得到采用技术引进研发策略时的最优创新水平和产量水平：

$$x_i^{c*} = x_j^{c*} = x_\theta^{c*} = 4(a-c+\theta P^e - P^e r_i)/(9k-8) \tag{3.20}$$

$$q_\theta^{c*} = 3k(a-c+\theta P^e - P^e r_i)/(9k-8) \tag{3.21}$$

企业引进技术获得政府扶持仍然满足 $w_i^{c*} = w_j^{c*} = P^e$，此时企业利润为：

$$\pi_\theta^{c*} = k(a-c+\theta P^e - P^e r_i)^2/(9k-8) + (P^e)^2/2 \tag{3.22}$$

下面分析企业技术创新与企业研发成本系数的关系。针对式（3.16）和式（3.20）求解关于 k 的一阶导数，可以得到：

$$\frac{\partial x_i^{s*}}{\partial k} = \frac{-18(2-\beta)(a-c+\theta P^e - P^e r_i)}{[9k-2(2-\beta)(1+\beta)]^2} < 0 \tag{3.23}$$

$$\frac{\partial x_i^{c*}}{\partial k} = \frac{-36(a-c+\theta P^e - P^e r_i)}{(9k-8)^2} < 0 \tag{3.24}$$

式（3.24）表明，无论是原始创新研发还是技术引进研发，企业技术创新与研发成本系数呈负向关系，即研发成本系数越高，企业开展研发活动的动力越低，技术创新的阻碍越大。同时，企业技术创新的累积效应越强，研发成本系数越低，则原始创新研发的水平越高，呈现了"创新培育创新"的正向累积特征。

第一阶段：政府创新激励决策。

（1）原始创新研发。当企业的研发收益的短期目标与社会长远发展的目标不一致时，政府通过确定合理的创新激励政策使得技术创新

第三章 政策激励、技术创新与产业高质量发展的理论机制 | 37

的社会福利最大化。对式（3.9）求导，可得社会福利最大化时的补助标准：

$$\theta^* = \frac{3(a-c-\lambda r_i)[9k-2(2-\beta)(1+\beta)]}{[18k+4(2-\beta)^2-12(2-\beta)(1+\beta)]P^e} - \frac{a-c}{P^e} + r_i \quad (3.25)$$

把式（3.20）代入式（3.13）、式（3.14）、式（3.16）和式（3.18），得：

$$x_i^{s*} = 6(2-\beta)(a-c-\lambda r_i)/[18k+4(2-\beta)^2-12(2-\beta)(1+\beta)] \quad (3.26)$$

$$q_i^{s*} = 9k(a-c-\lambda r_i)/[18k+4(2-\beta)^2-12(2-\beta)(1+\beta)] \quad (3.27)$$

$$\pi_i^{s*} = 9k(a-c-\lambda r_i)^2[9k-2(2-\beta)^2]/[18k+4(2-\beta)^2 \\ -12(2-\beta)(1+\beta)]^2 + (P^e)^2/2 \quad (3.28)$$

$$SW^{s*} = 9k(a-c-\lambda r_i)^2/[18k+4(2-\beta)^2-12(2-\beta)(1+\beta)] \quad (3.29)$$

（2）技术引进研发。同样地，由式（3.9）的一阶条件，求得补助标准：

$$\theta^* = \frac{3(a-c-\lambda r_i)(9k-8)}{(18k-32)P^e} - \frac{a-c}{P^e} + r_i \quad (3.30)$$

把式（3.30）代入式（3.20）、式（3.21）、式（3.22）和式（3.9），可分别求得：

$$x_i^{c*} = 12(a-c-\lambda r_i)/(18k-32) \quad (3.31)$$

$$q_i^{c*} = 9k(a-c-\lambda r_i)/(18k-32) \quad (3.32)$$

$$\pi_i^{c*} = 9k(a-c-\lambda r_i)^2(9k-8)/(18k-32)^2 + (P^e)^2/2 \quad (3.33)$$

$$SW^{c*} = 9k(a-c-\lambda r_i)^2/(18k-32) \quad (3.34)$$

进一步，推导政府研发政策补助与技术依赖的关系。由式（3.25）和式（3.20）求关于 λ 的一阶条件，可以得到：

$$\frac{\partial \theta^{s*}}{\partial \lambda} = -3r_i[9k-2(2-\beta)(1+\beta)]/[18k+4(2-\beta)^2-12(2-\beta)(1+\beta)]P^e$$

$$(3.35)$$

$$\frac{\partial \theta^{c*}}{\partial \lambda} = -3r_i(9k-8)/(18k-32)P^e \quad (3.36)$$

则 $\frac{\partial \theta^{s*}}{\partial \lambda} < 0$，$\frac{\partial \theta^{c*}}{\partial \lambda} < 0$。

也就是说，企业对外部技术依赖程度越高，创新"惰性"越强，那么放弃的政府研发政策补偿的份额就越高。

至此，通过三阶段动态博弈模型不难发现，政府通过一定的政策干预，可以有效弥补企业技术创新的外部性和不确定性风险，进而改变企业研发投资决策。若通过政策成功激励引导企业更多地转向基础研发创新，可以增强技术创新的溢出效应，提高全社会的福利。

第二节　技术创新影响产业高质量发展的内在机制

上一节已经通过模型推理证明政府的政策激励可以改变企业的研发决策，进而影响技术创新的过程，本节将进一步论证技术创新影响产业高质量发展的内在机制。技术创新推动产业发展的机制首先建立在已有学者关于技术内生能力和创新价值链的基础上（Hansen and Birkinshaw，2007；余泳泽、刘大勇，2013）。假定创新包含知识创新、科研创新和产品创新三个阶段，要素投入 z、k、c 共同决定了技术创新提升产出水平的动力。因此，技术创新能力内生化的产出增长模型可以设定为：

$$Y(X, I) = A e^{at} X^{\beta} I(z, k, c) \tag{3.37}$$

其中，Y 为总产出水平；A 为外生变量，衡量了生产条件；a 为技术进步；X 为各类要素投入集合；β 为各类要素弹性；$I(z, k, c)$ 为经内生处理的技术创新；z、k、c 三者共同组成技术创新过程中的投入。

本节基于技术创新内生化的分析框架，建立低水平产业发展部门和高水平产业发展部门的产出增长模型，考察技术创新与产业高质量发展在理论层面的影响机理。假定一个部门 a 实现了产业高质量发展，只提供高附加值的产品，未实现产业高质量发展的部门 b 负责生产其他产品。两个不同部门的实际产出有所差别，分别为 Y_a 和 Y_b。

设部门的技术水平与微观企业的研发投入强度满足线性关系 $I=$

第三章 政策激励、技术创新与产业高质量发展的理论机制

$\lambda \times TIA$，其中，TIA 表示微观企业的研发投入强度，其转换为实际创新能力需考虑技术创新的转换系数 λ。假定在创新能力内生化后，技术创新的产出弹性系数为 θ，那么部门的总产出可以表示为：

$$Y = Ae^{\alpha t} X^{\beta} (\lambda \times TIA)^{\theta} \tag{3.38}$$

高水平产业发展部门提供高附加值的产品，其对技术创新强度的利用率应当高于所有部门的平均水平；同样地，低水平产业发展部门无法提供高附加值的产品，其对技术创新强度的利用率会低于所有部门的平均水平。分别使用 λ_a 和 θ_a 表示高水平产业发展部门的创新转换系数和产出弹性系数，使用 λ_b 和 θ_b 表示低水平产业发展部门的创新转换系数和产出弹性系数，因此，创新转换系数和产出弹性系数分别满足 $0<\lambda_b<\lambda<\lambda_a<1$，$0<\theta_b<\theta<\theta_a<1$。

产业高质量发展的目的在于实现供给体系和产业价值链中所有产品附加值的整体提升，因而，高水平产业发展部门的产出水平占所有部门总产出的比重即可视为某一空间范围内产业高质量发展的衡量标准，那么：

$$IHD = \frac{F_a}{F} = \frac{A_a}{A} e^{\alpha t} \left(\frac{X_a}{X}\right)^{\beta} \frac{\lambda_a^{\theta_a}}{\lambda^{\theta}} (TIA)^{\theta_a - \theta} \tag{3.39}$$

假设高水平产业发展部门和低水平产业发展部门的要素投入分别为 X_a 和 X_b，与之相对应的生产要素价格为 ω_a 和 ω_b，为满足产业高质量发展的需要和获取各类要素的竞争优势，高水平产业发展部门愿意在要素市场上支付更高的价格，即 $\omega_a > \omega_b$。在要素市场实现长期均衡的情况下，等式 $\omega_a X_a = \omega_b X_b$ 必然成立。假定整个要素市场实现出清，高水平产业发展部门和低水平产业发展部门占有了所有生产要素，即 $X = X_a + X_b$，因此有：

$$IHD = \frac{F_a}{F} = \frac{A_a}{A} e^{\alpha t} \left(\frac{\omega_a}{\omega_b} + 1\right)^{\beta} \frac{\lambda_a^{\theta_a}}{\lambda^{\theta}} (TIA)^{\theta_a - \theta} \tag{3.40}$$

其中，A 为外生变量，假设 $A(a) = \frac{A_a}{A}$，α 表示外生技术进步。进行等价变换即可得到技术创新与产业高质量发展的关系：

$$\ln IHD = \ln A(a) + \alpha t + \beta \ln\left(\frac{\omega_a}{\omega_b} + 1\right) + (\theta^a - \theta)\ln\frac{\lambda_a^{\theta^a}}{\lambda^\theta}TIA \qquad (3.41)$$

式(3.41)可以表示技术创新对产业高质量发展的影响。此处，进一步考虑技术创新和产业高质量发展的空间溢出效应，假设溢出效应在高水平产业发展部门和低水平产业发展部门间是不同的，分别为 $\Delta\mu_a$ 和 $\Delta\mu_b$，则有 $\Delta\mu = \Delta\mu_a - \Delta\mu_b$。在长期市场均衡的情况下，溢出效应可以改变要素流通渠道和利用效率，假定其对要素获取和利用效率的提升效率分别为 ρ 和 γ，$0<\rho$, $\gamma<1$。式(3.40)可以等价变换为：

$$\ln IHD = \ln A(a) + \alpha t + \beta \ln\left(\frac{\omega_a}{\omega_b} + \rho\Delta\mu + 1\right) + (\theta^a - \theta + \gamma\Delta\mu)\ln\frac{\lambda_a^{\theta^a}}{\lambda^\theta}TIA$$
$$(3.42)$$

进一步对式（3.40）进行变换，得到地区 i 产业高质量发展的动力模型：

$$IHD_i = A(a)e^{\alpha t}\left(\frac{\omega_a}{\omega_b} + \rho\Delta\mu_i + 1\right)^\beta \frac{\lambda_a^{\theta^a}}{\lambda^\theta}(TIA_i)^{\theta^a - \theta + \gamma\Delta\mu} \qquad (3.43)$$

同时，考虑技术创新和产业高质量发展的空间溢出效应，假设地区间技术外溢系数(外溢成本)为 ξ，$0<\xi<1$，在技术扩散的情况下，式(3.43)可以变换为：

$$IHD_i = A(a)e^{\alpha t}\left(\frac{\omega_a}{\omega_b} + \rho\Delta\mu_i + 1\right)^\beta \frac{\lambda_a^{\theta^a}}{\lambda^\theta}[TIA_i + (1-\xi)TIA_j]^{\theta^a - \theta + \gamma\Delta\mu} \qquad (3.44)$$

其中，$(1-\xi)TIA_j$ 表示地区 j 的技术通过溢出效应被地区 i 吸收的部分，进而作用于地区 i 的产业高质量发展。对式(3.44)求偏导，可以得到：

$$\frac{\partial IHD_i}{\partial TIA_j} = (\theta^a - \theta + \rho\Delta\mu_i) \times IHD_i > 0; \quad \frac{\partial^2 IHD_i}{\partial TIA_j \partial \mu_i} > 0 \qquad (3.45)$$

基于此，可以看出，微观企业的技术创新研发投入强度通过技术创新转换系数能够形成实际的创新能力，进而能够推动产业高质量发展。同时，技术创新研发投入强度对于产业高质量发展存在空间溢出效应。

第三节 政策激励、技术创新与产业高质量发展的协同传导机制

本节将政策激励、技术创新和产业高质量发展纳入统一的分析框架，试图从微观、宏观两个维度阐明政策激励、技术创新影响产业高质量发展的传导机制，并引入市场竞争的补充与调节效应。具体的传导机制如图3.1所示。

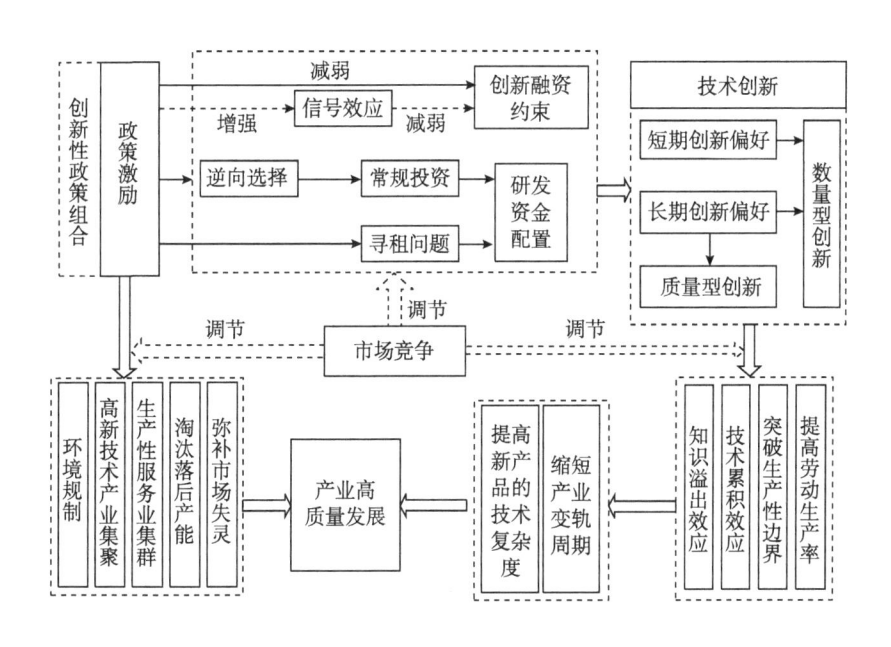

图 3.1 传导机制示意

一 微观视角下的政策激励效应

技术创新对于经济社会发展与进步具有重要的战略意义。从微观层面看，企业的技术创新离不开长期的研发投入，而研发投入具有资金投入大、研发周期长、失败概率高、收益不确定的特点，这与企业追求短期收益的目标并不一致。企业研发投入的不确定性和高昂的成

本由研发企业承担，研发成功后技术突破所带来的生产率提升的福利由全社会共享，这就决定了企业的研发创新过程具有很强的外部性特征。同时，研发创新的（准）公共品属性也会引发市场失灵。因此，企业自发开展技术创新面临着多方面的约束，需要政府的额外干预以弥补企业研发投资活动的不足。相比于金融资产以及固定资产投资，企业进行研发投资的门槛较高，产业链与供应链的上下游关系等均会影响企业的研发创新选择。也就是说，研发长期投入与短期收益不匹配的外部性风险，以及开展技术研发的门槛条件是制约企业技术创新的重要原因。按照新古典综合派的观点，企业自发的研发活动具有负外部性和高风险性，难以实现"市场出清"，政府应当通过"干预之手"对企业研发行为给予财政补贴，以弥补企业开展研发活动的风险。因此，政府对部分企业进行创新补助，鼓励企业加大研发行为，成为摆脱创新困境的路径之一。政府对企业技术创新的政策激励效应既有正面的促进作用，也可能导致出现"搭便车"行为而影响实质性创新效果。政策激励的微观效应具体表现在以下几个方面。

一是缓解企业资金约束。企业研发面临的资金约束是创新投入不足的最直接原因。企业研发资金有内部资金和外部资金。内部资金主要包括企业营收和转移支付，外部资金包括债务性融资和股权融资。政府的创新激励政策，如针对高新技术企业的财政补贴和税收优惠，可通过转移支付的形式有效缓解企业研发投入的财务困境。事实上，政府的创新政策激励可分为"事前激励"和"事后奖励"，前者是指企业研发投入活动中或取得研发成果前，获得政府资金援助的行为；后者则是企业的创新活动达到了既定的奖励标准后给予企业资金补助或税收减免的行为。尽管"事前激励"和"事后奖励"的政策效果有所不同，但二者直接增加了企业的研发资金，在一定程度上缓解了企业资金约束的问题，进而促进了企业的研发活动，理论上称其为创新政策激励的研发额外性（R&D Additionality）。

二是产生信号激励的同群效应。政府出台的创新补助政策对企业研发行为和创新活动具有信号传导效应。一方面，获得政府创新补贴的领导型企业被视作创新的"模范"，会激发同行业中具有技术研发潜能的追随型企业转向或加大创新领域的研发投资力度，以获取创新活动的额外补贴收益和溢出效应，最终增加了全社会研发创新活动的参与主体的规模和数量；另一方面，政府部门对企业创新行为的认定与研发补偿行为在一定意义上是向外界释放关于企业发展潜力的某种信号，这会引起外部投资者的关注，减少了资金供给方与需求方的信息不对称风险，进而为企业创新活动争取了更多的风险资金和外部支持。政府的创新补助对外部投资者行为和其他企业的追随型创新研发活动的影响，被称为创新政策激励的行为额外性（Behavioural Additionality）。

三是加剧了逆向选择效应。政府实施的创新激励政策影响企业创新行为的过程，具有明显的信号导向作用，从而促进了企业的创新活动。然而，创新激励政策在引导企业加强创新研发行为的同时，也导致部分企业出现逆向选择、寻租套利而降低了创新绩效。这是因为在不完全信息市场条件下，受制于获取信息成本和经济管理的复杂性，政府往往无法掌握所有企业、完整产业链以及市场前景的信息，即政府是信息获取的劣势方，而企业由于天然的市场优势，是市场信息的优势方。政府在"有限信息"条件下制定的产业政策，往往更有利于占有优势信息的企业。这类企业获得政策扶持后根据市场信息和自身经营状况及时调整投资策略，尤其可能降低不确定性的创新投资比重，或者进行"虚假创新"以规避政府的监管。这样的行为事实上降低了研发资金的配置效率，对具有实质性创新的企业和投资行为产生了挤出效应，最终降低了创新产出和绩效。

二　技术创新的传导效应

如上所述，技术创新的过程离不开长周期、持续性、大规模的研发投入，同时，大量的研发资金投入后也未必能获得与之相对应的创新成果。越是涉及底层架构的核心技术研发与突破，研发风险与研发难度也越大，相比之下，在底层技术的基础上进行二次开发的成本和难度则大幅下降。这就形成了核心技术和应用技术两类。核心技术的创新，除了依赖大量的资金和人力投入，长期基础研发所形成的技术经验也是决定核心技术创新成败的重要因素。缺少工业基础领域的长期性经验累积与反复试错，试图跨越产业链逐步升级的环节而直接进行核心技术突破的研发活动，往往都会以失败告终。无论是国家还是微观经济体，在不具备核心技术研发与突破所需的要素投入规模和经验积累的情况下，选择应用技术的研发就成为后发国家和企业的比较优势。在此形势下，企业面临着短期化的以面向产品市场为目标的应用技术创新和长期化的以突破核心技术为目标的基础技术创新两类，前者注重规模化与市场化的数量型创新，后者则倾向于实质性的质量型创新。两类形式的研发创新对于核心技术的推进具有完全不同的影响。

企业根据自身的禀赋特征和对未来市场潜力的判断，对上述两类不同的创新形式做出适合企业自身比较优势的研发选择。这几乎是市场化的自我选择过程。然而，政府"干预之手"出现，利用一系列的创新激励政策，能明显改变企业自发的技术甄别与研发选择过程，甚至改变了企业原有的创新研发偏好，倒逼企业调整投资决策以适应政府政策导向，获取更多的收益。如上文所述，政府通过政策激励不仅能够破解企业研发活动面临的融资困境，强化信号传导效应，促进企业的技术创新，还会加剧企业的逆向选择，促使部分企业以功利性行为进行包装和政策套利，这种"搭便车"的行为，事实上挤占了创新资源，降低了社会福利。

毋庸置疑，基于企业长期创新偏好行为的质量型创新对于改进技术工艺流程、实现核心技术突破具有重要的价值。在核心技术的研发过程中，研发人员的交流、流动促进了技术扩散和技术溢出，通过"干中学"和反复试错不断地提升某一领域的技术累积效应。其中的技术外溢效应和集聚效应，提高了行业中同类企业的竞争力，进而倒逼产业升级换代。不仅如此，就企业生产效率的改进而言，核心技术有助于打破企业长期面临的生产性边界，提高劳动生产率，提高知识、技术和资本的比重，加速传统的劳动密集型产业向资本、知识、技术密集型产业的过渡。这在一定意义上促进了产业的高质量发展。

因此，政策激励就像一把"双刃剑"。一方面，政策激励通过资金补偿的方式解决了那些真正适合开展核心技术研发企业的外部性问题，进而促进核心技术的创新与突破。另一方面，企业管理层对技术市场前景的敏感性和判断的准确性，明显优于政府部门的决策人员，而在存在创新政策激励时，企业原有的技术创新自我选择过程会发生改变和调整，许多不具备核心技术研发潜力的企业也加入了"创新热"的浪潮，这可能在一定程度上加剧资源的错配效应，未起到改进核心技术的作用。核心技术的突破则关系到产业变轨周期和新产品的技术复杂度，这对于产业高质量发展是至关重要的。

三 宏观视角下的政策激励效应

政府创新政策的精准实施，不仅可以在微观层面激励企业加大技术创新力度，进而提高产业高质量发展水平，还可以在宏观层面直接通过一系列的政策推动产业高质量发展。政策激励影响产业高质量发展的传导机制可以表现在以下几个方面。

一是环境规制效应。中国曾经历了几十年的高速发展，取得了巨大的经济成就，这在一定程度上是建立在以允许高污染、高耗能、低附加值产业发展而牺牲环境为代价的基础上的。当环境承载能力逐渐接近极限，且粗放式发展的模式难以为继时，新的经济增长动力逐渐转向了以创新驱动为主的经济高质量发展新阶段。就产业发展的角度而言，高污染、高耗能、低附加值产业的负面效应逐渐显现，因而环境规制的力度逐渐增强。政府通过一系列的政策措施，提高污染性产业的运营和交易成本，提高污染性相关产业的准入门槛，加大环境污染性行业的处罚力度，降低对污染性行业的容忍度，进而倒逼生态破坏性产业加速转型升级或迁移退出。这种宏观层面的激励政策在一定意义上实现了高污染、高耗能、低附加值产业的各类要素转向低污染、高附加值的产业，从而促进了产业高质量发展。有研究表明，政府施加的政策干预，能显著提升环保产业的绿色技术创新能力。

二是加速高新技术产业集群发展。在各类产业的发展与升级中，高新技术产业是非常突出的一类，高新技术产业发展迅速，对其他产业有较强的渗透能力。政府的创新激励政策在高新技术产业集群发展中具有重要的作用。高新技术产业集群带动了大量优质的创新资源向某一空间范围内集聚，可以发挥规模经济效应，节约交易成本，减少信息不对称发生的可能，同时与之相适应的高素质人力资本、前沿性技术和资金的汇集，有利于强化知识的扩散效应和学习效应，提高技术创新溢出能力。高新技术产业集群发展带动了上、下游产业的完善，有利于推动高新技术产业链的升级，进而实现产业高质量发展。

三是促进生产性服务业集聚。生产性服务业在提升地区经济发展质量中的作用日益凸显。相比于经济高质量发展，产业高质量的内涵更为具体，其发展离不开各类产业专业化程度的提升和高附加值产业及其投入要素的高度集聚，尤其是知识资本、人力资本和技术资本密集型产业的要素集聚，为新兴产业发展提供了基础和保障。政府支持产业发展的各类政策，是通过完善要素市场供给体系，加快高素质人才不断流入和高质量要素汇聚，来满足新兴产业发展需要和经济增长动力转换的。随着专业化程度的提升，制造业的升级换代对运营资本、技术投入和信息服务的需求不断升级，因而生产性服务业的集聚是实现产业向高质量发展迈进的必要一环。而不断的政策干预，一方面，在促进各类优质要素集聚的同时，强化了生产性服务业的专业化程度和覆盖广度；另一方面，由各类优质要素集聚引起的生产性服务业集聚本身意味着高端服务业比重上升，属于产业高质量发展的另一种表现形式。

四是调整与淘汰落后产能。在经济发展的不同阶段，周期性的经济波动、扩张性货币政策和财政政策，会导致部分产业的结构或总量出现产能过剩。因此，政府通过积极的干预政策对过剩产能进行调整、淘汰与经济发展阶段不相适应的落后产能是不可避免的。政府的政策激励不仅能使产业过剩的产能加速出清，逐渐回归正常范围，还能顺势引导落后的产能有序退出市场，将其占用的社会资源逐步转移至新产业，形成新产能，从而实现产业的高质量发展。

五是弥补市场失灵。按照新古典经济学的观点，市场能自发地调节资源在供需双方间实现均衡。但新古典经济学所倡导的完全信息条件下的市场均衡只是一种理想假设。现实的情况却是，信息不对称、交易成本、行业进入和退出壁垒等客观条件的存在使市场失灵的情况时有发生，市场难以自我出清，导致资源配置效率低下。在这种情况下，政府实施积极的干预政策是必要的。尤其利用精准化的政策对重要产业发展中供给与需求的缺口进行补充,以缓解市场自身进行调节的困难,有利于减少产业升级发展的周期,这在一定意义上加快了整体产业的高质量发展水平。

四 市场竞争的补充与调节效应

政府实施的创新激励政策尽管能在很大程度上促进企业技术创新,提升产业发展质量,但是诚如上文所述,政策激励效应也会导致企业的创新活动出现注重创新规模的数量型创新而忽视了创新质量。同时,在有限市场信息的条件下,政策的激励效应还会加剧微观企业的逆向选择问题,出现投机套利的空间。这些情况并不利于改进技术创新,缩短前沿技术差距,进而提高产业发展质量。那么,与政策激励相对应,在产业高质量发展中同样需要市场竞争的补充与调节。具体而言,市场竞争在政策激励、技术创新影响产业高质量发展方面的作用体现在以下三个方面。

一是在创新激励政策影响企业技术创新的过程中,地方政府对要素资源的配置进行干预与管制,不可避免地导致企业生产与运营所需要的劳动、资本、土地等生产要素存在流动性障碍。也就是说,政府创新激励政策不当,会加剧要素市场的扭曲和资源配置效率的低下。要素市场扭曲越严重,寻租行为带来的额外收益对企业的吸引力也越大,进而使企业将更多的资源用于寻租活动而对技术创新产生挤出效应。而在市场竞争充分的环境中,信息更加透明,政府直接干预资源配置的力度大大下降,企业的寻租空间被压缩,这为企业的研发活动提供了更为公平的研发资金和人力资本。因此,创新激励政策对企业技术创新的影响效果很大程度上取决于市场竞争的补充与调节效应,即市场竞争越充分越能提高政策激励的精准性和有效性,降低资源错配的风险,从而更好地促进企业技术创新。

二是在技术创新支撑产业高质量发展的过程中,市场竞争有助于提高技术转化效率,促进研发成功的技术更顺畅地流入市场,发挥技术创新支撑相关产业成长的作用。相比于政府"有形之手"的直接干预,市场竞争最大的优势在于信息甄别和容错机制,即充分发掘具有潜力的创新项目,引导多元化的社会资本加大投入,加速创新项目的孵化与落地，真正形成资本追寻新技术、新技术获得多元化资本支持的良性循环机制。在信息相对透明、交易成本更低、市场竞争更为充分的情况下，职业投资人和风险投资机构对由新技术、新创意支撑的市场前景的判断与甄别能力，远远高于政府的政策决策部门，从而能更好地促进新技术和相应产业链的成熟。若市场竞争氛围缺少，则存在严重的信息不对称和高昂的交易成本，资本甄别技术、技术创新转化成产业发展新动力的作用则明显下降。因此，市场竞争对技术创新支撑产业高质量发展具有重要的补充与调节效应。

三是在创新激励政策提升产业高质量发展的过程中，市场竞争有利于加速低附加值产业迅速出清，从而将更多的创新资源转移至新兴战略性产业。在产业高质量发展的过程中，几个主导产业或适合本地区的战略性新兴产业的快速崛起是重要途径。政府对于适合地区比较优势的主导产业的选择往往带有明显的主观偏好，其对未来主导产业的判断一旦出现选择性失误，不仅会带来产业发展的低效率，而且浪费了大量的社会优质资源。而市场竞争能有效甄别出具有潜在比较优势的产业，提高产业发展的效率和质量。因此，市场竞争能补充创新激励政策盲目性的不足，提高资源配置效率，提高产业发展质量。

第四节　本章小结

本章在 Petrakis（2002）提出的政府补助影响企业创新理论模型的基础上，进一步加入涵盖模仿创新与原始创新的因素，建立了更为细致的微观企业创新激励效应模型；采用三阶段动态博弈模型刻画了政策激励促使企业创新选择分化进而决定技术创新水平差异的内在机制；基于企业技术内生化模型，阐述了技术创新影响产业高质量发展的内在机理；构建了围绕政策激励、技术创新与产业高质量发展协同影响关系的逻辑框架，进一步梳理、刻画了政策激励如何通过技术创新影响产业高质量发展。本章是后文实证分析的理论基础。

第四章 中国技术创新评价与关联因素分析

前文已就政策激励影响技术创新及产业升级的机理进行了理论层面的阐述，明确了在一定的外部政策影响下，技术创新可能的变化特征。那么，从现实情况看，中国技术创新的效率和层次处在什么样的水平？相比于发达国家的技术水平，中国的关键核心技术在国际前沿领域又处于哪个阶段？就国内情况而言，不同区域的技术创新效率和水平呈现出怎样的差异性规律和特征？本章将通过统计数据分析与测度予以呈现。

第一节 中国技术创新的现状与特征

一 中国技术创新的现状

世界知识产权组织发布的《2020年全球创新指数报告》显示，中国在全球创新指数排名中居第14位，与2019年持平[1]。得益于知识产权创新领域的优异表现，中国在2018年全球创新指数排名中居第17位，也是首次进入前20强。在基础研究、核心技术研发投入与关键技术产出数量上，美国以绝对优势位居世界第一，而在研发人员规模、专利申请与授权数量、科技论文发表与出版物的数量上，中国排名世界第一。中国技术创新的具体情况如下。

（一）研发投入概况

研发投入是技术创新水平的重要指标之一。图4.1呈现了2000—

---

[1] https：//baijiahao.baidu.com/s？id=1676789394622612427&wfr=spider&for=pc.

2019年中国研发经费支出情况，不难看出，进入2000年以后，中国的研发经费支出金额出现了大幅度上升的趋势，由2000年的不足1000亿元，增长至2019年的22143.7亿元，增长幅度十分可观。按当年汇率折算，2019年中国研发经费支出总量位居世界第二，仅次于美国。除研发投入数量外，研发投入强度（通常以研发投入与国内生产总值之比衡量）也是国际公认的衡量一国或地区研发水平的重要指标，截至2019年年底，中国的研发投入强度为2.3%[①]，已达到世界发达国家的研发水平。从研发人员全时当量看，中国人均经费数量持续上升，2019年已达到46.2万元，较2018年增加了1.3万元，处于历史最高水平。

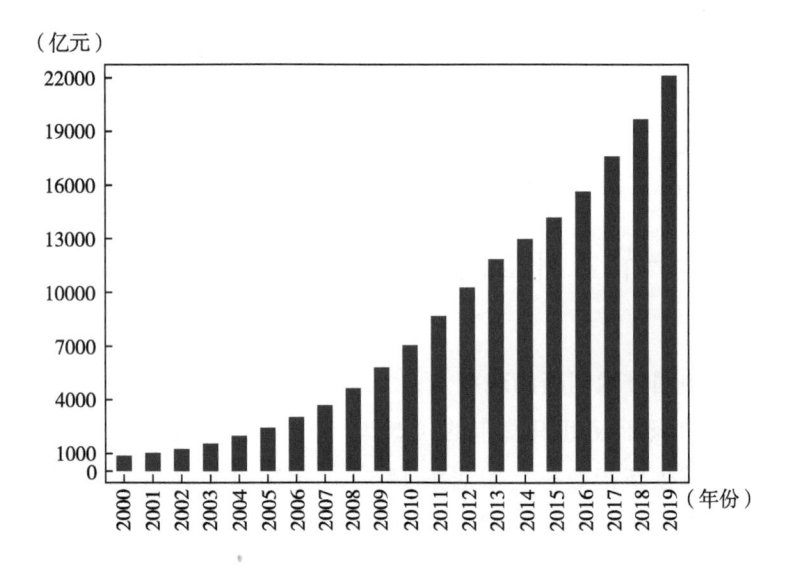

图4.1　中国2000—2019年的研发经费支出情况

资料来源：国家统计局。笔者整理绘制。

从研发投入类型看，研发活动主要包括基础研究、应用研究和试验发展。中国在过去较长的一段时间里处于模仿创新的阶段，面向产品市场的应用研究比重很大，而基础研究领域的投入比重偏低。但从

---

① http://www.stats.gov.cn/tjsj/zxfb/202008/t20200827_1786198.html.

2019年数据看，中国基础研究经费占总研发经费的比重已经高达6%，这也是首次突破6%①。这一方面凸显了中国对基础研究的重视程度，另一方面也是随着中国科技创新能力的不断提升，由应用研究向基础研究转变的必然结果。应用研究和试验发展的经费占总研发经费的比重分别为11%和83%，略有下降［见图4.2（a）］。

从研发主体看，主要包括各类企业、高等院校和政府所属研究机构。其中，企业始终是各类研发活动的最大主体。2019年，中国各类企业研发投入合计约16922亿元，且这一数据连续多年保持近两位数的增长。政府所属研究机构是研发活动主体中仅次于企业的第二大主体，2019年这一类部门的研发投入为3081亿元。高等院校在各类研发活动参与主体中，研发经费相对较低，2019年中国高等院校的研发投入共计约1797亿元［见图4.2（b）］。

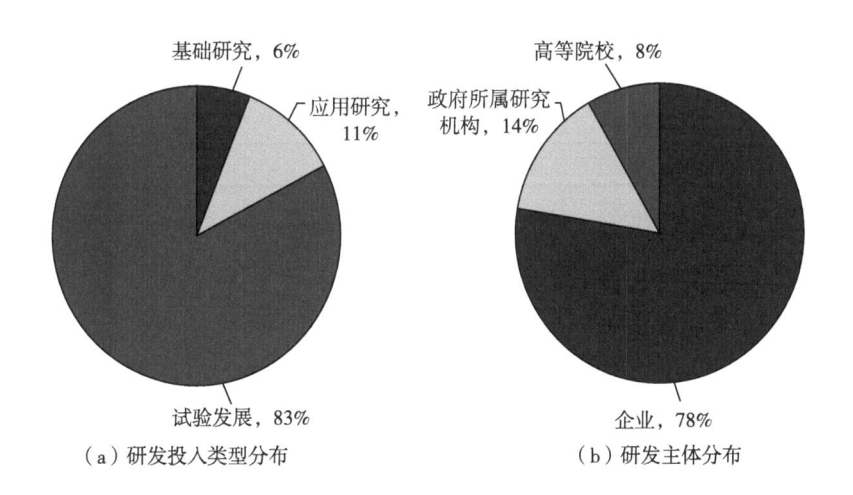

（a）研发投入类型分布　　　　（b）研发主体分布

图4.2　研发投入类型和研发主体的研发支出情况

资料来源：国家统计局。笔者整理绘制。

从不同行业的研发投入情况看，2019年高新技术制造业的研发投入高达3805亿元，同比增长了0.14%，这一指标是衡量中国高新技

---

① http://scitech.people.com.cn/n1/2020/0510/c1007-31703452.html.

术行业发展速度的重要指标。2019 年，装备制造业的研发投入为 7867.9 亿元，研发投入强度为 2.1%，低于高新技术行业。在规模以上工业企业中，2019 年研发投入高于 500 亿元的行业已达到 9 个，这 9 个行业的研发投入占总研发经费的比重约为 70%，具体研发投入情况见表 4.1。

表 4.1　　　　　　2019 年不同行业研发投入情况

行业	研发投入（亿元）	研发投入强度（%）
化学原料和化学制品制造业	923.4	1.40
医药制造业	609.6	2.55
非金属矿物制品业	520.1	0.97
黑色金属冶炼和压延加工业	886.3	1.25
通用设备制造业	822.9	2.15
专用设备制造业	776.7	2.64
汽车制造业	1289.6	1.60
电气机械和器材制造业	1406.2	2.15
计算机、通信和其他电子设备制造业	2448.1	2.15

资料来源：根据 2020 年《中国科技统计年鉴》整理。

进一步，按照研发投入的不同地域分布看，2019 年研发投入高于 1000 亿元的省份已达到 6 个，分别为广东、江苏、北京、浙江、上海和山东，其中，广东以 3098.5 亿元居全国各省份首位，江苏以 2779.5 亿元位居第二。而 2019 年研发投入强度高于全国平均水平的省份有 7 个，分别为北京、上海、天津、广东、江苏、浙江和陕西，其中，北京以 6.31% 的研发投入强度居全国各省份首位。具体情况见表 4.2。

表 4.2　　　　　31 个省份 2019 年的研发投入情况　　　　单位：亿元，%

地区	研发投入	研发投入强度	地区	研发投入	研发投入强度
全国	22143.6	2.23	重庆	469.6	1.99

续表

地区	研发投入	研发投入强度	地区	研发投入	研发投入强度
广东	3098.5	2.88	天津	463.0	3.28
江苏	2779.5	2.79	江西	384.3	1.55
北京	2233.6	6.31	云南	220.0	0.95
浙江	1669.8	2.68	山西	191.2	1.12
上海	1524.6	4.00	广西	167.1	0.79
山东	1494.7	2.10	吉林	148.4	1.27
湖北	957.9	2.09	内蒙古	147.8	0.86
四川	871.0	1.87	黑龙江	146.6	1.08
河南	793.0	1.46	贵州	144.7	0.86
湖南	787.2	1.98	甘肃	110.2	1.26
安徽	754.0	2.03	新疆	64.1	0.47
福建	753.7	1.78	宁夏	54.5	1.45
陕西	584.6	2.27	海南	29.9	0.56
河北	566.7	1.61	青海	20.6	0.69
辽宁	508.5	2.04	西藏	4.3	0.26

资料来源：根据2020年《中国科技统计年鉴》整理。

从世界主要经济体研发投入情况的比较看[1]，中国研发投入总量已经连续多年排名世界第二，与第一位的差距越来越小；同时，研发投入强度不断提升，已达到欧盟成员的平均水平。

（二）创新产出概况

1. 国内专利申请与授权情况

据国家统计局的数据，2018年，中国每亿元研发投入对应的发明专利申请量已达到71项，而在1990年仅为50项，也就是说，中国的研发投入带来的专利产出效益出现了大幅度的上升。2019年，中国专利申请量达到4380468项。而从国际专利申请情况看，据世界知识产权组织数据，2019年中国国际专利申请量高达68720项，居世界首

---

[1] 国际比较数据来自经济合作与发展组织（OECD）官方网站数据库（https://data.oecd.org），最新数据为2018年。

位，远超排在第二位的美国。也是在这一年，中国首次超过美国，成为世界上最大的专利申请来源国。一般而言，发明专利更能反映技术创新的水平，从中国的发明专利申请情况看，2019年中国发明专利申请量为1400661项，占专利申请量的比重超过30%。具体情况见表4.3。

表4.3 专利申请与授权情况 单位：项

年份	专利申请量	发明专利申请量	专利授权量	发明专利授权量
2000	170682	51747	105345	12683
2001	203573	63204	114251	16296
2002	252631	80232	132399	21473
2003	308487	105318	182226	37154
2004	353807	130133	190238	49360
2005	476264	173327	214003	53305
2006	573178	210490	268002	57786
2007	693917	245161	351782	67948
2008	828328	289838	411982	93706
2009	976686	314573	581992	128489
2010	1222286	391177	814825	135110
2011	1633347	526412	960513	172113
2012	2050649	652777	1255138	217105
2013	2377061	825136	1313000	207688
2014	2361243	928177	1302687	233228
2015	2798500	1101864	1718192	359316
2016	3464824	1338503	1753763	404208
2017	3697845	1381594	1836434	420144
2018	4323112	1542002	2447460	432147
2019	4380468	1400661	2591607	452804

资料来源：根据国家知识产权局数据进行整理。

《世界知识产权指标》报告显示，2019年全球专利申请量超过322万项，其中，中国受理的发明专利申请量达到140万项，排名全球第一①。这一数字是排名第二的美国主管部门收到的专利申请量的两倍以上。据国家知识产权局公布的数据，2019 年中国受理的实用新型专利 2268190 项，外观设计专利 711617 项。从图 4.3 中不难发现，2000—2019 年中国专利申请量与授权量均呈大幅上升趋势，尤其在 2010 年和 2014 年先后出现了两次快速增长。同时，也可以看出，发明专利申请量和发明专利授权量尽管出现了一定的上涨，但增长幅度及规模远低于专利申请量。发明专利的技术含量、研发难度和周期均高于实用新型专利和外观设计专利，而发明专利的占比不高也说明，中国科技创新短期化的趋势比较明显，创新产出质量和水平仍存在巨大的提升空间。

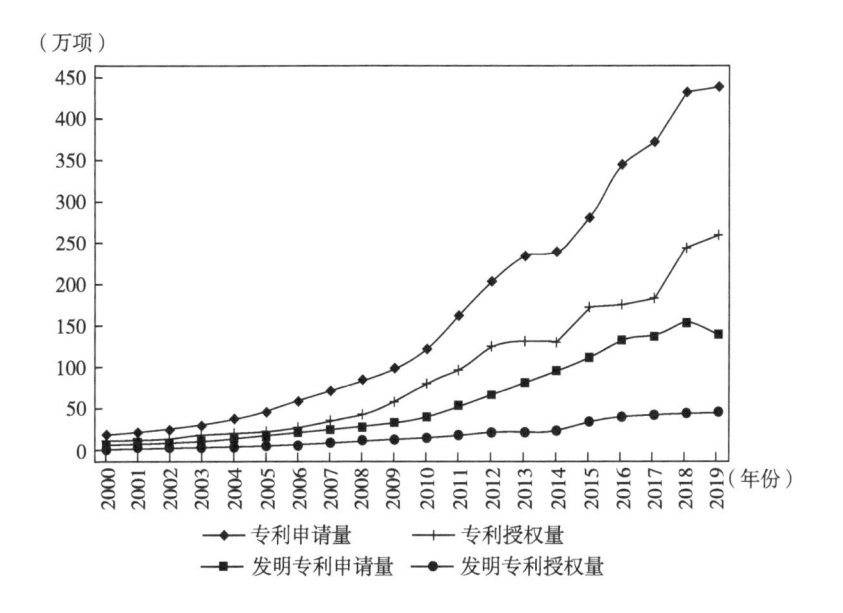

图 4.3　2000—2019 年中国专利申请和授权情况

资料来源：根据国家知识产权局数据整理绘制。

2. 国内、国外专利数据对比

进一步，从发明专利的视角看，发明专利包含国内发明专利申请量、国内发明专利授权量、国外发明专利申请量和国外发明专利授权

---

① http://k.sina.com.cn/article_3242792887_c14917b702000rq5s.html.

量四类。据国家统计局公布的数据，2019年中国国内发明专利申请量为1243568项，国内发明专利授权量为360919项，国外发明专利申请量为157093项，国外发明专利授权量为91885项[①]，无论从发明专利的申请量还是授权量看，国内发明专利的数量均远高于国外发明专利的数量。也就是说，中国发明专利的申请与授权主体主要在国内，而与世界前沿科技更为接近的国外发明专利数量明显滞后。图4.4呈现了2000—2019年上述四类专利的申请与授权情况，可以看到，国内发明专利申请量和授权量分别在2010年和2015年出现了大幅度上升，但是国外发明专利申请量和授权量几乎没有增长。国外发明专利授权量是代表世界前沿科技的重要指标，中国要想提高创新质量，还应进一步提高国外发明专利的申请和授权比重。

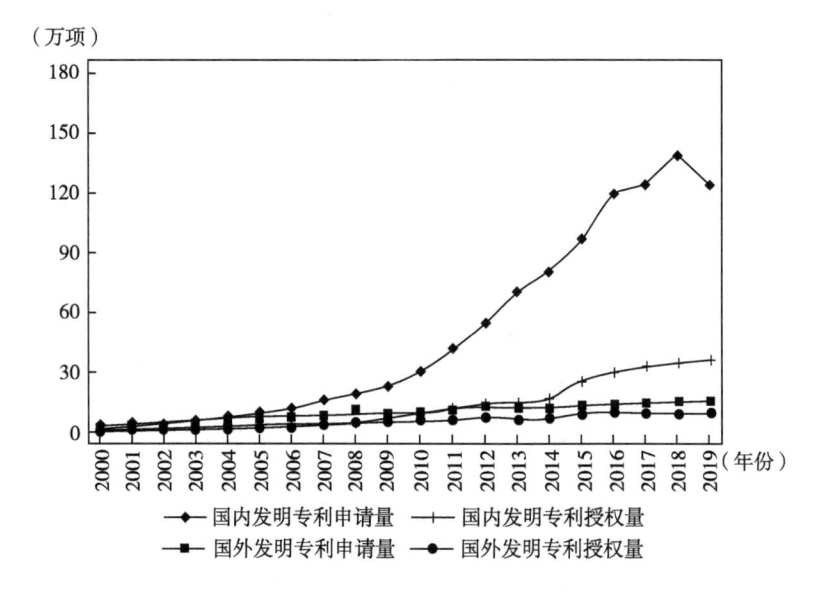

图4.4 2000—2019年中国国内、国外的专利申请和授权情况

资料来源：根据国家统计局数据整理绘制。

3. 不同机构的发明专利申请情况

从不同机构发明专利申请的情况看，大专院校、科研单位、企业

---

① https：//www.chinanews.com/gn/2020/01-14/9059830.shtml.

和机关团体四类机构发明专利的申请存在明显差别,其中企业是申请发明专利的主要机构。据国家统计局公布的数据,2019 年,大专院校发明专利申请量为 244673 项,科研单位发明专利申请量为 63043 项,企业发明专利申请量为 807813 项,机关团体发明专利申请量为 20543 项[1],企业申请的发明专利量远高于其他三类机构申请量的总和。图 4.5 呈现了 2000—2019 年中国不同机构发明专利申请情况。2010 年中国企业申请发明专利的数量出现了大幅上升,这可能与 2010 年政府提出创新驱动发展战略有关,即政府通过一系列的创新补贴政策推动企业加大创新研发力度,创新产出(发明专利申请量)也相应地出现了大幅上涨。与此同时,大专院校的发明专利申请量则出现了缓慢的上涨,涨幅远不及企业的发明专利申请量。科研单位和机关团体的发明专利申请量则保持较低的水平,涨幅并不明显。这从侧面说明中国科技创新的主要驱动部门是企业,而背后的政府政策推动对企业创新产出的增长是最明显的。

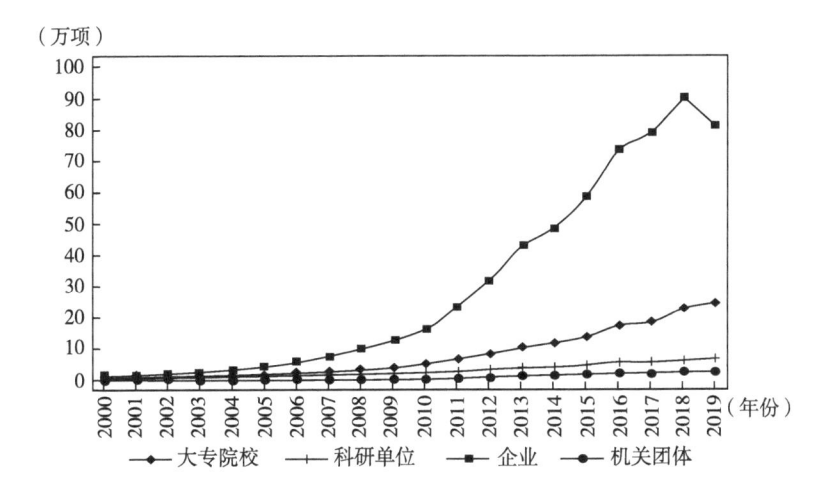

图 4.5 2000—2019 年中国不同机构发明专利申请情况

资料来源:根据国家统计局数据整理绘制。

---

[1] https://www.sohu.com/a/333541778_120052002.

4. 不同机构的发明专利授权情况

国家统计局数据显示，2019年，大专院校、科研单位、企业和机关团体四类机构的发明专利授权量分别为91188项、26798项、222439项和3936项，企业获得的发明专利授权量明显高于其他三类机构获得的发明专利授权量。图4.6呈现了2000—2019年中国不同机构的发明专利授权情况。企业获得授权的发明专利数量自2008年起逐渐出现大幅上升，尤其在2014年后发明专利授权量出现近乎直线上升的态势。大专院校的发明专利授权量在2009年和2014年也先后出现了小幅上升。相比于发明专利申请量，企业获得发明专利授权量的增幅更加明显，说明在政策驱动的影响下，企业创新水平有了一定的提升。

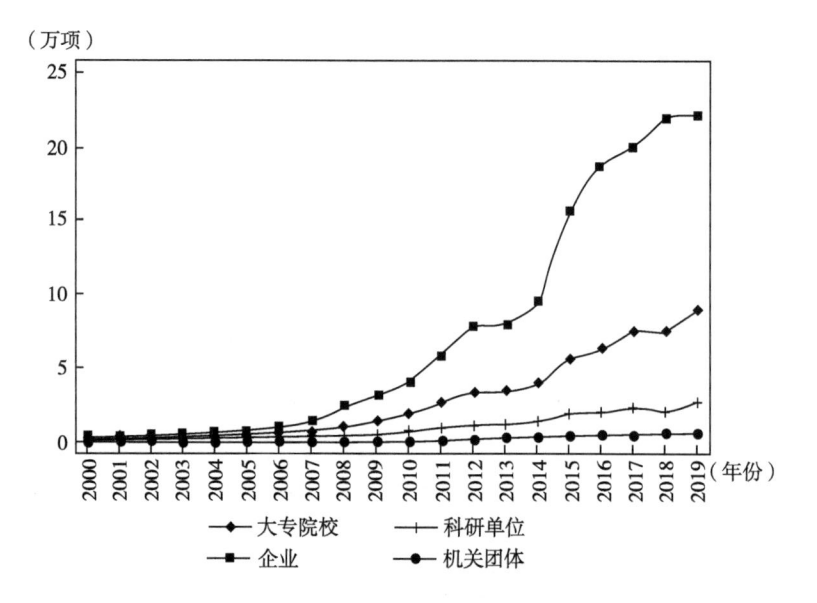

图4.6 2000—2019年中国不同机构发明专利授权情况

资料来源：根据国家统计局数据整理绘制。

5. 技术市场成交额

技术市场成交额是反映科技创新产出的一个重要指标。据国家统计局公布的数据，2019年中国技术市场成交额高达22398.39亿元，相比于 2018 年的 17697.42 亿元，增长了 26.6%，首次突破 2 万亿元，涨幅十分可观，而在 2016 年，中国技术市场成交额刚突破 1 万亿元。图 4.7 呈现了 2000—2019 年中国技术市场成交额增长情况，可以发现，自 2008 年以后技术市场成交额出现了大幅上涨。据统计，中国目前拥有高新技术企业超过 18 万家，科技型中小企业超过 13 万家，企业始终是技术交易的主体，输出了超过 32 万项技术，成交额占总额的 90% 以上。

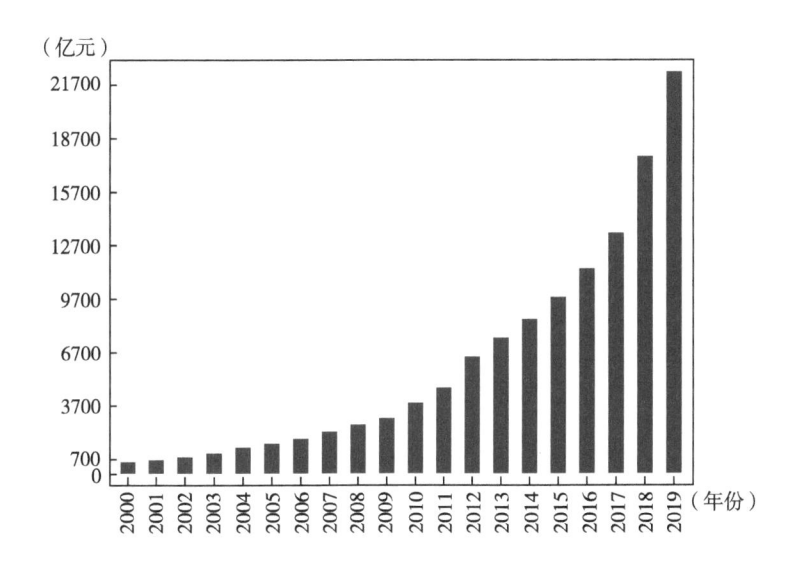

图 4.7　2000—2019 年中国技术市场成交额增长情况

资料来源：根据国家统计局数据整理绘制。

6. 发表科技论文数量

发表科技论文数量是科技创新产出的另一个重要指标。据国家统计局公布的数据，2019 年，中国发表科技论文 195 万篇，较上一年增长 6%[①]。限于数据的可得性，图 4.8 呈现了 2005—2019 年中国发表科技论文的情况，可以发现，2005—2009 年中国发表科技论文的数量快速上升，每年上涨幅度明显，而 2011—2017 年中国发表科技论文

---

① https：//politics.gmw.cn/2020-10/31/content_34326644.htm.

的数量则出现了非常缓慢的增长,随后 2018 年和 2019 年又出现较大幅度的增长。另据中国科学技术信息研究所的统计,2019 年中国发表高质量国际论文 59867 篇,占世界的 31.4%,连续四年居世界第二位,排名第一的美国 2019 年发表论文 62717 篇,占 32.9%,中美两国发表高质量国际论文数量的差距正在逐渐缩小。

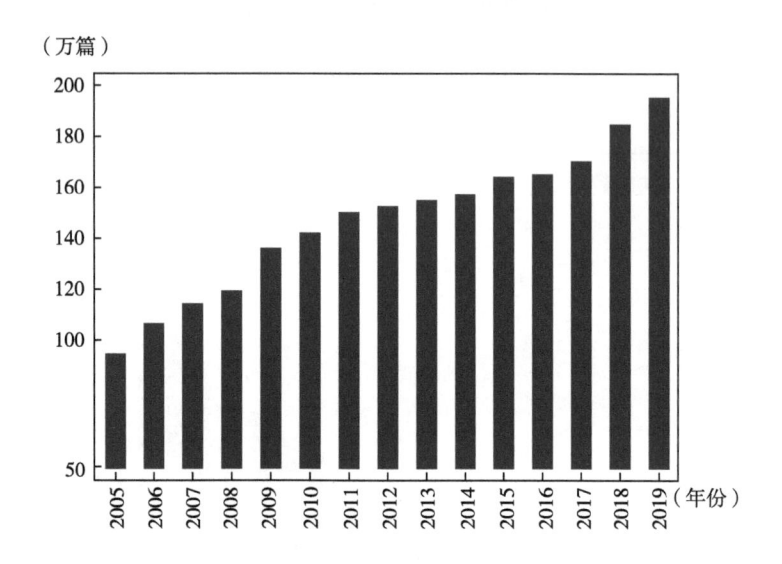

图 4.8　2005—2019 年中国发表科技论文数量情况
资料来源:根据国家统计局数据整理绘制。

二　中国技术创新的特征

基于上述数据,不难看出中国技术创新的特征,总结如下。

(一)研发投入规模持续增大,研发投入强度不断提升

从上一小节的数据分析不难看出,中国研发投入连续多年保持两位数的增长,截至 2019 年年底,中国全社会研发投入高达 2.2 万亿元,已稳居世界第二位;同时,研发投入强度为 2.23%,已接近欧美发达国家的水平。当研发投入达到一定水平后(中等收入国家的研发水平),研发投入的力度持续增大,不仅反映出中国科技创新能力的提高,逐渐形成以技术创新为驱动力的新模式,也说明技术累积效应不断增强,对研发投入强度有更高的要求,需要更多的研发投入以突

破新的技术门槛,而非只停留在低水平模仿创新上。

(二)研发投入结构优化,基础研究比重上升

近20年来,中国研发投入规模和数量增长迅速,目前投入总量已经十分可观。而就研发投入结构而言,在相当长的一段时间内,中国应用研究经费支出数量在研发投入总量中占据了较大的比重,而基础研究所占比重明显偏低,即较长一段时间内中国研发投入存在结构性失衡的问题。从最新的数据看,中国基础研究经费支出占总研发经费支出的比重首次超过6%,这是中国基础研究经费投入自2018年首次超过1000亿元后投入结构不断调整的另一重要表现,标志着中国基础领域的研发进一步强化。这也是中国由应用创新向原始创新转变的重要标志,当较低水平的技术创新积累到一定阶段后,更高水平的技术创新需求增大,基础研究能力上升成为当前中国面临的新趋势。

(三)政府参与水平提升,科研环境改善

在中国创新驱动发展战略的引领下,政府对科技资金的投入力度不断上升,进一步促使各类社会资源转向技术创新的新兴领域,创新氛围得到较大改善,逐步形成有利于引导和保护企业创新的良性机制。例如,在规模以上工业企业中,企业研发费用加计扣除减免税政策的涉及面高达56%,高新技术企业的税收优惠也超过了50%。因此,政府参与引导、社会资源广泛参与的科研环境氛围逐步建立,为科技创新提供了新的保障。但不可否认的是,中国科研资金利用率不高,科研体制中仍有许多制约研发人员深入参与技术研发、提高科技成果转化的制度壁垒。

(四)创新产出数量全球领先,核心技术突破仍待加强

大量的数据已经表明,中国科技创新产出指标(专利、科技论文数量等)均以绝对优势居世界首位。但是,中国技术创新的质量,尤其是原始技术等核心领域的创新却相对薄弱,与中国世界第一的创新产出规模不相适应。原始技术创新能力不是由短期研发投入单一决定的,很大程度上依赖长期的技术试错和经验积累,以及基础研究能力的支撑,这正是当前中国面临的短板。因此,创新数量的上升如何进

一步转化成创新质量的提高和核心技术创新能力的突破都成为当前中国技术创新最重要的课题之一。

第二节　中国技术创新水平测度

上一节对中国技术创新的新进展和特征进行了分析，本节将进一步测算中国技术创新的水平。

一　指标选择

借鉴已有相关研究的做法，本节将技术创新测度的指标体系分为创新投入—创新产出—创新绩效—创新环境 4 个维度，在每一维度下构建更为细致的二级指标。通过 4 个维度（一级指标）、13 个二级指标构建中国技术创新的总指标体系，具体的指标说明如下。

（一）创新投入

本部分选择以下指标表示创新投入。

1. 每万人中的研发人员全时当量

该指标是根据参与研发人员实际研发活动的劳动投入量折合计算得到的研发人员数量，衡量了研发过程的投入水平和规模，主要包括高校、科研院所和企业的研发人员，他们是全社会参与创新的主体成员。

2. 基础研究人均经费

基础研究经费反映了一国或一个地区原始创新的能力，由于直接使用基础研究经费可能导致数值过大，甚至可能出现异常值的情况，所以使用以全时研发人员当量计算得到的基础研究人均经费，其可以有效反映一国或一个地区基础研究以及底层技术创新的程度。

3. 研发投入强度

研发投入强度也称研发强度，通常使用全社会研发投入与 GDP 之比进行衡量，是反映一国或一个地区科技投入水平的重要指标。

4. 企业研发投入强度

一般研发投入强度是衡量一个国家或地区研发投入水平的指标，

且为包含高校、科研院所和企业部门的综合性结果。企业自身的研发投入强度可从微观视角反映研发投入情况。因此，本节使用企业研发投入与企业主营业务收入之比来衡量企业层面的研发投入强度。

（二）创新产出

本部分选取以下指标表示创新产出。

1. 每万名研发人员专利授权数

获得授权的专利是创新产出最直接的反映，也是已有文献中测度创新产出最为广泛的指标。本节使用国内专利授权数量与研发人员全时当量之比衡量创新产出，既可以避免专利授权数量过高可能带来的异常值，也能有效地反映创新产出水平。

2. 每万名科技人员技术市场成交额

技术市场成交额反映了科技成果转化与技术转移的规模，可在一定程度上反映一国或一个地区的创新产出水平。同样地，为了数据的平滑化，本节使用技术市场成交额与科技人员数量之比衡量创新产出。

3. 科技论文数量

科技论文数量反映了研发活动的中间产出水平，本节使用高校、科研院所和企业发表的学术论文数量衡量创新产出。

（三）创新绩效

本节选取以下指标表示创新绩效。

1. 科技进步贡献率

广义上，科技进步贡献率又可称作全要素生产率或技术进步，是经济增长中扣除劳动和资本外的其他因素。科技进步贡献率是反映科技成果转化为现实生产力的综合指标，因此，本节将其作为创新绩效的衡量指标之一。

2. 创新质量

创新质量属于创新过程以及创新产出质量的评价指标，反映了创新水平的大小和创新的溢出效应，也在一定程度上反映了创新绩效的大小。由于发明专利的研发创新周期、技术含量、专利评审标准均高于另外两类专利，所以本节使用发明专利授权数量与三类专利总量之比来衡量创新质量。

3. 高新技术产品比重

高新技术产品与创新活动具有密切的关联，创新绩效越高，高新技术产品种类和数量越多，高新技术产品的产出在总产品中的比重也就越高。因此，本节使用高新技术产品与出口货物额之比来衡量创新绩效。

（四）创新环境

1. 政府研发投入比重

在全社会 R&D 投入中，源自政府的资金投入是反映政府重视科技投入的重要指标。政府设立的研发资金往往用于重大前沿技术创新领域和战略性新兴技术领域，政府在研发创新活动中通过科技拨款形成的引导作用，在一定程度上反映了创新环境。因此，本节使用政府用于科技活动的资金与财政支出之比作为反映创新环境的指标之一。

2. 人均 GDP

经济发展水平往往对一国或一个地区的研发创新活动情况起到根本性的决定作用。经济实力越强，社会对技术创新的需求越大，用于研发创新的各类资金越多，创新环境就越好。因此，本节使用人均 GDP 间接反映创新环境。

3. 劳动力中大专及以上学历人员比重

技术创新活动对人力资本有一定的门槛要求，而劳动力中大专及以上学历人员可以反映社会劳动力的综合情况。劳动力中大专及以上学历人员比重越高，人力资本积累的水平越高，说明创新环境越好。

根据上述要素构建了中国技术创新指标体系（见表 4.4），其中，创新投入、创新产出、创新绩效和创新环境各占 1/4 的权重，创新投入下的四个二级指标权重均为 1/4，其余二级指标权重均为 1/3。

表 4.4　　　　　　　　中国技术创新指标体系

一级指标	二级指标	计量单位	指标权重
创新投入	每万人中的研发人员全时当量	人年/万人	1/4
	基础研究人均经费	万元/人年	1/4
	研发投入强度	%	1/4
	企业研发投入强度	%	1/4
创新产出	每万名研发人员专利授权数	项/万人年	1/3
	每万名科技人员技术市场成交额	亿元/万人	1/3
	科技论文数量	篇	1/3
创新绩效	科技进步贡献率	%	1/3
	创新质量	%	1/3
	高新技术产品比重	%	1/3
创新环境	政府研发投入比重	%	1/3
	人均 GDP	元/人	1/3
	劳动力中大专及以上学历人员比重	%	1/3

二　评价方法

（一）权重确定

基于上述指标测算中国技术创新指数，首先，需要确定各指标权重，此处使用逐级等权法分配权重。其中，创新投入、创新产出、创新绩效和创新环境的权重各为1/4，二级指标的权重为1/n（n为每个维度下二级指标的个数），因此最终的权重为1/（4n）。

（二）计算指标增速

基于不同指标的增速，加权平均得到总体指标增速，但由于不同指标的增速大小并不一致，增速快的指标可能掩盖增速慢的指标的作用，因此需将各指标增速控制在一定的范围内。通常的做法是将指标增速设置为两年增速的平均值，这样便可得到一定范围的增速值，如[-200，200]。

由于本节所有指标均为正向，各指标相邻年份的增速可以通过以下公式得到：

$$V_{it} = \left[\frac{R_{it}-R_{it-1}}{(R_{it}+R_{it-1})/2}\right] \times 100$$

其中，i 为指标序号，t 为年份，$t \geq 2006$。由于 $|V_{it}| = \left[\frac{R_{it}-R_{it-1}}{(R_{it}+R_{it-1})/2}\right] \times 200$，而 $|R_{it}-R_{it-1}| \leq |R_{it}| + |R_{it-1}|$，对于 $R_{it} > 0$ 和 $R_{it-1} > 0$，有 $|V_{it}| \leq 200$。

（三）合成总指数

通过以下三个步骤可以合成技术创新的总指数。

第一步：计算四个维度下各二级指标的加权变化率，公式如下：

$$Y_t = \sum_{i=1}^{k} w_i \times R_{it}$$

其中，w_i 为各指标在其所属维度中的权重，k 为该维度内指标的个数，t 为年份，$t \geq 2006$。

第二步：计算各维度的分指数，公式如下：

$$E_{t+1} = E_t \times \left(\frac{200+Y_{t+1}}{200-Y_{t+1}}\right)$$

其中，t 为年份，$t \geq 2005$，$E_{2005} = 100$。此处需要注意的是，应以定基发展增速计算各维度分指数，这样便可获得当年定基发展增速，为该指标当年值乘以 100 再除以基期值。

$$\frac{E_{t+1}}{E_t} = \frac{200+Y_{t+1}}{200-Y_{t+1}} = \frac{200+200\times\left(\frac{R_{it+1}-R_{it}}{R_{it+1}+R_{it}}\right)}{200-200\times\left(\frac{R_{it+1}-R_{it}}{R_{it+1}+R_{it}}\right)} = \frac{(R_{it+1}+R_{it})+(R_{it+1}-R_{it})}{(R_{it+1}+R_{it})-(R_{it+1}-R_{it})} = \frac{R_{it+1}}{R_{it}}$$

因此，$E_{t+1} = \frac{R_{it+1}}{R_{it}} \times \frac{R_{it}}{R_{it-1}} \times \cdots \times \frac{R_2}{R_1} \times \frac{R_1}{R_0} \times 100 = \frac{R_{it+1}}{R_0} \times 100$。

第三步：计算累计技术创新的总指数，公式如下：

$$I_{t+1} = \sum_{i=1}^{4} a_i E_{t+1}$$

其中，t 为年份，a_i 为各领域对总指数的权重。由此，便可得到中国技术创新的总指数，即中国技术创新综合评价指数。

三　创新水平分析

表 4.5 呈现了 2005—2019 年中国技术创新综合评价指数的测算

结果。如表4.5所示，2019年中国技术创新综合评价指数达到227.90（2005年为100），较2018年约增长7.7%。从不同的维度看，创新产出指数的增长速度最快，达到了294.80；创新环境指数的增速次之，为248.80；排第三位的是创新投入指数，为198.70；增长速度最慢的是创新绩效指数，只有168.90。这一评价结果与前文的统计分析结论基本一致，即中国技术创新投入稳步提升，创新产出大幅提高，创新绩效进一步改进，创新环境持续优化，但是在创新绩效或创新质量上，仍有较大的提升空间。从各分领域看，具有以下特征。

一是从创新投入指数上看，2019年为198.70，比2018年有所上升，增幅为2.5%。该维度的四个评价指标的指数三升一降，其中，每万人中的研发人员全时当量指数增长最快，研发投入强度指数和企业研发投入强度指数均稳步上升，而基础研究人均经费指数有所下降。

二是从创新产出指数上看，2019年为294.80，相较于2018年有较大的增长幅度，增长了约11.1%。该维度的三个评价指标的指数均有增长趋势，其中，每万名研发人员专利授权数指数和每万名科技人员技术市场成交额指数分别达到428.80和487.60，在所有的评价指标指数中名列前茅。

三是从创新绩效指数上看，2019年为168.90，比2018年增长约3.1%。该维度的三个评价指标指数中，科技进步贡献率指数和创新质量指数均有所增长，高新技术产品比重指数则出现了下降。

四是从创新环境指数上看，2019年为248.80，较2018年约增长了10%。该维度三个评价指标指数均保持了增长，其中，政府研发投入比重指数上升幅度最大，成为全部13个指数中增长最快的。这也说明政府越来越重视科研环境的建设。

表4.5　　　　2005—2019年中国技术创新综合评价指数

年份	中国技术创新综合评价指数	不同维度的技术创新指数			
	综合得分	创新投入	创新产出	创新绩效	创新环境
2005	100.00	100.00	100.00	100.00	100.00

续表

年份	中国技术创新综合评价指数	不同维度的技术创新指数			
	综合得分	创新投入	创新产出	创新绩效	创新环境
2006	106.11	102.92	108.90	104.50	106.30
2007	111.90	108.10	112.80	110.30	111.70
2008	117.36	114.12	124.10	115.20	114.50
2009	126.20	131.11	128.70	121.90	122.69
2010	132.10	133.20	138.10	127.10	132.20
2011	138.87	141.30	151.10	129.60	137.90
2012	147.90	151.95	163.70	132.50	145.10
2013	153.30	153.22	169.10	137.80	151.20
2014	162.91	158.10	178.30	141.90	163.90
2015	173.98	163.92	207.90	147.60	173.80
2016	184.12	171.90	224.10	153.10	183.70
2017	197.24	182.20	235.90	161.80	204.10
2018	211.62	193.80	265.40	163.90	226.20
2019	227.90	198.70	294.80	168.90	248.80

注：由于数据的可能性，以2005年为基期（=100）。

图4.9更为直观地呈现了2005—2019年中国技术创新综合评价指数的变化趋势。2005—2019年中国技术创新综合评价指数逐渐提高，保持了稳定上升的趋势。这说明，整体上，中国的科技创新能力逐步增强，创新环境不断改善，创新投入力度不断加大，创新产出成果持续增加，创新绩效不断提高。

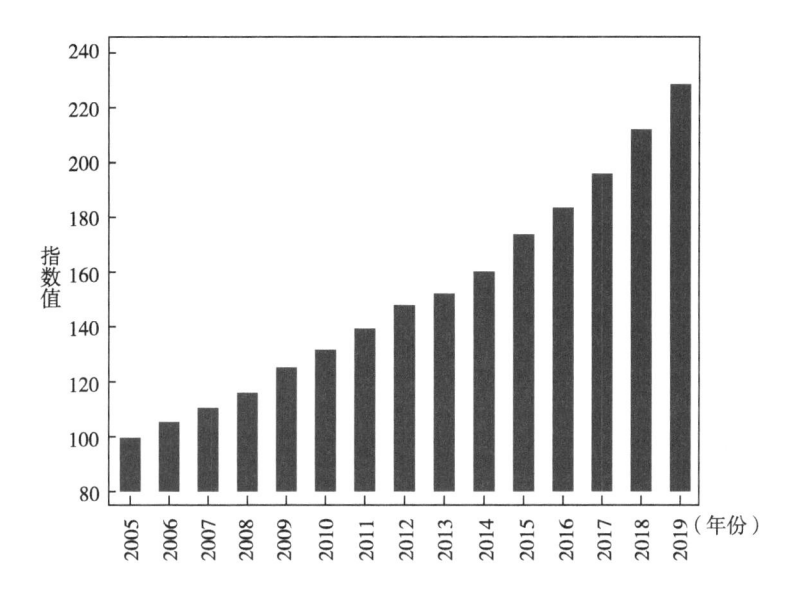

图 4.9　2005—2019 年中国技术创新综合评价指数

图 4.10 进一步直观地呈现了不同维度的 2005—2019 年中国技术创新综合评价指数。在四类创新指数中，按指数上升速度排名，第一位为创新产出指数，第二位为创新环境指数，第三位为创新投入指数，第四位为创新绩效指数。四个维度的创新指数测算结果也与上文的数据相一致，即中国科技创新产出数量增长迅速，无论是发明专利数量、技术市场成交额还是科技论文发表数量均十分可观，这也表明中国已经成为科技创新的大国。从创新绩效指数可以看出，尽管中国科技创新产出规模巨大，但是核心技术创新能力的水平与国际前沿技术领域相比，仍然存在巨大差距。也就是说，中国科技创新环境的升级和创新投入力度的增强，带来了更高数量的创新产出，但是，如何提升创新产出质量和创新绩效，仍是中国未来科技创新中应亟须面对和克服的问题。核心技术创新的突破依赖长期的技术累积效应，"短、平、快"地推出表层技术创新产品并不利于基础研究能力的提升。

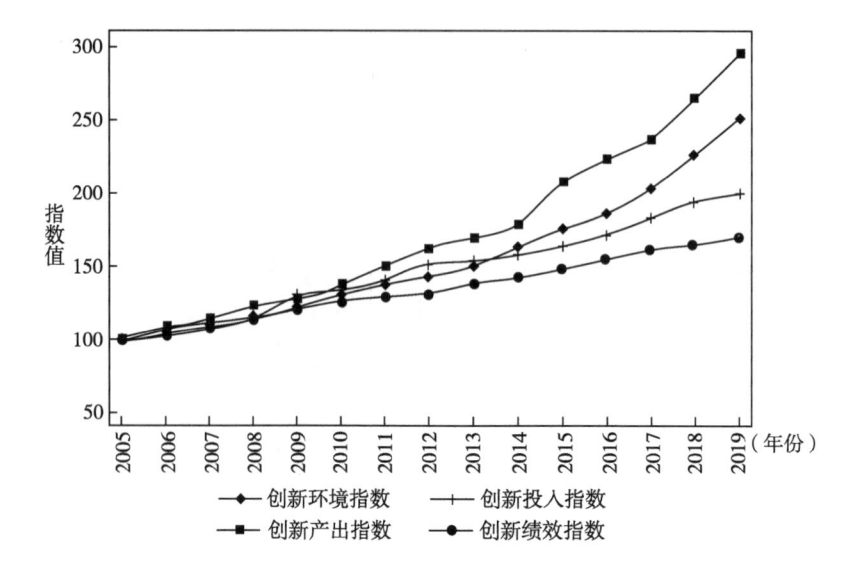

图 4.10　2005—2019 年中国技术创新综合评价指数（分维度）

第三节　中国与世界科技前沿国家的技术创新水平比较

一　横向比较

世界知识产权组织发布的全球创新指数显示（见表 4.6），2020 年中国以 53.28 的得分在全球创新指数的排名中居第 14 位，与 2019 年持平。按照收入群组来划分，在中等偏上收入经济体中居第一位；按照地区来划分，在东南亚大洋洲中位列新加坡、韩国、中国香港之后，排第四位。

表 4.6　　　　　　　　2020 年全球创新指数排名

经济体	得分（0—100 分）	排名	收入群组	地区	地区内排名
瑞士	66.08	1	高收入	欧洲	1
瑞典	62.47	2	高收入	欧洲	2

续表

经济体	得分（0—100分）	排名	收入群组	地区	地区内排名
美国	60.56	3	高收入	北美洲	1
英国	59.78	4	高收入	欧洲	3
荷兰	58.76	5	高收入	欧洲	4
丹麦	57.53	6	高收入	欧洲	5
芬兰	57.02	7	高收入	欧洲	6
新加坡	56.61	8	高收入	东南亚大洋洲	1
德国	56.55	9	高收入	欧洲	7
韩国	56.11	10	高收入	东南亚大洋洲	2
中国香港	54.24	11	高收入	东南亚大洋洲	3
法国	53.66	12	高收入	欧洲	8
以色列	53.55	13	高收入	北非西亚	1
中国	53.28	14	中等偏上	东南亚大洋洲	4
爱尔兰	53.05	15	高收入	欧洲	9
日本	52.70	16	高收入	东南亚大洋洲	5
加拿大	52.26	17	高收入	北美洲	2
卢森堡	50.84	18	高收入	欧洲	10
奥地利	50.13	19	高收入	欧洲	11
挪威	49.29	20	高收入	欧洲	12

从全球创新投入指数看（见表4.7），中国以55.51的得分位列全球第26。按照收入群组来划分，在中等偏上收入经济体中位居第一；按照地区来划分，在东南亚大洋洲中位列新加坡、中国香港、韩国、日本、澳大利亚、新西兰之后，排名第七。可见，中国创新投入明显滞后，与中国全球创新指数的位次相距较大。

从全球创新产出指数看（见表4.8），中国以51.04的得分排名第六。按照收入群组来划分，在中等偏上收入经济体中位居第一；按照地区来划分，在东南亚大洋洲中位列第一。也就是说，中国创新产出数量相当可观，即便在世界主要经济体中也表现优异。这一结果与中国连续多年专利申请数量以绝对优势位居世界第一是高度契合的。

表 4.7　　　　　　　　2020 年全球创新投入指数排名

经济体	得分（0—100 分）	排名	收入群组	地区	地区内排名
新加坡	70.20	1	高收入	东南亚大洋洲	1
瑞士	69.42	2	高收入	欧洲	1
瑞典	69.19	3	高收入	欧洲	2
美国	68.84	4	高收入	北美洲	1
丹麦	66.77	5	高收入	欧洲	3
英国	65.97	6	高收入	欧洲	4
中国香港	65.79	7	高收入	东南亚大洋洲	2
芬兰	65.57	8	高收入	欧洲	5
加拿大	64.84	9	高收入	北美洲	2
韩国	64.83	10	高收入	东南亚大洋洲	3
荷兰	64.45	11	高收入	欧洲	6
日本	63.59	12	高收入	东南亚大洋洲	4
澳大利亚	62.86	13	高收入	东南亚大洋洲	5
德国	62.71	14	高收入	欧洲	7
挪威	62.67	15	高收入	欧洲	8
法国	61.43	16	高收入	欧洲	9
以色列	61.36	17	高收入	北非西亚	1
奥地利	61.15	18	高收入	欧洲	10
新西兰	60.95	19	高收入	东南亚大洋洲	6
爱尔兰	59.72	20	高收入	欧洲	11
比利时	59.62	21	高收入	欧洲	12
阿联酋	58.29	22	高收入	北非西亚	2
冰岛	57.27	23	高收入	欧洲	13
卢森堡	57.23	24	高收入	欧洲	14
爱沙尼亚	56.11	25	高收入	欧洲	15
中国	55.51	26	中等偏上	东南亚大洋洲	7
西班牙	54.85	27	高收入	欧洲	16
捷克	54.74	28	高收入	欧洲	17
斯洛文尼亚	54.09	29	高收入	欧洲	18
塞浦路斯	53.17	30	高收入	北非西亚	3

表 4.8 　　　　　　2020 年全球创新产出指数排名

经济体	得分（0—100 分）	排名	收入群组	地区	地区内排名
瑞士	62.75	1	高收入	欧洲	1
瑞典	55.75	2	高收入	欧洲	2
英国	53.59	3	高收入	欧洲	3
荷兰	53.08	4	高收入	欧洲	4
美国	52.28	5	高收入	北美洲	1
中国	51.04	6	中等偏上	东南亚大洋洲	1
德国	50.39	7	高收入	欧洲	5
芬兰	48.47	8	高收入	欧洲	6
丹麦	48.30	9	高收入	欧洲	7
韩国	47.40	10	高收入	东南亚大洋洲	2
爱尔兰	46.38	11	高收入	欧洲	8
法国	45.89	12	高收入	欧洲	9
以色列	45.73	13	高收入	北非西亚	1
卢森堡	44.45	14	高收入	欧洲	10
新加坡	43.02	15	高收入	东南亚大洋洲	3
中国香港	42.68	16	高收入	东南亚大洋洲	4
捷克	41.95	17	高收入	欧洲	11
日本	41.80	18	高收入	东南亚大洋洲	5
冰岛	41.18	19	高收入	欧洲	12
爱沙尼亚	40.45	20	高收入	欧洲	13

但是，我们不难发现，中国创新产出成就突出，即使相比于世界前沿的技术创新领域，中国的全球创新产出指数也已有大幅度提升，差距正在缩小，但创新质量不高的局面依然存在。如何强化底层技术创新和原始创新的累积能力，推动中国企业将数量型创新向质量型创新转变，实现关键核心技术的自给自足，不断提升全球创新指数排名，仍是当前中国面临的重要问题。

二　纵向比较

中国研发支出增长迅速，但仍存在一定的结构性问题。据世界银行公布的数据，当前，中国基础研究和应用研究占比低于美国 20 个百分点，基础研究投入水平只相当于美国的1/4，科研单位在基础研究领域的创新突破仍有待加强。

近年来，相比于世界创新水平，中国技术创新取得的成绩主要表现在以下几个方面。

（1）在研发投入上，中国研发投入强度已超过2.2%，接近欧美等发达国家水平，在中等收入国家研发投入强度之上；2019年中国研发投入约2.21万亿元，1991—2019年，中国研发投入年均增速接近20%，研发投入已于2013年超越日本，成为全球第二大研发投入国家。

（2）在创新产出上，专利申请与授权数量连续多年以绝对优势位居世界第一。根据世界知识产权组织2020年发布的相关数据，2019年全球累计专利受理322万项，其中，中国以140万项高居全球之首，是排名第二的美国专利受理量62.15万项的两倍以上。日本、韩国和欧洲分别以30.80万项、21.90万项和18.15万项位列全球第三、第四和第五。中国、美国、日本、韩国和欧洲这五个地区的专利主管部门的申请受理量占全球总数的84.7%。

尽管中国创新研发投入和创新产出水平处于世界前列，但是与世界创新前沿国家之间仍存在一定的差距，具体表现在：

（1）中国研发投入只有美国的1/2，研发投入强度（研发投入与GDP之比）仍低于美国。2019年中国研发投入约2971亿美元，美国为5818亿美元，同时，中国研发支出占GDP的比重为2.18%，较之美国的2.84%，仍有不少差距。

（2）目前，中国每百万人口拥有的研发和技术人员只有1000余人，而美国每百万人口拥有的研发和技术人员则超过4000人，中国仅为后者的1/4。

（3）中国基础科研薄弱，核心科技领域短板较多；美国重视基础研究和应用研究，有利于推动技术创新。中国在试验发展阶段中基础研究占比长期徘徊在5%左右，直到2019年首次突破6%，应用研究占比大约为11%；美国的基础研究与应用研究占比分别为16.8%和19.7%，共36.5%，比中国高。

（4）尽管目前中国科技论文发表数量已经领先美国，但就论文质量（引用率）而言，二者的差距仍较大。2017 年，中国在科学与工程（S&E）领域发表的论文中，论文引用率排名位于前 1% 的论文占论文总数的 1.01%，美国的这一数据则为 1.9%；从近年来世界主要国家公示的专利申请领域分布看，中国在生物医药技术、半导体材料、计算机技术方面与美国存在巨大差距。

（5）中国高等院校的研发比重偏低。尽管中国与美国都已建立以企业为主体的创新体系，但是相比于美国等世界主要国家，中国高等院校研发占比只有 7%。美国、日本、德国、法国、英国的这一数据分别为 13%、12.3%、17.3%、20.3%、25.6%，均高于中国高等院校研发占比。由于基础研究领域的创新主要发生在高等院校和科研院所，企业主要侧重应用研究，而一国的长期核心竞争力依靠的是基础研究，所以中国在基础研究领域存在较大短板。

三 综合评价

从技术创新的各项指标看，中国已经成为世界科技创新大国，甚至在 5G 通信、大数据、航天航空、高铁技术等领域已经处于世界领先地位。但综合而言，中国距离科技创新强国仍有一段较长的距离。尽管中国保持了较快的技术进步增速，但长期以来，中国的科技创新尤其在关键核心领域的创新水平与中国的经济规模、中国经济的国际影响力以及中国的贸易地位不相匹配。依靠核心技术获得超额收益和垄断利润，以维持全球竞争优势是技术先进国家不断加大研发投入，推进技术创新，抢占科技制高点并严格管制技术外流的重要驱动力。中国作为后发国家，技术创新水平曾远远落后于先发国家，因此中国在过去较长的一段时期里处于对世界前沿技术的模仿、追赶甚至目前仍然处于技术跟随国的状态。除少数领域外，中国在绝大部分赛道的核心技术水平仍落后于美国、日本、德国等第一梯队，甚至落后于英国、法国、加拿大、意大利等第二梯队。

最终转化成各项产品的技术创新可分为底层技术创新和应用技术创新，二者的科研基础、研发难度、工艺水平差别非常大，由应用技术创新领域向底层技术创新领域过渡，往往需要花费较长时间的经验累积，试图在短期内获得实质性的转变并不现实。就后发国家而言，更应值得关注的是同发达国家的前沿技术差距是否在缩小，缩小的速度有多快，是否存在差距被拉大的风险。令人欣慰的是，随着中国经济增长规模的不断提升，中国基础研究领域的研发投入也水涨船高，研发投入强度逐年增强。加大科技创新投入力度，尤其是重视基础研究领域的创新，瞄准世界科技前沿和核心技术领域，不断实现新的突破，这正是面对当前外部环境不确定性上升周期，中国不断提升科技创新水平、缩小与世界前沿技术差距的努力方向。

第四节 影响中国技术创新的关联因素分析

上一节已对当前技术创新水平进行了测度，在与国际前沿技术的比较中可以发现，中国科技创新水平虽然快速提升，但是也存在短板与差距。技术创新水平是内外部多种因素共同作用的结果，既受政策环境、市场环境、国际环境、制度文化等多种外部因素的影响，也与微观经济个体（企业与个人）的内在因素有关，同时离不开地区的发展水平、基础设施等地理禀赋特征。因此，本节将对可能影响技术创新的相关因素进行分析，以便为后文的实证分析奠定基础。影响企业技术创新的相关因素及传导路径见图4.11。

一 外部因素

（一）政策扶持

在外部环境中，政府出台的政策措施可能对企业的创新活动产生直接影响。在中国创新驱动发展战略中，无论是中央还是地方，均出台了大量的产业政策，通过高新技术企业补贴、税收减免等措施引导企业的创新研发活动。实践表明，当企业的创新投资决策与政府扶持的相关产业及政策导向一致时，企业可以获得丰厚的政府补贴，因而开展创新活动的能力和意愿不断加强。

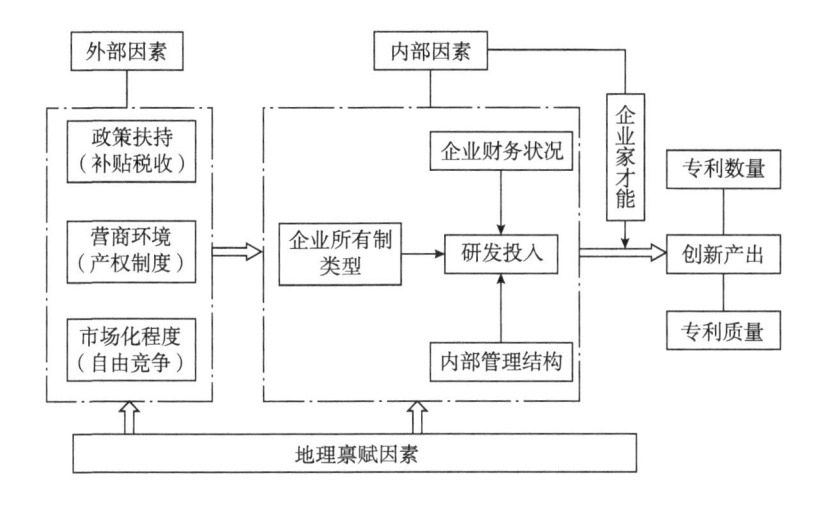

图 4.11 影响企业技术创新的相关因素及传导路径

(二) 营商环境

随着企业的发展与壮大，一个地区的营商环境对其进一步发展发挥着越来越重要的作用。例如，当地的产权保护意识、行政审批制度与效率、科技成果转化与信息交流平台、对创新失败的容忍氛围等，均会决定企业创新活动的积极性与投资决策。以深圳市为例，从注册登记的角度，全部登记事项的 70% 以上为不见面审批。此外，深圳市还推出了两项秒批的事项、30 证合一等，用互联网的方式把商事登记的营业执照上的一些信息充分地跟其他部门进行关联。注册的便利化吸引了很多初创型企业，尤其是科技型中小企业在深圳注册成立。与此同时，营商环境的改善对企业创新的影响还具有较强的溢出效应。例如，以科创企业为平台，吸引全国各类要素的流入，形成创新资源的高度集群，进一步满足了企业创新发展的资源供给。因此，当地营商环境已成为企业创新活力的重要因素。

(三) 市场化程度

自 1992 年党的十四大提出建立社会主义市场经济体制以来，中国的市场化程度有了大幅提升，市场在资源配置中逐渐发挥主导作用。在充分竞争的市场环境下，微观经济主体通过竞争与合作可以获得利润最大化。同样，相比于政府的决策者，企业经理人对于市场技术前景有更为敏感的信息，可以基于消费者需求，有效甄别潜在的前沿技术创新方向。因此，在自由竞争的环境中，企业管理者可以充分调动已有资源，加大对真正具有市场前景的技术领域的探索，这在一定程度上降低了政策干预带来的选择成本和资源错配程度。

二 内部因素

（一）企业财务状况

在决定企业创新活动的内部因素中，企业自身的财务状况，如资产负债状况、营业收入、利润率、研发成本、资金周转率、ROE、托宾Q等，均会影响企业的创新研发行为。大量的文献已经表明，企业创新活动受融资渠道与成本的制约十分明显，债务融资与股权融资对企业的投资行为也会产生差异化的影响。不受融资约束影响、财务自由度高的企业，更倾向于开展创新研发活动；而面临融资约束的企业，出于保值避险的目的，相应地会减少投入周期长、收益不确定的创新研发投资。

（二）内部管理结构

企业研发创新活动的直接主体是企业内部的管理人员，因而企业内部的管理结构对企业研发创新具有直接的决定作用。企业内部管理结构是现代企业制度的重要内容，企业内部架构、现代企业管理制度、大股东权益、绩效考核指标等越来越多地影响企业的投资行为，特别是创新研发投资活动。越来越多的研究表明，企业内部高管特征、激励机制、管理模式、企业文化对企业创新尤其是长期性的创新投资活动产生了重要的影响。

（三）企业所有制类型

国有企业在中国具有不同于民营企业的特殊地位、规模和管理模式，因而企业在创新投资活动中呈现差异化特征。相比于民营企业，国有企业可以更为容易地获得银行信贷资金，稳定的资金流可用于开展大规模的研发活动。但不可否认的是，民营企业是社会主义市场经济的重要组成部分，其创造和提供的城镇就业岗位的数量超过80%。因此，通过混合所有制改革的方式，激活国有企业的创新活力和社效益是推动中国创新能力提升的重要举措。从企业创新的角度来说，国有企业因为独特的背景、所有制属性和资产规模，且多处于价值链的上游，在技术创新中承担了大量的基础研究，而民营企业多处于产业链的下游，多以面向产品市场的应用研究为主。二者的所有制类型差别在一定意义上决定了企业技术创新水平的不同。

（四）企业家才能

相比已有经典文献对企业家才能的定义，即科学合理组织劳动、资本、（土地）租金等各类生产要素，并将其转化为产品生产的能力，现代企业治理对企业家才能有更为严格的要求。就企业的发展战略而言，如何在已有生产要素的基础上，拓展企业发展路径，规避各类经营中的不确定性风险，敏锐获取新兴市场的潜在需求，推进企业在不同阶段的适用性创新，均体现出了企业管理人员的公司治理水平。同时，越来越多的研究发现，企业家个人特征（如经历、教育程度、性格）等对企业发展的作用至关重要，甚至很大程度上决定了企业创新的底层文化。

三 地理禀赋因素

地理禀赋，也称作资源禀赋或要素禀赋，是指一国或地区拥有的各种生产要素的集合。从区域的异质性视角看，中国呈现东部、中部、西部的区域经济分化现象，这与不同地区的地理禀赋关联度越来越密切。各地区不同而各有特色的自然资源环境在很大程度上为微观企业和宏观产业布局奠定了基础。例如，东部地区城市之间的空间地理距离较近，产业密集度和关联度较高，基础设施条件完善，这在一定程度上进一步吸引了资金、人才、项目等各类优质要素的持续流入，为企业技术创新提供了更充分的保障；相反地，西部地区的地理地貌等客观因素限制了部分产业的发展和企业的进入。但是也正因如此，中部和西部地区需要结合本地区的要素禀赋优势，发展适合本地比较优势的产业。例如，许多企业将大数据中心落户中国西南地区的贵州，逐步形成了贵州大数据产业集群发展模式，这与贵州特殊的地理气候等因素密不可分。也就是说，地理资源及交通基础设施的差异在一定程度上影响不同区域创新活力和高新技术企业的进入与退出。

第五节　本章小结

本章从统计数据分析角度，对中国的技术创新水平进行概述、测度与评价，并进行了中国与世界前沿创新国家技术创新水平的比较，指出影响中国技术创新的关联因素。整体上，中国技术创新水平近几十年来取得了巨大进步，在很多领域已接近世界前沿水平，甚至科技创新产出数量已居于全球首位。但是，中国创新质量不高的局面十分突出，核心技术依然严重依赖进口。这是因为，创新规模可以通过加大研发投入而在短期内迅速提升，但是原始技术创新更多地依赖长期性的基础研究，这正是当前中国需要重点发力的领域。

本章对技术创新的特征与发展演变规律进行了量化与说明。作为全书理论机制与实证检验的过渡部分，本章主要提供了技术创新的指标量化和因素分析框架，既是对前文技术创新理论分析的现实反映，也为后文的实证分析奠定了基础。

第五章 产业高质量发展综合度量与特征分析

本章主要从区域和产业两大维度测度历年产业高质量发展状况，分别使用熵权法、主成分分析法测度了区域（省级和城市）层面的产业高质量发展指数，使用均值离差法测度了33个产业的高质量发展指数。本章分析了不同层级的产业高质量发展的测度结果，测算出的省级和城市层面的历年产业高质量发展指数可直接用于后续章节的实证分析。

第一节 省级层面的产业高质量发展测度

根据前文对产业高质量发展的界定，其不仅体现为产业结构层面的优化升级，还包含产业内劳动生产率的提升；同时，中国产业的技术水平与世界前沿领域的技术差距在缩小或基本接近世界前沿的技术水平；产业绿色化与清洁化程度大幅提升，对环境的负面影响降到最低。基于此，本章将从产业结构、创新绩效、前沿技术差距和产业清洁化四个维度构建省级层面的产业高质量发展评价指标体系，并使用熵权法得到省级层面的产业高质量发展指数。

一 指标选择与数据来源

本节除对产业结构、创新绩效、前沿技术差距进行考量外，还进一步加入产业清洁化来衡量省级层面的产业高质量发展指数。这是因为，同一区域的产业布局有一定的相似性，与自然资源、气候温度、环境承载能力等因素均高度相关，而在更大的空间范围内，产业发展会出现明显的异质性，且因地理禀赋的不同而有较大差异。因此，本章在省级层面的产业高质量发展测度中，加入产业清洁化指标，具体分别从产业结构、创新绩效、前沿技术差距和产业清洁化四个二级指标中选取以下八个三级指标构建省级层面的产业高质量发展指数。

（一）产业结构高度化

产业结构高度化是衡量产业结构的重要指标之一，它是指劳动生产率的提升和产业比例关系的演进，即生产要素由低附加值产业向高附加值产业转移，或由劳动密集型产业向资本、技术密集型产业转移，以及传统产业内技术水平的提升。借鉴刘伟等（2008）对产业结构高度化的测度方法，构造以下产业结构高度化指数：

$$HH = \sum_{i=1}^{n} (Y_{it}/Y_t)(LP_{it}/LP_{if}) \tag{5.1}$$

其中，Y_{it} 表示不同时期不同产业产值的占比，LP_{it} 表示不同时期不同产业的劳动生产率，LP_{if} 表示某一产业完成工业化后的劳动生产率。由此，可计算得到产业结构高度化值。

（二）产业结构合理化

产业结构合理化的内涵是投入要素在不同产业间配置与利用率能否带来最大化的产出，以及是否存在向更合理的产业均衡关系演进的可能。产业结构合理化主要体现在产业结构的变动上，早期文献以产业结构偏离度表示产业结构合理化：

$$N = \sum_{i=1}^{n} \left| \frac{(Y_i/L_i)}{(Y/L)} - 1 \right| = \sum_{i=1}^{n} \left| \frac{(Y_i/Y)}{(L_i/L)} - 1 \right| \tag{5.2}$$

其中，N 表示产业结构偏离度，Y 表示产业增加值，L 表示劳动人员数量，i 表示产业，n 表示部门数。干春晖等（2011）引入泰尔指数，并对此进行了改进。本节借鉴干春晖等的处理方法，采用以下公式测度产业结构合理化：

$$HI = \sum_{i=1}^{n} \left(\frac{Y_i}{Y}\right) \ln\left(\frac{Y_i}{L_i} \Big/ \frac{Y}{L}\right) \tag{5.3}$$

该方法以产业加权的方式衡量了产业结构的偏离程度，由此可计算得到产业结构合理化值。

（三）研发投入

研发投入是衡量创新投入水平的重要指标，本节使用中国 31 个省份历年研发投入量表示。

（四）专利授权量

借鉴单伟等（2017）的做法，本节使用 31 个省份历年发明专利、实用新型专利和外观设计专利的授权数量进行衡量。相比于申请专利，授权专利代表符合国家相关专利审核标准，达到一定的技术创新水平并获得认可，反映了研究与开发后的技术输出能力。

（五）人均 GDP 与贸易占比

邵宜航等（2015）认为，一个地区的经济发展水平越高，与前沿技术的差距就越近；地区经济发展越落后，则与前沿技术的差距越远，技术进步就越可能表现为模仿创新。因此，借鉴邵宜航等（2015）的做法，先计算出 31 个省份的贸易出口额比重，再与人均 GDP 相乘，可得出 31 个省份的前沿技术差距。

（六）工业化水平

为了反映制造业的发展质量和水平，限于数据的可得性，本节对 31 个省份生产的金属切削机床产量、汽车产量、冰箱产量、空调产量、洗衣机产量、移动手机产量、计算机产量、集成电路产量和彩色电视机产量进行加权求和，以衡量地区的工业化水平。

（七）单位工业增加值能耗

如果某地区的工业增加值的上升严重依赖能源消耗，则表明该地区的产业清洁化程度较低，同时较高的污染物排放增加了该地区的环境承载负担，与产业高质量发展的目标相违背。因此，本节使用地区能源消耗量与工业增加值的比值来衡量单位工业增加值能耗。

（八）PM2.5 年均浓度

一个地区 PM2.5 的排放量受多种因素的影响，污染性企业的生产过程在一定程度上提高了 PM2.5 浓度，说明产业发展依然处于低水平状态。因此，本节使用各地区 PM2.5 年均浓度作为产业清洁化的另一个测度指标。

构建产业高质量发展指数所使用的指标具体见表 5.1。

表 5.1　构建产业高质量发展指数所使用的指标

一级指标	二级指标	三级指标	指标属性
产业高质量发展指数	产业结构	产业结构高度化	+
		产业结构合理化	+
	创新绩效	研发投入	+
		专利授权量	+
	前沿技术差距	人均 GDP 与贸易占比	+
		工业化水平	+
	产业清洁化	单位工业增加值能耗	−
		PM2.5 年均浓度	−

二　测度方法

本节使用熵权法测度省级产业高质量发展指数。按照熵权法的思路，在使用多维度指标测度综合指标（产业高质量发展指数）时，分维度的指标差异越大，综合指标的特征差异越明显。因此，对不同指标应赋予不同的权重，越重要的指标，对应的权重越高。具体而言，将上文中二级指标对应的三级指标两两取平均值得到二级指标的数值，再使用客观变异系数法确定四个二级指标的权重，最后将四个二级指标加权计算得到产业高质量发展指数。

第一步：对三级指标数据进行标准化处理。考虑到各三级指标之间的数量级和计量单位并不一致，指标间不存在可比性。因此，需要对所有原始数据进行无量纲化处理，计算公式如下：

$$x'_{ij} = \frac{x_{ij} - \min(x_i)}{\max(x_i) - \min(x_i)} \quad (5.4)$$

第二步：计算各二级指标的变异系数，计算公式如下：

$$v_i = \frac{\sigma_i}{y_i} \quad (5.5)$$

其中，v_i 为二级指标的变异系数，y_i 为二级指标的平均值，σ_i 为二级指标的标准差。

第三步：计算各二级指标变异系数占比，进而得出相应的二级指标权重，计算公式为：

$$w_i = \frac{v_i}{\sum_{i=1}^{n} v_i} \quad (5.6)$$

第四步：对各二级指标加权计算得出一级指标数值，计算公式如下：

$$L = \sum_{i=1}^{n} w_i Y_i \quad (5.7)$$

其中，L 为基于熵权法计算得到的产业高质量发展指数。至此，便可得到不同区域的历年产业高质量发展指数。下文将进一步对测度的结果进行分析。

三 测算结果分析

本部分呈现了基于熵权法计算得到的 2009—2018 年中国省级产业高质量发展指数（见表 5.2、表 5.3）。从结果的横向比较看，2018 年排名最高的广东产业高质量发展指数为 91.28，排名最低的内蒙古产业高质量发展指数为 19.36，前者是后者的 4.7 倍，差距十分明显。2009—2014 年，江苏产业高质量发展指数始终排名第一，但 2015 年广东产业高质量发展指数超越江苏，居于首位。同时，2009—2018 年，江苏、广东和浙江三省产业高质量发展指数始终占据榜单前三。整体上，省级产业高质量发展水平与地区的经济增长水平大体保持一致，这说明，产业高质量发展离不开经济发展的驱动作用。

从结果的纵向比较看，江苏产业高质量发展指数由 2009 年的 42.37 上升至 2018 年的 70.03。广东产业高质量发展指数则由 2009 年的 41.03 上升至 2018 年的 91.28，上升幅度较大。浙江产业高质量发展指数由 2009 年的 40.32 上升至 2018 年的 57.56，增幅明显低于广东和江苏。但整体上，大部分省份 2009—2018 年产业高质量发展指数保持上涨趋势，且多处于温和式上升态势，差距并不明显。也有少数省份的产业高质量发展指数近乎处于低水平波动的状态，如内蒙古产业高质量发展指数由 2009 年的 19.43 下降至 2013 年的 15.23，随后又逐渐恢复至 2018 年的 19.36。

表 5.2　　省级产业高质量发展指数（2009—2013 年）

2009 年		2010 年		2011 年		2012 年		2013 年	
省份	得分	省份	得分	省份	得分	省份	得分	省份	得分
江苏	42.37	江苏	47.17	江苏	53.46	江苏	61.45	江苏	59.54
广东	41.03	广东	44.89	广东	47.10	广东	50.82	广东	53.96
浙江	40.32	浙江	43.08	浙江	44.30	浙江	50.37	浙江	51.77
四川	38.40	山东	40.05	山东	41.59	山东	44.33	山东	45.33
山东	37.73	四川	38.38	安徽	36.71	安徽	37.87	安徽	38.54
安徽	37.33	安徽	36.57	四川	36.48	四川	37.38	四川	37.35
河南	36.00	河南	35.73	河南	35.53	河南	36.18	河南	36.69
湖南	35.99	湖南	35.15	湖南	33.95	湖南	34.13	湖南	33.57
江西	35.40	湖北	34.47	湖北	33.16	湖北	33.10	湖北	33.42
湖北	35.33	江西	33.95	江西	32.42	福建	32.72	福建	32.64
广西	34.74	云南	33.20	云南	32.31	江西	32.22	河北	32.56
云南	34.31	广西	33.18	福建	32.01	河北	32.21	江西	31.84
甘肃	34.25	陕西	32.77	西藏	31.97	西藏	31.91	云南	30.75
西藏	33.78	西藏	32.71	广西	31.73	云南	31.65	西藏	30.65
陕西	33.70	甘肃	32.60	河北	31.61	广西	30.29	黑龙江	30.45
河北	33.30	河北	32.53	陕西	31.14	甘肃	30.23	甘肃	29.70
贵州	33.17	贵州	31.94	甘肃	30.88	黑龙江	29.96	广西	29.68
海南	32.56	福建	31.81	贵州	30.42	贵州	29.52	海南	29.06
福建	32.29	海南	30.99	海南	29.54	海南	28.94	山西	28.50
黑龙江	31.67	黑龙江	29.96	黑龙江	28.93	山西	27.73	贵州	28.49
青海	31.59	青海	29.65	辽宁	27.95	辽宁	27.43	辽宁	28.13
宁夏	31.43	宁夏	29.39	青海	27.38	青海	26.24	青海	25.39
山西	31.02	辽宁	29.30	山西	27.22	新疆	23.76	新疆	24.78
辽宁	30.50	山西	29.05	新疆	23.97	宁夏	22.85	吉林	23.07
吉林	28.72	吉林	26.08	宁夏	23.86	吉林	22.69	陕西	22.38
新疆	28.42	新疆	25.77	吉林	23.68	陕西	21.99	宁夏	22.25
内蒙古	19.43	内蒙古	16.68	内蒙古	13.62	内蒙古	13.23	内蒙古	15.23

注：北京、上海、天津、重庆四个直辖市是重点城市，其产业高质量发展指数将在下一节城市层面进行测度，本部分不再呈现。下同。

表 5.3　省级产业高质量发展指数（2014—2018 年）

2014 年		2015 年		2016 年		2017 年		2018 年	
省份	得分	省份	得分	省份	得分	省份	得分	省份	得分
江苏	56.48	广东	63.00	广东	65.96	广东	74.81	广东	91.28
广东	55.91	江苏	61.80	江苏	60.86	江苏	61.32	江苏	70.03
浙江	50.76	浙江	55.49	浙江	54.43	浙江	54.01	浙江	57.56
山东	45.71	山东	48.89	山东	49.45	山东	50.87	山东	53.21
安徽	38.56	安徽	39.81	安徽	39.57	安徽	39.33	河南	41.18
四川	37.46	四川	39.67	四川	39.36	四川	39.16	四川	40.61
河南	36.83	河南	38.36	河南	38.32	河南	38.92	安徽	39.96
湖北	33.34	福建	34.67	福建	34.74	福建	34.25	河北	36.83
湖南	33.21	河北	34.19	河北	33.88	湖北	34.21	福建	35.51
河北	32.81	湖北	34.12	湖北	33.73	河北	34.04	湖北	34.67
福建	32.38	湖南	33.60	湖南	33.11	湖南	32.96	湖南	33.97
江西	31.76	江西	32.58	江西	32.82	江西	32.64	江西	33.72
云南	30.51	云南	30.52	云南	30.44	云南	30.05	黑龙江	32.44
黑龙江	30.20	黑龙江	30.45	黑龙江	30.30	黑龙江	30.01	辽宁	30.35
西藏	29.99	甘肃	30.41	西藏	30.22	甘肃	29.78	甘肃	29.53
甘肃	29.34	西藏	29.66	甘肃	30.19	辽宁	29.59	广西	28.92
广西	29.15	山西	28.95	辽宁	30.01	西藏	29.34	吉林	28.66
海南	28.69	广西	28.69	山西	28.96	广西	28.89	西藏	27.80
山西	28.62	海南	28.58	广西	27.98	海南	27.08	云南	27.45
贵州	28.32	贵州	28.47	海南	27.82	贵州	26.93	山西	26.84
辽宁	27.23	辽宁	26.32	贵州	27.68	山西	26.69	贵州	26.66
青海	24.50	新疆	25.48	陕西	26.21	青海	24.74	海南	26.52
新疆	23.85	陕西	25.06	新疆	25.60	新疆	23.96	青海	24.92
吉林	23.15	青海	24.69	青海	24.22	陕西	23.34	陕西	23.87
宁夏	22.56	吉林	24.09	吉林	23.63	吉林	22.85	新疆	22.41
陕西	22.38	宁夏	22.10	宁夏	20.87	宁夏	20.90	宁夏	21.67
内蒙古	16.07	内蒙古	15.47	内蒙古	15.70	内蒙古	19.62	内蒙古	19.36

不难发现，各省份产业高质量发展的空间分化现象较为明显，东部沿海省份可以借助优越的地理位置、充足的要素投入和营商环境，不断转变产业发展模式，推动产业高质量发展，而欠发达省份若缺少适宜的产业基础，往往陷入低水平发展。

综合而言，各省份经济发展的空间分化现象已是不争的事实，这尤其表现在产业发展格局上，南方省份的产业高质量发展水平整体高于北方省份。这或许与北方省份多接近能源、资源集聚地而形成传统经济发展路径依赖，短期内难以转换，而南方省份多布局新兴产业，较早进行"腾笼换鸟"式的产业发展格局变革有关。已有的经济发展模式已经不适应党的十九大后经济高质量发展的新要求，各省份积极转变不合时宜的产业发展模式，推动产业高质量发展方能获得持续的竞争优势。

第二节 重点城市产业高质量发展测度

上节从区域角度构建了省级层面的产业高质量发展指数，由于区域内部各城市的经济发展和产业结构并不一致，甚至存在较大差距，因此各城市的产业高质量发展指数往往存在一定的分化现象。考虑到不同层级的产业高质量发展路径并不一致，且城市和省级层面的样本数据的可得性也不相同，本节将进一步构建新的产业高质量发展评价指标体系，并使用主成分分析法测度城市层面的产业高质量发展指数。

一 指标选择与数据来源

本节从供给结构、生产效率、价值创造和产业清洁化四个维度构建产业高质量发展指数。具体而言，供给结构包括产业间结构和产业内结构，生产效率包括技术效率和产出效率，价值创造包括生产活动创造性和产品复杂度，产业清洁化即生产过程的能耗水平。对应的详细测算指标见表5.4。

表 5.4　　　　　　　　产业高质量发展评价指标体系

一级指标	二级指标	三级指标	指标属性
供给结构	产业间结构	第三产业增加值/第二产业增加值	+
	产业内结构	技术密集型生产性服务业比重	+
生产效率	技术效率	全要素生产率	+
	产出效率	制造业增加值与固定资产投资之比	+
价值创造	生产活动创造性	城市创新指数	+
	产品复杂度	前沿技术差距	+
产业清洁化	能耗水平	一般工业固体废弃物综合利用率	+

主要指标的详细说明如下。

(一) 产业间结构

产业间结构主要指各产业之间要素分布和产出之间的比例关系，通常使用第一、第二、第三次产业之间的产值衡量不同产业的结构关系。本节使用第三产业增加值与第二产业增加值之比衡量产业间的结构变化。

(二) 产业内结构

从不同产业增加值的角度看，产业间比例关系的演进（由第一产业产值占优势逐渐转向第二产业和第三产业产值占优势）符合产业转型升级的特征和定义，但是这并不一定代表实现了产业高质量发展。例如，当制造业的规模和技术水平仍处于价值链低端时，大量的资源聚集到金融和房地产领域，由此带来的产业空心化并不是真正意义上的产业高质量发展。因此，本节进一步从产业内结构变化的角度，使用技术密集型生产性服务业占比来衡量产业结构的变化。

(三) 全要素生产率

全要素生产率（TFP）的测算方法大致有以下四种。

一是基于生产率定义的指数法。该方法以产出指数和投入指数的比值衡量生产率，其测度公式为：$TFP = \frac{Q_0}{Q_1} - 1$。其中，$Q_0$ 表示产出指数，Q_1 表示投入指数。基于该方法，选取相应的产出指数和投入指数即可直接计算出全要素生产率,但是,该方法获取的信息往往并不全面,因而测算相关指数有一定难度,现实中也很少有学者采用基于生产率定义的指数法来测算全要素生产率。

二是基于Solow模型的增长核算法。Solow（1956）基于C-D生产函数,运用产出增长率扣除要素增长率后的剩余即"Solow余值"来表示全要素生产率。计算公式如下：$Y=AK^{\alpha}L^{\beta}$。其中,α和β分别表示资本和劳动的产出弹性。当规模报酬保持不变时($\alpha+\beta=1$),α和β就是资本和劳动占总产出的比重。对上述生产函数取对数,并对时间求偏导数,可得：

$$\frac{\mathrm{d}\ln Y}{\mathrm{d}t}=\frac{\mathrm{d}\ln A}{\mathrm{d}t}+\alpha^{*}\times\frac{\mathrm{d}\ln K}{\mathrm{d}t}+\beta^{*}\times\frac{\mathrm{d}\ln L}{\mathrm{d}t} \tag{5.8}$$

因此,全要素生产率的计算公式为：

$$TFP=\frac{\mathrm{d}\ln A}{\mathrm{d}t}=\frac{\mathrm{d}\ln Y}{\mathrm{d}t}-\alpha^{*}\times\frac{\mathrm{d}\ln K}{\mathrm{d}t}-\beta^{*}\times\frac{\mathrm{d}\ln L}{\mathrm{d}t} \tag{5.9}$$

Solow将全要素生产率归为技术进步,而"Solow余值"是指总产出中劳动和资本投入之外无法解释的部分,该部分既包含技术进步,也包括投入要素外其他引起总产出变动的因素,如产权、制度、文化等。因此,该方法测算的全要素生产率与Solow（1956）的初衷并不完全一致。

三是随机前沿生产函数法（SFA）。尽管全要素生产率的测算方法有所不同,但是学者都将全要素生产率看作技术进步,并假定企业能有效运用现有技术进行生产活动。但是,Farrell（1957）指出,并非全部企业都能充分利用现有技术,并达到最优的技术效率。也就是说,企业可能存在技术无效率（Technical Inefficiency）的情况。因此,Farrell（1957）使用前沿生产函数研究投入产出关系,并测算了技术效率。Aigner等（1977）进一步提出了随机前沿生产函数法,估算了全要素生产率。随机前沿生产函数法具体如下。

设前沿生产函数为：

$$y=f(x, t, \beta)e^{-\theta} \tag{5.10}$$

对等式两边取对数,并对时间求偏导数,则有：

$$\frac{\mathrm{d}\ln y}{\mathrm{d}t} = \sum_m \frac{\partial \ln f(x, t, \beta)}{\partial m} \cdot \frac{\partial x_m}{\partial t} + \frac{\partial \ln f(x, t, \beta)}{\partial t} - \frac{\partial \theta}{\partial t} \quad (5.11)$$

令技术进步率为 $TC = \frac{\partial \ln f(x, t, \beta)}{\partial t}$,技术效率为 $TC = \frac{\partial \ln f(x, t, \beta)}{\partial t}$,则式(5.11)变为:

$$\frac{\mathrm{d}\ln y}{\mathrm{d}t} = \sum_m \frac{x_m}{f(x, t, \beta)} \cdot \frac{\partial \ln f(x, t, \beta)}{\partial x_m} \cdot \frac{1}{x_m} \cdot \frac{\partial x_m}{\partial t} + TC + TEC$$
$$(5.12)$$

定义 $\varepsilon_m = \frac{x_m}{f(x, t, \beta)} \cdot \frac{\partial f(x, t\beta)}{\partial x_m}$,$s_m = \frac{w_m x_m}{\sum w_m x_m}$,$\varepsilon = \sum_m \varepsilon_m$。其中,$w_m$ 为第 m 种要素的投入回报。因此,式(5.12)可简化成:

$$TFP = \frac{\mathrm{d}\ln y}{\mathrm{d}t} - \sum_m s_m \cdot \frac{\partial \ln x_m}{\partial t} = TC + \sum_m (\varepsilon_m - s_m) \cdot \frac{\partial \ln x_m}{\partial t} + TEC$$
$$(5.13)$$

最后可得到:

$$TFP = TC + \sum_m (\varepsilon - 1) \cdot \frac{\varepsilon_m}{\varepsilon} \cdot \frac{\partial \ln x_m}{\partial t} + \sum_m \left(\frac{\varepsilon_m}{\varepsilon} - s_m\right) \cdot \frac{\partial \ln x_m}{\partial t} + TEC$$
$$(5.14)$$

由式(5.14)不难看出,在前沿生产函数中,全要素生产率可分解成四部分:技术进步率、规模报酬对生产率贡献、配置效率和技术效率。当且仅当规模报酬和技术效率不变、配置效率有效时,技术进步率才等同于全要素生产率。因此,基于随机前沿生产函数,可分解全要素生产率,并进行计算。

四是基于 Malmquist 指数的数据包络分析法(DEA)。该方法由 Charnesw 和 Rhodes(1978)提出,并被广泛用于投入产出效率的计算,全要素生产率的测算也是该方法的应用。Malmquist(1953)基于对不同时期消费变化的研究建立了 Malmquist 指数,数据包络分析法对全要素生产率的分解也正是基于该指数。Ray 和 Desli(1997)进一步将全要素生产率分解为技术效率和技术进步两部分,其中,技术效率部分主要测度短期内现有生产能力的利用情况，而技术进步部分则属于长期技术效率的参照基准。

综上所述，结合上述方法的特点和数据的可得性，本节借鉴余泳泽等（2019）和 Kumbhakar and Lovell（2003）的做法，使用随机前沿生产函数法（SFA）来计算城市层面的全要素生产率。

（四）产出效率

本节使用制造业增加值占 GDP 比重和固定资产投资占 GDP 比重的相对变化来衡量产出效率，即用制造业增加值与固定资产投资之比来衡量产出效率。

（五）生产活动创造性

该指标用《中国城市与产业创新力报告 2017》提供的城市创新指数表示，可以近似认为，城市创新指数越高，该城市的生产活动创造性越高。城市创新指数涵盖了全国 338 个城市（所有直辖市、地级市、地级区域）2001—2016 年的信息。数据类型为城市—年份平衡面板，共有 5408 个观测值。

（六）产品复杂度

产品复杂度在一定意义上反映了产品所蕴含的技术水平的高低，因而产品复杂度越高，其越接近世界前沿技术水平。限于数据的可得性，此处使用城市的前沿技术差距作为城市产品复杂度的衡量指标。Acemoglu 等（2006）、黄先海等（2017）假定美国人均劳动生产率代表了世界技术前沿水平，可以用各国（地区）人均劳动生产率水平与美国人均劳动生产率水平的差异来衡量前沿技术差距。本节借鉴卢洪友等（2012）的思路，使用各地区人均 GDP 与美国人均 GDP 的差距作为前沿技术差距的测度指标。

（七）能耗水平

产业高质量发展的内涵不仅包括产业规模的扩大、产业效率的提升、产业前沿技术差距的缩小，还应包含产业的清洁化和能源的高效利用。也就是说，产业高质量发展的推进伴随着高耗能、高污染产业逐渐向产业清洁化转变的过程，同时工业生产的能源使用率和循环利用率不断提升。因此，本节使用各城市一般工业固体废弃物综合利用率来衡量能耗水平,用以反映一个城市的产业清洁化程度。

二 测算方法

借鉴余泳泽等(2020)对城市产业转型升级指数的测算思路,本节使用主成分分析法计算城市产业高质量发展指数。

(一) 主成分分析法的适用性

主成分分析法是多元统计分析中重要的降维与分析评价方法,其目的在于提取原来数据资料中的大部分信息,用较少的几个变量表示,即将相关性很高的变量转化成相互独立或不相关的变量,但同时较少的变量能反映原有变量的大部分变异情况。也就是说,主成分分析法在尽可能保持原有数据信息的原则下,将多变量数据综合提炼、简化为几个主要变量,即对高维变量进行降维处理。就本节而言,主成分分析法能有效地提炼产业高质量发展中的各维度变量,将其简化为反映产业高质量发展的新变量。

(二) 测度步骤

1. 对原始数据进行标准化处理

假设进行主成分分析的变量有 m 个(x_1, x_2, x_3, $\cdots$, x_m),共有 n 个评价对象,第 i 个评价对象的第 j 个指标取值为 x_{ij}。将各指标值 x_{ij} 转化成指标 $\tilde{x}_{ij}$,则有:

$$\tilde{x}_{ij} = \frac{x_{ij} - \bar{x}_j}{s_j}, \ i=1, \ 2, \ \cdots, \ n; \ j=1, \ 2, \ \cdots, \ m \tag{5.15}$$

其中,$\bar{x}_j = \frac{1}{n}\sum_{i=1}^{n} x_{ij}$,$s_j = \sqrt{\frac{1}{n-1}\sum_{i=1}^{n}(x_{ij}-\bar{x}_j)^2}$,即 $\bar{x}_j$、s_j 分别为第 j 个指标的样本均值和标准差。相应地,$\tilde{x}_i = \frac{x_i - \bar{x}_i}{s_i}$ 为标准化指标变量。

2. 计算相关系数矩阵

设相关系数矩阵为 $R = (r_{ij})_{m \times m}$,矩阵中的元素 r_{ij} 可表示如下:

$$r_{ij} = \frac{\sum_{k=1}^{n} \tilde{x}_{ki} \cdot \tilde{x}_{kj}}{n-1}, \ i, \ j = 1, \ 2, \ \cdots, \ m \tag{5.16}$$

在式(5.16)中,$r_{ii}=1$,$r_{ij}=r_{ji}$,r_{ij} 是第 i 个指标与第 j 个指标的相

关系数。

3. 计算特征值与特征向量

相关矩阵 R 的特征值满足 $\lambda_1 \geqslant \lambda_2 \geqslant \cdots \geqslant \lambda_m \geqslant 0$，对应的特征向量为 $\mu_1, \mu_2, \cdots, \mu_m$，其中，$\mu_j = (u_1, u_2, \cdots, u_{nj})^T$，因此由特征向量组成 m 个新的指标变量：

$$\begin{cases} y_1 = u_{11}\tilde{x}_1 + u_{21}\tilde{x}_2 + \cdots + u_{n1}\tilde{x}_n \\ y_2 = u_{12}\tilde{x}_1 + u_{22}\tilde{x}_2 + \cdots + u_{n2}\tilde{x}_n \\ \quad \cdots \\ y_m = u_{1m}\tilde{x}_1 + u_{2m}\tilde{x}_2 + \cdots + u_{nm}\tilde{x}_n \end{cases} \tag{5.17}$$

在式（5.17）中，y_1 是第一主成分，y_2 是第二主成分，以此类推，y_m 是第 m 主成分。

4. 选择 p（$p<m$）个主成分

基于上述数据，计算特征值 λ_j（$j=1, 2, \cdots, m$）的信息贡献率和累计贡献率，具体做法如下。

令 $b_j = \lambda_j \Big/ \sum\limits_{k=1}^{m} \lambda_k$（$j=1, 2, \cdots, m$）为主成分 y_j 的信息贡献率，$\alpha_p = \sum\limits_{k=1}^{p} \lambda_k \Big/ \sum\limits_{k=1}^{m} \lambda_k$ 为主成分 $y_1, y_2, \cdots, y_p$ 的累计贡献率。当 α_p 接近 1（$\alpha_p > 0.85$）时，则选择前 p 个指标变量 $y_1, y_2, \cdots, y_p$ 作为 p 个主成分，代替原来的 m 个指标变量，从而可对 p 个主成分进行分析。

5. 计算综合得分

将上述 p 个指标变量与其信息贡献率的乘积进行加总，可以得到：

$$Z = \sum_{j=1}^{p} b_j y_j \tag{5.18}$$

其中，Z 表示由主成分分析法计算得到的产业高质量发展指数。至此，可得到城市层面的历年产业高质量发展指数，下面将对测度结果进行分析。

三 产业高质量发展的测度结果分析

由于部分指标数据仅更新至 2016 年，因此在城市层面本节测算了 2000—2016 年的产业高质量发展指数，并呈现了主要城市（得分排名在前 20 名的城市）的产业高质量发展指数。从城市层面的产业高质量发展指数看（见表5.5），2012—2016年，北京有4年的产业高质量发展指数得分位居全国第一，深圳在2013年的产业高质量发展指数超过北京。从数据的横向比较看，北京、上海、深圳始终位居产业高质量发展指数的前三，属于产业高质量发展的第一梯队；杭州、广州、苏州在多数年份处于第二梯队。尽管也有东莞、攀枝花在部分年份排名较高的情况（不排除因为某些指标存在异常值），但整体上，排名较高的主要为直辖市或省会城市，即产业高质量发展水平在一定程度上与经济发展水平高度一致，这与城市发展的产业结构、要素禀赋、地理位置、历史地位等密切相关。经济发展到一定阶段后，推动产业间要素配置效率提升与有序流动，改变了产业结构和产业的供需结构，促进了产业高质量发展。

从数据的纵向比较看，绝大多数城市的产业高质量发展水平随时间推移而逐步提升，例如，北京的产业高质量发展指数由2012年的3.73上升至2016年的7.84，增长了约一倍。部分城市的产业高质量发展指数变化较为明显，如南方城市长沙的产业高质量发展指数在历年榜单上的排名逐渐上升，由2012年的第15名，上升至2015年的第11名，2016年的排名与2015年持平。而地处北方的鄂尔多斯在2012年的产业高质量发展指数在全国排第11名，2015年降至第17名，到2016年，鄂尔多斯已经退出全国前20名的榜单，变化较为明显。

表5.5　　　　　　　　中国产业高质量发展指数（部分城市）

2012年		2013年		2014年		2015年		2016年	
城市	得分	城市	得分	城市	得分	城市	得分	城市	得分
北京	3.73	深圳	6.96	北京	5.28	北京	6.43	北京	7.84
深圳	3.50	北京	4.48	深圳	4.87	深圳	5.53	深圳	6.30
上海	2.42	上海	3.50	上海	3.29	上海	3.83	上海	4.54
杭州	1.70	东莞	2.85	攀枝花	2.73	苏州	2.55	苏州	3.05
广州	1.63	苏州	2.50	苏州	2.14	广州	2.44	杭州	2.72

续表

2012年		2013年		2014年		2015年		2016年	
城市	得分	城市	得分	城市	得分	城市	得分	城市	得分
大庆	1.61	广州	2.45	杭州	2.05	杭州	2.33	广州	2.66
苏州	1.57	杭州	2.02	南京	1.92	南京	2.25	南京	2.58
东营	1.53	无锡	1.96	大庆	1.87	无锡	1.90	无锡	2.13
无锡	1.34	南京	1.94	无锡	1.68	武汉	1.65	武汉	1.93
南京	1.28	佛山	1.89	武汉	1.43	天津	1.57	天津	1.78
鄂尔多斯	1.18	鄂尔多斯	1.72	天津	1.42	长沙	1.49	长沙	1.72
佛山	1.12	大庆	1.68	长沙	1.34	成都	1.43	成都	1.69
天津	1.11	天津	1.65	东营	1.33	佛山	1.39	大庆	1.62
大连	1.00	武汉	1.41	鄂尔多斯	1.29	东莞	1.38	东莞	1.57
长沙	1.00	中山	1.41	成都	1.27	济南	1.37	东营	1.53
武汉	0.98	东营	1.35	佛山	1.25	东营	1.34	佛山	1.51
成都	0.96	大连	1.34	济南	1.24	鄂尔多斯	1.33	济南	1.49
宁波	0.90	厦门	1.31	大连	1.22	大连	1.29	青岛	1.49
沈阳	0.84	珠海	1.28	东莞	1.18	宁波	1.28	宁波	1.48
淄博	0.83	济南	1.26	宁波	1.14	珠海	1.27	西安	1.38

资料来源：笔者根据上文公式计算得出。篇幅所限，仅呈现了2012—2016年产业高质量发展指数最高的20个城市的数据。

随着时间的推移，城市层面的产业高质量发展指数逐渐呈现区域分化的特征，北方许多重要的能源或资源型城市的产业高质量发展指数增长较慢，而位于长三角和珠三角城市的产业高质量发展指数增长较快。坚持经济高质量发展，坚持创新驱动发展战略，改变粗放式的经济增长模式是未来实现产业高质量发展和提高区域竞争力的重要保障。

第三节 不同产业的高质量发展测度
——以制造业为例

前两节分别从省级层面和城市层面测度了中国产业高质量发展指数，其中，城市层面的产业高质量发展指数将直接作为第七章实证部分的被解释变量——产业高质量发展的量化指标；省级层面的产业高质量发展指数将作为第八章实证分析中产业高质量发展的量化指标。鉴于前两节测度的产业高质量发展指数均属于区域层面的指标，本节进一步对中国不同产业的高质量发展进行简单评价。根据《国民经济行业分类》（GB/T 4754-2017），本节选取两分位的33个产业的数据进行测度。

一　指标选取

本节将从规模扩展、结构优化、效率提升和清洁化四个维度构建不同产业高质量发展评价指标体系。其中，规模扩展是指某一产业内要素投入增加引起了产值的上升进而表现为产业规模的增长。结构优化是指同一大类产业中投入要素由低附加值行业流向高附加值行业而引起的产业内部结构的变化。效率提升是指投入效率的提高或由技术进步引起的相同单位投入带来更高的产出。清洁化是指要素生产和增加值的上升由依赖高污染、高耗能转入低耗能、低污染或无污染的转化率。基于上述四个维度，具体的指标选择如下。

（1）规模扩展，使用工业增加值（ISOV）和总资产（ASSET）的增速这两个指标衡量。这两个指标均为《中国统计年鉴》按行业分规模以上工业企业的主要经济指标。

（2）结构优化，使用出口比重（EDV）和高新技术产业占比（HTI）衡量。出口比重用出口交货值与主营业务收入之比表示；高新技术产业包括医药制造业，仪器仪表制造业，电气机械及器材制造业，交通运输设备制造业，通信设备、计算机及其他电子设备制造业，专用设备制造业，高新技术产业增加值与主营业务增加值之比即高新技术产业占比。

（3）效率提升，使用主营业务利润率（OP）和研发绩效（RD）衡量。借鉴任碧云等（2019）的做法，主营业务利润率用行业营业利润与主营业务收入之比表示；限于数据的可得性，本节使用各行业主营业务收入与R&D人员全时当量之比表示研发绩效。

（4）清洁化，使用单位能源消耗量（EC）和单位工业废气排放量（IWGE）衡量。单位能源消耗量用各行业能源消费总量与各行业主营业务收入之比表示；单位工业废气排放量用各行业工业废气排放量与各行业主营业务收入之比表示。

表5.6呈现了各维度测度不同产业高质量发展的详细指标、属性和数据来源。其中，R&D人员全时当量数据来自《中国统计年鉴》按行业分研究与试验发展人员全时当量，最后一个维度的两个指标数据来自《中国环境统计年鉴》中的各行业工业废气排放情况，其余指标数据均来自《中国统计年鉴》按行业分规模以上工业企业主要经济指标。

表5.6　　　　不同产业高质量发展评价指标体系

一级指标	二级指标	三级指标	指标属性	数据来源
不同产业高质量发展指数	规模扩展	工业增加值增速	+	《中国统计年鉴》
		总资产增速	+	《中国统计年鉴》
	结构优化	出口比重	+	《中国统计年鉴》
		高新技术产业占比	+	《中国统计年鉴》
	效率提升	主营业务利润率	+	《中国统计年鉴》
		研发绩效	+	《中国统计年鉴》
	清洁化	单位能源消耗量	−	《中国环境统计年鉴》
		单位工业废气排放量	−	《中国环境统计年鉴》

二　测度方法

不难发现，表5.6中各指标的数据单位并不一致，因此需对数据进行标准化处理，主要包括无量纲化和同趋化两个方面。前者主要解决数据的可比性问题，后者则在于处理数据不同方向的问题。本节采用离差标准化法对原始数据进行处理。鉴于前三个维度的六个指标均为正向指标，其线性转化函数为：

$$y^* = \frac{y - y_{\min}}{y_{\max} - y_{\min}}$$

最后一个维度的两个指标均为负向指标，其线性转化函数为：

$$y^* = \frac{y_{\max} - y}{y_{\max} - y_{\min}}$$

其中，$y_{\max}$为样本数据的最大值，$y_{\min}$为样本数据的最小值。

在对数据进行离差标准化后，使用层次分析法（AHP法）对各因子进行权重计算，基于各维度权重可以求得不同产业的高质量发展指数。

三 测度结果分析

由于2017年及以后部分指标数据不再公布，本部分仅呈现了经过测度得到的2000—2016年33个产业的高质量发展指数。具体各产业高质量发展指数，如表5.7和表5.8所示。

从横向比较看，中国不同产业的高质量发展水平存在较大差异。其中，化学原料和化学制品制造业，交通运输设备制造业，通信设备、计算机及其他电子设备制造业三个产业的高质量发展指数在33个大类产业中排名较高。不同产业的发展质量存在较大差异，从2016年33个产业的高质量发展指数看，最高的交通运输设备制造业的高质量发展指数高达271.25，最低的为燃气生产和供应业，仅为16.33，二者差距很大。事实上，交通运输设备制造业属于更为基础性的产业，产业关联度高，也是近年来中国重点推动和进步最快的领域之一，较高的产业高质量发展指数是该类产业快速发展的重要体现。

从纵向比较看，33个产业中的28个产业均随时间推移产业高质量发展指数逐步提升，仅有5个产业出现波动。同时，2000—2016年，通信设备、计算机及其他电子设备制造业，家具制造业，文教、工美、体育和娱乐用品制造业的产业高质量发展指数增长趋势最快。以通信设备、计算机及其他电子设备制造业为例，该产业的高质量发展指数由 2000 年的 19.84 上升至 2016 年的 268.44，增长了近 13 倍。但也有部分产业的高质量发展指数增长较为缓慢，如烟草制品业的高质量发展指数由 2000 年的 3.86 增长至 2016 年的 23.40，相对缓慢。不同产业高质量发展指数的速度差异在一定程度上由各产业在经济活动中的重要性决定，在涉及经济社会发展和战略性安全的领域，政府部门和企业均有较大的投入，因而较容易通过技术创新、结构转化实现较快发展。

表 5.7　　　　　　　不同产业高质量发展测度（一）

年份	C1	C10	C11	C12	C13	C14	C15	C16	C17
2000	12.20	3.22	14.62	0.93	14.09	6.39	3.28	1.68	0.64
2001	13.74	2.59	16.26	1.11	16.76	7.10	4.06	1.83	0.69
2002	15.49	2.93	18.80	1.33	21.64	8.31	5.29	2.08	0.87
2003	20.17	3.81	24.30	1.87	29.72	9.98	6.68	2.55	1.06
2004	29.29	5.10	34.17	3.02	36.25	13.45	11.21	3.58	1.47
2005	36.01	6.92	43.56	3.74	41.93	17.23	15.93	4.72	1.79
2006	47.56	8.48	54.76	4.93	54.26	22.44	20.11	6.31	2.38
2007	62.55	10.73	71.36	6.36	71.77	29.91	25.85	9.10	3.07
2008	79.15	10.47	89.75	8.09	88.68	39.20	41.27	12.53	4.29
2009	87.26	10.24	97.80	9.04	110.71	41.76	46.83	15.14	5.09
2010	113.58	13.53	127.86	11.60	148.35	52.93	63.62	19.31	6.75
2011	135.12	17.91	161.93	13.33	170.10	61.84	84.64	23.72	8.64
2012	146.91	18.17	182.56	15.28	180.48	78.33	91.75	27.69	9.05
2013	165.85	19.01	206.51	17.90	204.92	89.53	88.78	32.35	10.94
2014	180.47	19.29	223.92	19.60	231.66	98.07	81.70	35.69	14.08
2015	186.41	19.42	225.16	21.23	242.92	100.39	64.05	37.47	17.09
2016	198.42	20.97	235.21	23.66	271.25	107.55	60.16	39.85	16.33
年份	C2	C20	C21	C22	C23	C24	C25	C26	C27
2000	18.38	3.65	6.82	12.32	9.37	1.59	3.86	4.39	4.44
2001	20.78	4.10	7.67	12.48	10.30	1.74	4.73	5.19	4.66

续表

年份	C2	C20	C21	C22	C23	C24	C25	C26	C27
2002	24.14	4.93	8.98	13.19	12.17	1.98	5.37	6.14	5.05
2003	29.95	5.84	11.24	17.09	15.77	2.47	5.98	7.41	5.71
2004	41.18	7.50	15.73	24.24	21.92	3.18	6.93	8.17	6.45
2005	50.07	9.88	19.10	32.42	27.93	3.88	7.68	10.83	8.23
2006	59.88	12.40	23.97	40.55	34.21	4.59	8.55	12.72	10.58
2007	70.69	15.77	30.38	48.37	46.16	5.47	10.07	16.08	13.46
2008	81.49	20.11	37.11	60.99	63.50	6.51	11.48	19.95	16.54
2009	91.05	23.89	41.08	57.25	74.43	6.93	13.12	24.48	20.11
2010	109.29	30.00	52.27	78.98	93.41	8.25	15.16	30.76	24.70
2011	126.90	37.39	60.79	100.44	118.15	8.45	17.96	39.03	31.73
2012	142.08	42.66	65.09	106.16	140.50	27.69	20.40	46.72	36.51
2013	151.11	49.97	75.04	110.42	161.98	34.85	22.39	55.19	41.30
2014	153.76	54.97	80.61	110.73	171.54	40.25	24.15	62.92	44.11
2015	152.57	59.16	83.57	93.24	176.16	42.79	25.17	69.33	46.81
2016	148.21	64.55	87.45	93.05	185.44	45.79	23.40	76.00	49.95

注：C1为电气机械及器材制造业，C10为化学纤维制造业，C11为化学原料和化学制品制造业，C12为家具制造业，C13为交通运输设备制造业，C14为金属制品业，C15为煤炭开采和洗选业，C16为木材加工和木、竹、藤、棕、草制品业，C17为燃气生产和供应业，C2为电力、热力生产和供应业，C20为食品制造业，C21为橡胶和塑料制品业，C22为石油加工、炼焦和核燃料加工业，C23为农副食品加工业，C24为文教、工美、体育和娱乐用品制造业，C25为烟草制品业，C26为医药制造业，C27为酒、饮料和精制茶制造业。

表5.8进一步呈现了另一部分产业的测度结果。

表5.8　　　　　　　不同产业高质量发展测度（二）

年份	C3	C30	C31	C32	C33	C4	C5	C6	C7
2000	19.84	5.63	4.05	5.40	2.29	12.96	0.88	9.07	5.75
2001	23.98	6.10	4.55	5.82	2.52	14.04	0.93	9.90	6.51

续表

年份	C3	C30	C31	C32	C33	C4	C5	C6	C7
2002	29.52	6.87	5.31	7.09	2.94	16.27	1.06	11.40	7.35
2003	42.78	9.53	6.56	9.88	4.33	20.20	1.24	14.33	8.73
2004	60.80	15.99	8.71	13.21	5.90	27.00	1.53	19.19	10.25
2005	72.33	21.14	10.87	15.99	7.37	33.34	1.98	23.84	12.88
2006	89.06	34.62	13.32	20.82	9.42	40.33	2.68	30.58	15.93
2007	105.12	48.28	16.58	27.66	11.33	48.94	3.49	40.39	19.77
2008	116.34	55.69	20.21	38.04	13.07	55.85	4.91	54.82	24.45
2009	119.14	56.58	21.56	44.40	13.31	60.55	6.03	64.89	27.32
2010	148.63	78.61	27.49	57.43	17.04	75.74	8.10	84.25	32.30
2011	171.03	99.34	31.81	70.22	20.13	87.00	10.09	105.88	35.61
2012	189.77	111.19	33.69	77.36	17.94	86.87	11.35	118.53	46.58
2013	212.37	127.16	34.74	88.15	20.39	97.21	13.25	140.02	52.42
2014	230.34	138.26	36.47	93.84	22.49	103.18	14.25	154.76	56.73
2015	246.83	138.40	37.57	96.66	23.55	107.74	14.59	158.64	59.90
2016	268.44	143.86	39.40	100.81	25.70	110.05	14.65	167.06	63.97

年份	C18	C19	C28	C29	C8	C9			
2000	3.34	7.86	1.59	1.01	0.42	13.18			
2001	3.85	7.17	1.83	1.06	0.49	15.10			
2002	4.52	7.12	2.08	1.16	0.59	17.45			
2003	5.77	9.09	2.64	1.49	0.96	27.58			
2004	7.16	12.13	3.14	2.15	1.97	46.08			
2005	8.94	16.58	3.74	3.02	2.67	58.19			
2006	10.82	20.99	4.46	4.62	3.71	69.43			
2007	13.39	22.90	5.50	6.04	5.59	94.12			
2008	15.34	29.78	6.99	7.29	9.80	123.03			
2009	16.82	21.31	7.74	7.70	9.72	118.30			
2010	20.85	28.61	9.35	10.34	16.53	146.82			
2011	23.57	34.71	10.20	13.28	21.86	177.59			

续表

年份	C18	C19	C28	C29	C8	C9
2012	30.36	31.43	12.22	15.23	23.60	192.81
2013	34.07	31.23	16.21	16.69	26.55	205.04
2014	37.44	30.79	18.23	16.97	25.17	200.28
2015	39.50	21.31	19.94	16.80	19.42	169.75
2016	40.86	17.43	21.71	16.64	16.40	167.02

注：C3为通信设备、计算机及其他电子设备制造业，C4为纺织业，C5为非金属矿采选业，C6为非金属矿物制品业，C7为纺织服装、服饰业，C8为黑色金属矿采选业，C9为黑色金属冶炼和压延加工业，C18为皮革、毛皮、羽毛及其制品和制鞋业，C19为石油和天然气开采业，C28为印刷和记录媒介复制业，C29为有色金属矿采选业，C30为有色金属冶炼和压延加工业，C31为造纸和纸制品业，C32为专用设备制造业，C33为仪器仪表制造业。

第四节　本章小结

本章构建了多维度的产业高质量发展评价指标体系，基于不同的方法分别从区域、重点城市和不同的产业层面对产业高质量发展进行测度。结果显示，区域之间、城市之间和产业之间的产业高质量发展指数随时间推移整体呈现上升趋势，表明中国产业高质量发展取得了积极进展。但是，不同地域之间的产业高质量发展存在明显的分化现象，广东、江苏和浙江的产业高质量发展指数多年位居全国各省份前三，东南沿海省份的产业高质量发展水平明显优于中西部地区。从重点城市的测度结果看，北京、上海、深圳的产业高质量发展指数连续多年位居全国前列，随着时间推移，南方城市的产业高质量发展指数整体表现优于北方城市，尤其北方资源能源型城市的产业高质量发展指数排名下降明显。从产业的测度结果看，本章测度的33个产业的高质量发展指数差别较大，2016年交通运输设备制造业的产业高质量发展指数最高，且提升速度快，而烟草制品业的产业高质量发展指数却相对偏低，提升速度较慢。这或许与产业自身的特征、发展规律和社会战略需求密切相关。

受政策激励的影响，本章量化与说明了产业高质量发展具有怎样的特征与发展演变规律。作为全书理论机制与实证检验的过渡章节，本章对产业高质量发展进行了深入分析与量化研究，既是对前文产业高质量发展理论分析部分的现实反映，所测算的省级和城市层面的产业高质量发展指数也将用于后文实证分析的指标量化。

第六章 政策激励影响企业技术创新的实证分析

本章至第八章将从不同的维度对政策激励、技术创新与产业高质量发展的影响关系进行实证分析。其中，本章主要分析政策激励在微观层面对企业技术创新的影响。基于2003—2019年中国A股上市公司面板数据，本章对政策激励进行了量化处理，并从研发投入阶段、创新产出阶段和创新质量三个维度刻画技术创新，使用双向固定效应模型实证检验政策激励对企业技术创新的影响。同时，本章还对市场竞争与政策激励影响技术创新的互补性效应进行了实证检验。

第一节 问题的提出

中国技术创新长期以来都是社会各界关注的话题，中国企业技术创新的能力已经有了长足的进步。例如，中国申请专利数量已经连续九年排名世界第一，中国科技论文产出数量排名世界第二。据世界知识产权组织发布的报告，2020年全球专利申请量达到27.59万项。其中，中国以68720项专利申请量排名全球第一。[①] 从创新投入的角度看，中国研发投入为22143.6亿元，排名世界第二，研发人员总量连续多年稳居世界第一。[②] 但是，许多关键技术领域"卡脖子"的局面

---

① 《2020年，中国研发投入首次超越美国》，腾讯新闻，https://new.qq.com/rain/a/20210305A06O2500，2021年3月5日。
② 《我国研发人员总量连续6年稳居世界第一位》，中国政府网，http://www.gov.cn/xinwen/2019-07/23/content_5413519.htm，2019年7月23日。

迟迟得不到打破，核心技术依然依赖进口。据世界知识产权组织发布的《2020年全球创新指数》，中国创新指数在全球161个参与排名的经济体中居第14位，与2019年持平，这也是中国在该全球创新指数历年排名中的最好成绩。[①] 中国历来重视技术创新，投入了大量的资金开展研发创新活动，取得了十分可观的创新产出，但是创新质量不高的困境值得学术界进一步探讨。近年来，学者还从政府研发补贴和税收优惠的角度，考察了政策扶持对企业创新的影响。

许多研究表明，创新补贴或税收优惠有助于降低企业研发活动的成本，激发企业创新热情，加大创新研发投入或创新产出。但是也有研究显示，政府直接或间接的政策支持也未必有利于企业技术创新效率的提升。黎文靖等（2016）的研究表明，选择性的产业政策只激励企业的策略性创新，企业为"寻扶持"而增加创新数量，创新质量并没有显著提高。近年来，也有学者开始关注政府干预政策对创新专利质量的影响，发现不同的政府政策对创新专利质量的影响有所不同，但整体上促进了专利质量的提升。

上述研究对创新激励政策效应的关注，部分解释了中国企业创新绩效不足的问题。但是，在政府创新激励政策的引导下，中国实现了大规模的研发投入和数量可观的创新产出，却依然难以改变核心技术创新能力不足的问题。那么，技术创新的过程存在怎样的规律和特征？政策扶持与真正的企业创新激励之间是否存在一定的偏离，从而导致低水平创新的出现？在影响企业技术创新的外部激励政策之外，是否还存在其他因素的调节作用？这些问题仍待进一步探讨。本章基于2003—2019年中国A股上市公司数据，使用双向固定效应模型从不同角度实证分析创新激励政策对企业技术创新行为的影响，并对市场竞争机制的调节作用进行分析。

[①] 《2020年全球创新指数》，https：//www.wipo.int/global_innovation_index/zh/2020/.

第二节 研究假说

　　本章重点考察的是政府政策激励如何改变微观经济体创新投入行为，从而影响创新产出的过程。对企业创新的评价可以从创新规模和创新质量两个维度进行，而创新规模又可分为投入阶段的研发支出和产出阶段的专利数量。无论是规模型创新还是质量型创新，除了受企业属性与战略、管理决策、财务约束等内部因素直接决定，还间接地受到政府政策干预以及市场竞争环境的影响。本节主要从政策激励以及与政策激励相对应的市场机制两大视角，分析对企业创新行为的影响。

　　技术创新是一个研发投入大、持续周期长、收益不确定的过程，因而企业出于资金流动性和研发沉没成本的考虑也会预留充足的资金以维持企业运营。企业研发投资收益与风险的不匹配，以及研发成果的技术扩散效应决定了技术创新的外部性特征，因而企业会面临自主研发投资动力不足的问题。在这样的情况下，政府通过一定的财政补偿或税收优惠可以弥补企业研发投入的外部性，降低企业开展创新研发投资的成本和不确定性风险，提高企业开展研发创新活动的积极性，加大创新投入。此外，还可以增加企业的财务预算金额，并通过信号效应引导社会资本进入从而缓解企业的融资约束。从政府出台的创新激励政策的实施时间点看，创新激励政策可以分为"事前激励"和"事后激励"，前者是在企业投入研发过程且未取得实质性研发成果前即获得政府的财政补贴或税收减免的政策扶持，以减轻企业研发活动中的资金流压力，更好地促进企业创新活动的稳定性；后者是在企业取得创新研发的成果后，对企业进行创新奖励。已有研究发现，在企业研发的投入阶段，财政补贴等"事前激励"对企业创新的影响更为显著，而在企业的创新产出阶段，税收优惠等"事后激励"能够有效促进企业的创新活动，增加企业的创新绩效。企业一旦获得创新成果即能享受到政府政策激励的"红利"，因而政府的创新政策激励在一定程度上提升了企业的创新产出。基于此,提出如下假说。

假说 H1:创新政策激励能显著提升企业的研发支出。

假说 H2:创新政策激励能显著提升企业的创新产出。

政府出台的创新激励政策能影响创新偏好的溢出效应,形成企业对创新选择的短期偏好与长期偏好。前者在于提高专利所蕴含的新产品增加值,主要包括实用新型专利和外观设计专利;后者在于提升获得授权的专利在推广、转化与应用阶段所带来的产业水平和新产品附加值,主要包括发明专利。从创新产出视角,专利的类型可以反映创新质量的深度。其中,发明专利不仅要求前期大量的科研投入,而且具有投入周期长、风险大、见效慢的特点,但发明专利通常与革命性创新突破密切相关。相反地,实用新型专利和外观设计专利研发投入相对较小,研发周期短,见效快。与发明专利的创新产出的长期影响不同的是,实用新型专利和外观设计专利对于社会福利的改进作用更多地体现为提升产品类型的多样性与差异性,丰富产业的活跃程度与引领产品市场的需求方向,促进短期经济繁荣。因此,在存在短期绩效目标的情况下,一方面,企业倾向于选择周期短、收益较为确定的面向产品市场的短期化创新,放弃更长投入周期和有不确定性收益风险的基础性创新;另一方面,在政府实施的创新激励政策的引导下,企业尽快取得研发成果能早日获得政府创新奖励,增加企业收入,减少机会成本。创新政策激励在一定程度上强化了企业的短期创新偏好,偏离了长期基础性创新选择,最终导致创新产出指标很高但创新质量不高的结果。基于此,提出如下假说。

假说 H3:创新政策激励不能显著提升企业创新质量。

尽管政府的政策激励在企业创新行为选择以及创新产出水平中发挥了重要的引导与干预作用,但是企业所处的市场竞争水平也在一定程度上影响了企业的创新活动。余明桂等(2016)研究发现,产业政策对企业技术创新活动的影响需要建立在一定的市场机制条件下。这是因为,政府政策扶持尽管能打破企业面临的融资困境,降低企业经营成本和不确定性风险,但是也可能加剧资源错配和"寻租"行为。Boldrin 等(2008)研究表明,要素市场扭曲会加剧企业利用创新激励政策进行"寻租"活动的行为,而对企业技术创新形成挤出效应。市场化的竞争机制能缓解政策干预资源配置的不足,减少信息不对称发生的概率和企业创新活动中的"寻租"行为,促使社会资源流入实质性创新的投资领域。因此,创新政策激励对企业技术创新的影响效果在很大程度上取决于市场竞争的调节效应,即市场竞争越充分,越能提高政策激励的精准性和有效性,降低资源错配的风险,从而更好地促进企业技术创新。基于此,提出如下假说。

假说H4:市场竞争在政策激励影响企业创新质量中具有调节效应。

第三节 计量模型与数据来源

一 计量模型构建

为了从微观层面实证检验政策激励对企业技术创新的影响,基于2003—2019年中国A股上市公司面板数据,本节围绕企业创新的"投入—产出—质量"三个维度建立如下基准计量模型:

$$RD_{it} = \beta_0 + \beta_1 policy_{it} + \sum \beta_i X_{it} + \delta_i + z_t + \varepsilon_{it} \tag{6.1}$$

$$Quantity_{it} = \beta_0 + \beta_2 policy_{it} + \sum \beta_i X_{it} + \delta_i + z_t + \varepsilon_{it} \tag{6.2}$$

$$Quality_{it} = \beta_0 + \beta_3 policy_{it} + \sum \beta_i X_{it} + \delta_i + z_t + \varepsilon_{it} \tag{6.3}$$

其中,i和t分别表示企业和年份,RD、$Quantity$、$Quality$分别表示创新投入、创新产出数量(规模)和创新产出质量,$policy$表示创新政策激励,X是控制变量集合,δ_i表示个体固定,z_t表示时间固定,ε_{it}表示随机扰动项。若$policy$的系数大于0,则表明创新政策激励促进了企业创新。

如上所述,创新政策激励可能使企业技术创新行为存在一定的短期偏好,而降低了创新质量。因此,本节建立如下拓展的计量模型以实证检验创新政策激励对企业短期创新和长期创新行为的偏离效应:

$$Preference_{it} = \beta_0 + \beta_4 policy_{it} + \sum \beta_i X_{it} + \delta_i + z_t + \varepsilon_{it} \tag{6.4}$$

其中，$Preference$ 表示企业的创新偏好，其他变量的解释与前文一致。

进一步，为了实证检验创新政策的实施对不同企业、不同行业、不同地域以及处于不同生命周期阶段企业创新活动的影响，建立如下拓展的计量模型：

$$Innovate_{it} = \beta_0 + \beta_5 policy_{it} + \lambda_i policy_{it} M + \sum \beta_i X_{it} + \delta_i + z_t + \varepsilon_{it}$$
(6.5)

其中，$Innovate$ 表示企业创新活动，M 表示调节变量，其他变量的解释与前文一致。

二 指标选取

（一）被解释变量

本节从创新投入、数量（规模）和质量三个维度衡量企业的技术创新水平，因此，被解释变量包括创新投入、创新产出数量（规模）和创新产出质量。借鉴已有文献的做法，分别使用研发投入（R&D）、专利申请数量和前向专利引用率进行测度。这是因为研发投入反映了企业开展创新活动的动机和策略；专利申请数量代表企业通过一定的研发、设计活动取得的阶段性技术成果；而前向专利引用率则表示企业专利获得授权后的某一段时间内被其他专利引用的情况，间接反映了创新产出质量。

（二）核心解释变量

本节的核心解释变量为（创新）政策激励。就政策激励而言，目前文献中多从政府补贴或税收优惠的角度对政府实施的创新政策进行量化，也有学者从各级政府历年颁布的政策法规文件数量的角度衡量产业政策。本节借鉴郭玥（2018）的思路，收集了中国 A 股 2003—2019 年上市企业年报披露的政府补助信息，其中，2003—2019 年上市企业获得的各类补助（含奖励）高达 563241 项，名目繁多，既包含财政直接拨款、贷款贴息、税收减免（退税）、重点产业扶持基金、科技创新奖励、高新技术补贴、环保补贴等常规政策性操作，也有拆迁补偿、纳税大户奖励、对外交流补助、不裁员奖励、大学生见习补贴等内容。粗略估算，上市企业获得的各类政策补助多达上千种。但并非所有政府补助都有利于上市企业的创新研发活动,因此,本节根据上市企业获得的政府补助条款名称,使用"专利""创新""研发""科技""产业""升级""技术""实验室""材料""开发""研究""研制""技改""工程师""机器人""高新""高效""人才""智能""生产线""速器""性能""重大""重点项目""仪器""转型""铝""压""软件""多肽""火炬计划""863""巨人"等30多个关键词,分离出了273936项与企业创新研发活动相关的政府补助(奖励),视为创新性政策激励。由于上市企业同一年度内可能获得多项政策性补助或奖励,本节将所有的政府补助按年度和个体企业进行归并,计算同一企业同一年度创新性政府补助占该企业获得政府补助的比重,作为本节创新政策激励的量化指标。

(三)调节变量

本节的调节变量为按照企业所有制类型划分的国有企业与民营企业,按照不同行业类型划分的高新技术企业和非高新技术企业,按照不同区域划分的东部和中西部,按照企业生命周期划分的成长期、成熟期和衰退期。需要说明的是,企业生命周期的划分可以总结为三大方法:现金流量法、综合指标法和单变量法(如企业年龄、规模、盈利情况等)。其中,现金流量法是用投资、筹资和融资三类活动现金流净额的正负组合来反映不同生命周期的企业经营风险、营收能力以及企业成长速度等特征,这一方法既能规避行业间固定差异的影响,也能避免对企业生命周期的样本分布进行主观假设,具有较强的可操作性和客观性。本节使用现金流量法对企业生命周期进行划分,并将样本企业划分为成长期、成熟期、衰退期三个阶段。具体见表6.1。

表6.1　　　　　企业在不同生命阶段的现金流特征组合

现金流	成长期		成熟期				衰退期	
	初创期	成长期	成熟期	动荡期	动荡期	动荡期	衰退期	衰退期
经营活动现金流净额	−	+	+	−	+	+	−	−
投资活动现金流净额	−	−	−	−	+	+	+	+
融资活动现金流净额	+	+	−	−	+	−	+	−

（四）控制变量

借鉴已有文献的做法，本节对以下变量进行控制：企业规模（scale），用企业固定资产的对数表示；杠杆（lev），用企业总负债占总资产的比重表示；债务期限（debt），用于衡量企业债务融资结构；固定资产增长率（ppertp），用于衡量固定资产的管理和利用效率；净资产收益率（roe），用于衡量企业获取资金扩大经营的能力；主营业务比率（maibusrtp），用于衡量企业的业务多元化程度；净经营周期（netopcycle），用于衡量企业资产的周转速度；成本费用利润率（cstexppm），用于衡量企业的经营效率；营业收入增长率（revrt），用于衡量企业发展状况和成长能力。

三 数据来源与变量的描述性统计

本节上市公司的原始数据来自国泰安数据库、WIND 数据库，上市公司专利引用数据来自 CNRDS 数据库，依据上市公司代码将不同数据库匹配成 2003—2019 年的非平衡面板数据。考虑到数据的可得性与数据质量对估计结果的影响，本节对数据进行了一定处理：剔除了观测期内被强制退市的企业，剔除了在观测期内被 ST 或 *ST 特殊处理的企业，剔除了银行、保险等金融类企业，剔除了被停牌的企业，剔除了观察期小于 3 年的数据。本节还对企业变量数据进行了前后 1% 的缩尾处理。具体见表 6.2。

表 6.2　　　　　　　　变量的描述性统计

变量名	含义	观察值	均值	标准差	最小值	最大值
lrdt	研发投入	16440	1760.95	146.12	1345.22	2145.52
wlp	创新数量	19228	46.36	108.04	0.00	783.00
wcite	创新质量	15925	1.27	3.26	0.00	22.00
lsubi	政策激励	19224	13.91	3.90	0.00	21.47
scale	企业规模	19228	2196.96	119.90	1986.80	2561.88
lev	杠杆率	19228	40.79	20.45	4.66	88.83
maibusrtp	主营业务比率	19228	0.79	0.68	-4.01	1.76
ppertp	固定资产增长率	19210	0.22	0.47	-0.23	2.07

续表

变量名	含义	观察值	均值	标准差	最小值	最大值
shrholders	股权集中度	19228	4.89	1.49	1.73	8.40
revrt	营业收入增长率	19228	16.29	32.83	-57.44	225.78
age	企业年龄	19228	16.86	5.80	1.00	63.00

注：笔者整理计算。

第四节 实证结果分析

一 基准结果分析

本节基于2003—2019年中国A股上市公司面板数据进行实证分析，经过Hausman检验发现，无法拒绝"解释变量与随机扰动项不相关"的原假设，因此，本节使用双向固定效应模型进行回归分析。为了从创新投入、产出和效果三个维度展开分析，本节分别以研发投入、创新数量和创新质量为被解释变量，以创新政策激励为核心解释变量进行研究，估计结果如表6.3所示。模型1和模型3呈现了不加入控制变量时，创新政策激励对企业研发投入和创新数量的影响显著为正，且均通过了1%的显著性水平检验；模型5呈现了不加入控制变量时，创新政策激励对创新质量的影响，但未通过5%的显著性水平检验。这表明，创新政策激励能够明显促进企业加大研发投入活动，提高创新产出，但是在很大程度上仅提升了创新数量和创新规模，而不能提升创新质量。模型2、模型4和模型6分别加入控制变量，估计系数略有下降，但并不改变上述结论。这一结果与以往研究中部分学者发现的政府创新补贴在一定意义上促进了企业"骗补"和"寻租"而未能开展实质性创新的结论是一致的。也就是说，从创新研发的不同阶段看，政策激励能够促进企业在创新活动中增大创新规模，但是改变不了核心技术创新低端锁定的态势。下文将进一步分析政策激励对企业研发创新活动产生的影响，即实证检验创新政策激励无法有效提高创新质量的原因。

表 6.3　　　　　　　　　　基准模型的回归结果

	研发投入		创新数量		创新质量	
	模型 1	模型 2	模型 3	模型 4	模型 5	模型 6
$lsubi$	1.356*** (0.184)	0.776*** (0.168)	0.572*** (0.133)	0.316** (0.129)	-0.115 (0.074)	-0.095 (0.074)
$scale$		0.757*** (0.019)		0.309*** (0.018)		-0.021** (0.008)
lev		-0.364*** (0.070)		-0.072 (0.050)		-0.040 (0.031)
$maibusrtp$		1.716 (1.046)		-1.486* (0.776)		0.256 (0.423)
$ppertp$		-2.389** (1.137)		-0.938 (0.922)		-0.184 (0.620)
$shrholders$		4.384*** (1.106)		2.362*** (0.831)		1.575*** (0.475)
$revrt$		-0.000 (0.021)		-0.076*** (0.015)		0.017** (0.007)
企业控制	是	是	是	是	是	是
年份控制	是	是	是	是	是	是
行业控制	是	是	是	是	是	是
_cons	258.169*** (83.771)	20.034 (74.840)	-81.446** (34.621)	-695.313*** (48.766)	9.848* (5.111)	44.004*** (17.052)
观测数	16436	16420	19224	19206	15923	15910
F 值	478.196	538.697	88.281	70.648	122.805	91.120
Adj-R^2	0.811	0.844	0.737	0.748	0.276	0.278

注：*、**、***分别表示10%、5%和1%的显著性水平；括号中的数值为城市层面的聚类稳健标准误。下同。

二　短期创新与长期创新的分离效应

考虑到发明专利在研发投入周期、研发难度以及专利申请与保护时间等方面均高于实用新型专利、外观设计专利，因而企业在创新政策的激励下可能进行研发策略调整，加大研发，投入周期更短的创新活动，以获得更高的短期收益与补偿。借鉴已有研究的做法，本节将企业申请实用新型专利和外观设计专利视作企业的短期创新活动，将企业申请发明专利视作长期创新活动，实证分析创新政策激励对企业短期创新与长期创新的影响。表6.4呈现了政策激励对短期创新与长期创新影响的估计结果，其中，模型1和模型3反映了不加入控制变量时，政策激励能显著促进企业短期创新和长期创新，且均通过了1%的显著性水平检验，但是从估计系数的大小看，政策激励对短期创新的影响远大于对长期创新的影响，系数大小相差约为8倍（Chow检验显示，两组样本的系数存在显著差异，可以直接比较系数）。也就是说，创新政策激励强化了企业创新活动中的短期行为，以获取政策出台后的补贴收益，而偏离了需要更大研发投入的长期行为，这在一定程度上解释了创新激励政策的实施促进了规模创新而未能有效提升创新质量这一现象。

表6.4　政策激励对短期创新与长期创新影响的回归结果

	短期创新	短期创新	长期创新	长期创新
	模型1	模型2	模型3	模型4
$lsubi$	1.343*** (0.207)	0.939*** (0.200)	0.143*** (0.018)	0.102*** (0.018)
$scale$		0.465*** (0.022)		0.049*** (0.002)
lev		0.261*** (0.082)		0.012* (0.007)
$ppertp$		-1.430 (1.497)		-0.202 (0.137)
$shrholders$		-2.095 (1.275)		-0.406*** (0.117)
$revrt$		-0.057** (0.024)		-0.004** (0.002)
age		5.693*** (1.425)		0.831*** (0.219)
roa		0.562*** (0.184)		0.042** (0.016)
企业控制	是	是	是	是

续表

	短期创新		长期创新	
	模型1	模型2	模型3	模型4
年份控制	是	是	是	是
行业控制	是	是	是	是
$\_cons$	-106.590*** (26.172)	-104.633*** (50.812)	-9.881*** (3.774)	-108.444*** (6.066)
观测数	19224	19206	19224	19206
F值	253.594	220.680	254.203	225.108
Adj-R^2	0.718	0.731	0.730	0.746

三 政策激励对创新"挤出"与"挤入"关系的检验

上文已经实证了政策激励会显著促进企业的规模（数量）创新，但未能有效提升创新质量，而且与这一结果相对应的原因在于，受政策激励的影响，企业的短期创新偏好效应凸显，偏离了具有更高技术含量和更高研发难度的长期创新。那么，关于创新政策激励对企业研发投入行为的影响存在何种特征，本节进一步实证分析。表6.5中的模型1和模型2为仅有政策激励一次项的估计结果，模型3和模型4则呈现了政策激励和政策激励的二次项加入模型后的估计结果。如表6.5所示，仅加入一次项时，政策激励能显著提升企业研发投入，而加入二次项后，政策激励二次项的系数显著为正，政策激励一次项的系数显著为负，这说明政策激励与企业创新研发投入之间存在"U"形关系，即当政策激励小于某一阈值时，创新政策激励对企业创新研发投入的影响表现为"挤出"效应，而当政策激励超过某一阈值时，创新政策激励对企业研发投入的影响表现为"挤入"效应。这一研究结论与张杰（2020）的研究相一致。同时，我们需要注意到，在模型1和模型2中，在不加入政策激励二次项时，创新政策激励整体上表现为对企业研发投入的正向影响，此时，政策激励的"挤入"效应覆盖了"挤出"效应。综合上述研究结果，可以看出，需要更大的政策冲击方可对企业的创新研发活动产生实质性的促进作用，这也与创新研发活动具有研发周期长、研发投入大、失败概率高的特征相呼应。

表 6.5　政策激励对创新"挤出"与"挤入"影响的回归结果

	被解释变量：研发投入（R&D）			
	模型 1	模型 2	模型 3	模型 4
$lsubi$	1.356*** (0.184)	0.776*** (0.168)	-6.881*** (0.661)	-2.839*** (0.615)
$lsubi2$			0.496*** (0.039)	0.219*** (0.036)
lev		-0.364*** (0.070)		-0.363*** (0.069)
$maibusrtp$		1.716 (1.046)		2.383** (1.044)
$ppertp$		-2.389** (1.137)		-2.380** (1.133)
$shrholders$		4.384*** (1.106)		4.396*** (1.100)
$revrt$		-0.000 (0.021)		0.002 (0.021)
企业控制	是	是	是	是
年份控制	是	是	是	是
行业控制	是	是	是	是
_cons	1578.169*** (83.771)	20.034 (74.840)	1615.804*** (74.230)	75.416 (72.664)
观测数	16436	16420	16436	16420
F 值	478.196	538.697	460.630	517.634
Adj-R^2	0.811	0.844	0.814	0.845

四　异质性分析

考虑到企业间存在明显的异质性，不同的企业类型、不同的行业归属、处于不同生命周期阶段以及不同地域的企业对于外部政策激励的反应并不一致，因而政策激励对企业技术创新的影响往往具有显著的异质性特征，下面将从不同的角度进行异质性分析。

（一）基于企业生命周期的分析

表 6.6 呈现了按成长期、成熟期和衰退期区分的不同生命周期阶

段的企业受外部政策冲击后的创新投入与创新产出的关系。从企业的创新投入看,对处于成长期和成熟期的企业而言,创新政策激励能够显著促进企业的创新投入,且均通过了显著性检验,而创新政策激励对处于衰退期的企业的研发投入影响并不显著。从企业的创新产出看,对处于成熟期的企业而言,创新政策激励能够显著提升企业的创新产出,且通过了5%的显著性水平检验,而创新政策激励对处于成长期和衰退期的企业创新产出的影响均未通过5%的显著性水平检验。这一结果说明,从早期成长至成熟阶段,企业注重研发投入,对外部创新政策的激励效应非常敏感,而企业一旦进入衰退期,外部的政策激励难以激发企业的研发投入动机,因而创新政策激励对处于这一阶段的企业是无效的。同时,尽管处于成长期企业的研发投入对政策激励敏感,但此阶段的企业创新产出并没有因政策激励的存在而显著提升(仅通过了10%的显著性水平检验),这可能是因为企业在早期阶段缺少一定的技术积累和经验,大量的研发投入难以有效地转化成创新产出。而企业进入成熟期后,创新政策激励能够同时显著促进企业的创新投入和创新产出,也就是说,这一阶段的企业具有了一定的技术累积效应,从而具备了从研发投入到创新产出的转化能力,因此外部的政策激励对处于这一阶段企业的影响是最有效的。企业进入衰退期后,政策激励对企业创新产出的影响同样是不显著的。因此,从企业的生命周期看,创新政策的激励效应对不同生命周期企业的创新活动具有明显的异质性,相比之下,对处于成熟期企业的政策激励效应最为明显。

表6.6 基于企业生命周期的回归结果

	创新投入			创新产出		
	成长期	成熟期	衰退期	成长期	成熟期	衰退期
lsubi	0.654** (0.278)	0.878*** (0.279)	2.243 (1.684)	0.476* (0.270)	0.466** (0.195)	0.262 (0.497)
lev	−0.150 (0.106)	−0.607*** (0.122)	0.390 (0.913)	0.259*** (0.100)	0.045 (0.083)	0.217 (0.376)

续表

	创新投入			创新产出		
	成长期	成熟期	衰退期	成长期	成熟期	衰退期
$maibusrtp$	1.393 (1.903)	0.322 (1.814)	2.159 (6.420)	-2.793** (1.339)	-2.069 (1.267)	0.125 (4.763)
$ppertp$	-5.086*** (1.631)	-0.432 (2.050)	35.747 (24.669)	1.953 (1.473)	1.948 (1.569)	9.816 (6.817)
$shrholders$	7.294*** (1.843)	2.277 (1.793)	20.879 (25.542)	5.276*** (1.525)	3.989*** (1.493)	7.310 (8.975)
$revrt$	0.007 (0.028)	-0.010 (0.045)	0.179 (0.292)	-0.067*** (0.025)	0.002 (0.023)	0.044 (0.073)
age	8.073 (5.842)	12.803*** (1.309)	17.792** (7.699)	8.900** (4.184)	2.510 (1.875)	-0.566 (2.410)
企业控制	是	是	是	是	是	是
年份控制	是	是	是	是	是	是
行业控制	是	是	是	是	是	是
$\_cons$	23.957 (134.822)	-268.001*** (74.571)	-511.906 (503.875)	-183.439** (88.557)	-45.240 (42.744)	-28.381 (85.547)
观测数	8149	7630	636	9428	8956	815
F值	254.646	183.084	3.905	31.612	23.827	0.665
Adj-R^2	0.837	0.860	0.814	0.718	0.751	0.526

(二) 基于企业不同类型的分析

从企业的所有制类型看，国有企业和民营企业因历史背景、战略定位、企业目标的不同，其研发创新活动对政策激励的反应程度可能存在一定差异，本节将企业分为国有企业和民营企业两类进行分样本估计。表6.7呈现了创新政策激励对国有企业和民营企业创新投入和创新产出的估计结果。从创新投入看，无论是国有企业还是民营企业，创新政策激励对企业创新投入的影响均显著为正，且通过了1%的显著性水平检验；从创新产出看，政策激励仅促进了民营企业的创新产出，而对国有企业的创新产出的影响并不显著。这可能是因为国有企业因自身属性多处于产业价值链的上游和重要领域，企业研发创新活动具有长期性，而且承担了大量的基础性、长周期的技术创新活动，短期的创新政策激励并不会影响国有企业的创新产出。相反地，民营企业多以面向产品市场的应用创新为主，因而民营企业的创新产出行为对外部政策激励更为敏感。也就是说，尽管创新政策激励促进企业增加创新投入并不存在国有企业和民营企业的显著差别，但在创新产出上会因企业所有制类型的不同而出现明显的异质性。

表 6.7　　基于企业所有制类型的回归结果

	创新投入 国有企业	创新投入 民营企业	创新产出 国有企业	创新产出 民营企业
$lsubi$	0.652*** (0.183)	0.952*** (0.352)	0.113 (0.133)	0.629** (0.276)
$scale$	0.757*** (0.020)	0.807*** (0.047)	0.257*** (0.021)	0.541*** (0.042)
lev	-0.335*** (0.075)	-0.237 (0.170)	0.003 (0.046)	-0.262** (0.132)
$maibusrtp$	4.653*** (1.339)	-1.578 (1.626)	-0.779 (0.717)	-2.300* (1.382)
$ppertp$	-3.333*** (1.140)	-0.986 (3.303)	-1.091 (0.848)	-3.583 (2.591)
$shrholders$	4.121*** (1.233)	-2.393 (2.856)	0.292 (0.839)	-1.099 (2.181)
$revrt$	0.003 (0.021)	-0.023 (0.062)	-0.069*** (0.016)	-0.075* (0.038)
企业控制	是	是	是	是
年份控制	是	是	是	是
行业控制	是	是	是	是
_cons	126.941*** (45.437)	-155.799 (94.872)	-516.834*** (44.928)	-463.712*** (89.750)
观测数	11761	4659	13105	6100
F 值	443.839	150.007	44.743	35.922
Adj-R^2	0.845	0.849	0.673	0.802

(三) 基于不同行业类型的分析

由于高新技术企业和非高新技术企业的属性不同,企业研发创新活动对于外部政策激励往往表现出差异化的影响,本节对此进行实证分析。表 6.8 呈现了按高新技术企业和非高新技术企业划分的不同产业类型的估计结果。就企业的创新投入而言,创新政策激励能够显著促进高新技术企业和非高新技术企业提升创新研发活动,且均通过了 1% 的显著性水平检验;就企业的创新产出而言,创新政策激励仅能显著促进高新技术企业的创新产出,而对非高新技术企业的创新产出的影响并不显著。这可能是因为,外部的创新政策激励能够形成企业加大研发投入的动机,但事实上,非高新技术企业因为本身的研发属性并不明显,因而在创新政策的激励下政策"套利"的空间比较大,即使投入大量的创新投入也并未能带来创新产出的上升。也就是说,创新政策产生的激励效应可能加剧企业争相"创新"的表象,这种事前激励并不能带来实质性的创新,甚至存在"骗补贴"的风险,而导致资源的错配。

表 6.8 基于不同行业类型的回归结果

	创新投入		创新产出	
	高新技术企业	非高新技术企业	高新技术企业	非高新技术企业
$lsubi$	0.686*** (0.241)	0.838*** (0.214)	0.367*** (0.135)	0.026 (0.261)
$scale$	0.681*** (0.027)	0.847*** (0.027)	0.166*** (0.018)	0.522*** (0.035)
lev	−0.440*** (0.098)	−0.312*** (0.096)	−0.039 (0.060)	−0.169** (0.085)
$maibusrtp$	1.212 (1.506)	2.120 (1.454)	−2.105** (1.023)	−1.112 (1.202)
$ppertp$	−0.454 (1.644)	−4.623*** (1.540)	0.174 (1.130)	−2.763* (1.490)
$shrholders$	0.617 (1.619)	8.694*** (1.389)	1.335 (0.854)	5.148*** (1.525)

续表

	创新投入		创新产出	
	高新技术企业	非高新技术企业	高新技术企业	非高新技术企业
$revrt$	-0.040 (0.030)	0.034 (0.029)	-0.057*** (0.019)	-0.110*** (0.023)
企业控制	是	是	是	是
年份控制	是	是	是	是
行业控制	是	是	是	是
$\_cons$	181.455** (85.750)	-217.452*** (56.456)	-345.573*** (40.711)	-875.367*** (75.356)
观测数	8871	7549	11164	8042
F 值	236.963	354.118	33.952	44.255
Adj-R^2	0.844	0.841	0.740	0.763

（四）基于不同地域的分析

不同地域的企业受地理禀赋、营商环境、产业链空间布局等影响，创新政策激励对其研发创新活动可能产生差异化的影响，本节对此进行实证分析。表6.9呈现了东部和中西部的不同空间范围内，政策激励对企业创新投入和创新产出影响的估计结果。从创新投入的角度看，东部地区和中西部地区创新政策激励对企业创新投入的影响均显著为正，且至少通过了5%的显著性水平检验。这表明，无论是东部地区还是中西部地区，事前激励对企业创新投入的影响是显著的，即外部的政策激励能够促进企业加大创新研发活动，这一效应并不存在地理空间上的差异。从创新产出的角度看，创新政策激励仅对东部地区企业的创新产出存在正向影响，且通过了1%的显著性水平检验，而对中西部地区企业的创新产出的影响并不显著。这一结果表明，中国创新活动产出效应的空间分布差异是存在的，东部地区企业受外部政策激励提高创新产出的能力明显高于中西部地区，这可能是因为，东部地区的营商环境、地理禀赋以及企业所在地区的要素资源投入均优于中西部地区，因而从侧面助推了企业创新产出的提升。这也从侧面反映出，如果企业所处的营商环境和地理禀赋较差，大量的创新政策激励并不一定带来较高的创新产出效应，反而加剧了资源误置的可能。

表 6.9　　基于不同地域的回归结果

	创新投入 东部	创新投入 中西部	创新产出 东部	创新产出 中西部
$lsubi$	0.748*** (0.197)	0.740** (0.322)	0.622*** (0.173)	0.191 (0.159)
$scale$	0.767*** (0.023)	0.740*** (0.037)	0.321*** (0.023)	0.293*** (0.031)
age	13.279*** (0.864)	2.229 (4.402)	1.804 (1.979)	-3.381*** (0.587)
lev	-0.388*** (0.081)	-0.296** (0.133)	-0.176*** (0.068)	0.095 (0.073)
$maibusrtp$	1.452 (1.241)	2.294 (1.830)	-1.554 (1.195)	-1.222 (0.817)
$ppertp$	-2.983** (1.257)	-0.851 (2.511)	-0.474 (1.076)	-2.279 (1.777)
$shrholders$	2.497* (1.354)	6.330*** (2.031)	4.001*** (1.113)	0.206 (1.234)
$revrt$	0.005 (0.024)	-0.013 (0.040)	-0.070*** (0.020)	-0.083*** (0.023)
企业控制	是	是	是	是
年份控制	是	是	是	是
行业控制	是	是	是	是
$\_cons$	-164.201*** (45.235)	78.903 (116.196)	-730.270*** (61.902)	-574.403*** (64.778)
观测数	11532	4888	13272	5934
F 值	434.549	153.720	51.495	63.167
Adj-R^2	0.846	0.838	0.765	0.695

五　稳健性检验

前文实证了政策激励对企业创新研发活动的影响以及存在的异质性效应，本节将采取替换被解释变量测度指标、使用 Bootstrap 法、改变样本数量等多种方式进行稳健性检验。

（一）更换被解释变量

本节使用研发投入强度（研发投入与营业收入之比）、专利授权量和剔除上市公司自引用后的专利引用率作为被解释变量，分别衡量企业的创新投入、创新产出数量（规模）和创新产出质量，以替换掉上文中被解释变量的测度指标：研发投入、专利申请数量和专利引用率（未剔除自引）。估计结果如表6.10所示，模型1和模型3中的估计系数表明，创新政策激励显著提升了企业研发投入强度和创新数量，且至少通过了5%的显著性水平检验。加入控制变量后的模型2和模型4的估计系数证明了结论的稳健性。模型5和模型6的估计系数表明，创新政策激励对企业创新质量的促进作用并不显著。综合模型1至模型6的估计结果，可以发现，创新政策激励有效促进了研发投入强度和创新数量但未能有效提升创新质量的结论与上文保持一致，这证明了结论的稳健性。

表6.10　　　稳健性检验：更换测度指标

	研发投入强度		创新数量		创新质量	
	模型1	模型2	模型3	模型4	模型5	模型6
$lsubi$	0.744** (0.371)	0.836** (0.409)	0.411*** (0.096)	0.223** (0.094)	−0.104 (0.066)	−0.086 (0.066)
$scale$		−0.092 (0.060)		0.217*** (0.014)		−0.020** (0.008)
lev		−1.602*** (0.220)		−0.024 (0.037)		−0.036 (0.028)
$maibusrtp$		−7.645** (3.441)		−1.631*** (0.524)		0.207 (0.388)
$ppertp$		12.712*** (4.095)		−1.229* (0.671)		−0.082 (0.559)
$shrholders$		0.342 (3.207)		2.372*** (0.652)		1.370*** (0.430)
$revrt$		−1.082*** (0.071)		−0.079*** (0.010)		0.014** (0.007)

续表

	研发投入强度		创新数量		创新质量	
	模型1	模型2	模型3	模型4	模型5	模型6
企业控制	是	是	是	是	是	是
年份控制	是	是	是	是	是	是
行业控制	是	是	是	是	是	是
_cons	233.720** (115.345)	521.531*** (153.544)	-54.155** (21.394)	-488.260*** (33.753)	9.587** (4.544)	41.751*** (15.483)
观测数	16436	16420	19224	19206	15923	15910
F值	60.825	68.027	82.559	66.602	121.621	90.278
Adj-R^2	0.794	0.802	0.753	0.764	0.273	0.274

（二）基于 Bootstrap 法的检验

本节进一步使用500次自抽样法（Bootstrap 法）进行稳健性检验，估计结果如表6.11所示。模型1至模型4中的 lsubi 系数均大于0，且至少通过了5%的显著性水平检验，即创新政策激励显著促进了企业创新研发投入和创新产出；模型6的估计系数并不显著，即创新政策激励未能有效提升创新质量。这一结果与上文保持一致，证明了结论的稳健性。

表6.11　稳健性检验：基于 Bootstrap 法的回归结果

	创新投入		创新数量		创新质量	
	模型1	模型2	模型3	模型4	模型5	模型6
lsubi	1.356*** (0.198)	0.776*** (0.176)	0.572*** (0.155)	0.316** (0.128)	-0.115* (0.059)	-0.095 (0.066)
scale		0.757*** (0.020)		0.309*** (0.018)		-0.021** (0.009)
lev		-0.364*** (0.066)		-0.072 (0.053)		-0.040 (0.041)
maibusrtp		1.716* (0.993)		-1.486** (0.612)		0.256 (0.384)

续表

	创新投入		创新数量		创新质量	
	模型1	模型2	模型3	模型4	模型5	模型6
ppertp		-2.389** (1.140)		-0.938 (0.839)		-0.184 (0.660)
shrholders		4.384*** (1.101)		2.362*** (0.738)		1.575*** (0.505)
revrt		-0.000 (0.019)		-0.076*** (0.015)		0.017** (0.007)
企业控制	是	是	是	是	是	是
年份控制	是	是	是	是	是	是
行业控制	是	是	是	是	是	是
_cons	1578.169*** (95.580)	20.034 (84.169)	-81.446** (34.261)	-695.313*** (45.869)	9.848* (5.054)	44.004*** (16.856)
观测数	16436	16420	19224	19206	15923	15910
Adj-R^2	0.811	0.844	0.737	0.748	0.276	0.278

(三) 缩短样本周期

中国创新政策大范围实施是在2007年，因此，本节进一步缩短样本周期进行稳健性检验，即使用的是2007—2019年中国A股上市公司的面板数据。估计结果如表6.12所示，模型1至模型4中的lsubi系数均大于0，且至少通过了5%的显著性水平检验，即创新政策激励显著促进了企业创新研发投入和创新产出；模型5和模型6的估计系数并不显著，即创新政策激励未能有效提升创新质量。这一结果与上文保持一致，证明了结论的稳健性。

表6.12　稳健性检验：缩短样本周期后的回归结果

	创新投入		创新数量		创新质量	
	模型1	模型2	模型3	模型4	模型5	模型6
lsubi	1.353*** (0.184)	0.774*** (0.168)	0.554*** (0.132)	0.302** (0.129)	-0.111 (0.074)	-0.091 (0.074)

续表

	创新投入		创新数量		创新质量	
	模型1	模型2	模型3	模型4	模型5	模型6
$scale$		0.757*** (0.019)		0.308*** (0.018)		-0.021** (0.008)
lev		-0.364*** (0.070)		-0.071 (0.050)		-0.040 (0.031)
$maibusrtp$		1.735* (1.046)		-1.415* (0.775)		0.281 (0.423)
$ppertp$		-2.382** (1.137)		-0.877 (0.921)		-0.212 (0.620)
$shrholders$		4.373*** (1.106)		2.354*** (0.830)		1.596*** (0.474)
$revrt$		0.000 (0.021)		-0.075*** (0.015)		0.018** (0.007)
企业控制	是	是	是	是	是	是
年份控制	是	是	是	是	是	是
行业控制	是	是	是	是	是	是
_cons	1542.858*** (11.287)	-44.749 (41.497)	-13.604*** (4.920)	-663.432*** (40.071)	44.695*** (4.105)	80.809*** (17.771)
观测数	16434	16418	19212	19194	15912	15899
F值	514.486	566.229	114.448	84.673	160.265	110.089
Adj-R^2	0.811	0.844	0.738	0.749	0.277	0.278

第五节 内生性讨论
——来自因果推断的检验

本节采用因果推断的思路进一步检验创新政策激励是否促进了企业的创新行为。经统计，中国创新政策主要实施于2007年，在2006年及以前的年份中获得创新补助的企业均不超过5家，而在2007年有421家上市公司获得了不同额度的政府创新补助，2008年和2009

年分别有 603 家和 960 家上市公司获得了政府创新补助，2010 年获得政府创新补助的上市企业则达到了 1327 家，到 2019 年全国有 2126 家上市企业获得了政府创新补助。也就是说，中国企业获得的政府创新补助资金自 2007 年开始出现井喷式增长，这与当时国内激励创新的政策环境密切相关。2007 年，国务院出台了《国家自主创新基础能力建设"十一五"规划》等相关文件，加大了对企业研发创新的财政补助和税收优惠力度。从表 6.13 不难发现，绝大多数样本企业自 2007 年后开始大量获得政府的创新政策补助。因此，本节将 2007 年作为创新政策激励的冲击年份，使用双重差分法进行因果效应分析。但这一操作的难点在于如何区分对照组和实验组。

表 6.13　　2003—2019 年获得政府创新补助的上市企业情况

年份	企业数（家）	百分比（%）	累计百分比（%）
2003	2	0.01	0.01
2004	5	0.02	0.03
2005	3	0.01	0.04
2006	4	0.02	0.06
2007	421	1.88	1.94
2008	603	2.69	4.63
2009	960	4.28	8.92
2010	1327	5.92	14.84
2011	1581	7.06	21.89
2012	1735	7.74	29.64
2013	1890	8.43	38.07
2014	2049	9.14	47.21
2015	2265	10.11	57.32
2016	2525	11.27	68.59
2017	2577	11.50	80.09
2018	2336	10.42	90.51
2019	2126	9.49	100.00
总计	22409	100.00	100.00

如表 6.13 所示，企业获得政府补助的年份较为随机，而且 2003—2019 年均有不同企业在不同的年份获得政府补助。因此，为了有效区分对照组与实验组，本节做了如下处理。

第一步，从政府创新补助数据中，筛选出 2019 年及以前年份所有连续获得政府补助的企业样本。也就是说，无论某一企业从哪一年开始获得政府创新补助，只要该企业自获取年度至 2019 年每年均获得政府创新补助，从未间断，则予标记为 1；反之，标记为 0。

第二步，删除上述样本中 2003—2006 年所有标记为 1 的企业。

第三步，将第二步得到的样本数据与上市公司的其他数据，按照公司代码和年份进行 1∶1 匹配。

第四步，删除第一步中标记为 0 的企业，并重新将第三步匹配后未获得过政府补助的企业标记为 0。

至此，可得到获得政府补助和未获得政府补助的企业，从而满足双重差分法的实验组与对照组的要求。

由于企业获得政府补助的年份并不唯一，因此本节采用多期 DID 方法进行因果推断，估计结果如表 6.14 所示，模型 1 至模型 7 中 $treat \times time$ 的系数大于 0，且均通过了 1% 的显著性水平检验，即相比于未获得政府补助的对照组企业，实验组企业在获得创新政府补助后能大幅提升创新产出，表明政策激励对于企业创新活动的推动作用是成立的。

表 6.14　　　　　　　基于双重差分的内生性检验结果

	被解释变量：创新产出						
	模型 1	模型 2	模型 3	模型 4	模型 5	模型 6	模型 7
$treat \times time$	19.450*** (2.232)	18.823*** (2.209)	18.903*** (2.209)	18.743*** (2.209)	18.810*** (2.213)	18.817*** (2.225)	18.694*** (2.221)
scale		0.135*** (0.008)	0.132*** (0.008)	0.133*** (0.008)	0.138*** (0.008)	0.138*** (0.008)	0.141*** (0.008)
lev			0.070*** (0.022)	0.064*** (0.022)	0.062*** (0.022)	0.062*** (0.023)	0.058** (0.023)

续表

	被解释变量：创新产出							
	模型1	模型2	模型3	模型4	模型5	模型6	模型7
$maibusrt$				-1.456*** (0.515)	-1.381*** (0.520)	-1.382*** (0.521)	-1.357*** (0.525)
$ppertp$					-2.749*** (0.693)	-2.753*** (0.697)	-2.481*** (0.690)
$shrholder$						0.027 (0.541)	0.057 (0.542)
$revrt$							-0.021*** (0.006)
企业控制	是	是	是	是	是	是	是
年份控制	是	是	是	是	是	是	是
_cons	-0.026 (1.439)	-28.239*** (6.601)	-27.467*** (6.647)	-27.937*** (6.673)	-28.876*** (7.122)	-28.874*** (7.125)	-9.651*** (1.225)
观测数	20488	20487	20485	20485	20435	20435	20420
F值	93.110	91.766	87.422	83.304	79.298	76.492	73.329
Adj-R^2	0.680	0.688	0.688	0.688	0.689	0.689	0.689

第六节　市场竞争与政策激励的互补性检验

上文已经证实创新政策激励能有效促进企业加大研发投入力度，提高创新产出水平，但对于提升技术创新质量的作用却是非常有限的。本节对此的解释为，一方面，政策激励强化了企业的短期创新偏好动机，而偏离了长期创新选择；另一方面，政策激励（如创新的财政补贴）强度需要超过一定的阈值方能带动企业的研发投入行为，这是因为研发创新具有周期长、风险大，需要持续大量的研发投入才能取得一定的科研绩效。

那么，与政策激励相对应的市场竞争是否有助于提升技术创新质量呢？为了检验创新政策激励对企业技术创新的影响效果是否有赖于

第六章 政策激励影响企业技术创新的实证分析

市场竞争的调节作用,即政策激励与市场竞争是否存在互补效应,在前文的基础上,本节进一步建立如下拓展计量模型:

$$RD_{it} = \beta_0 + \beta_1 policy_{it} + \beta_2 market_{iyt} + \beta_3 policy_{it} \times market_{iyt}$$
$$+ \sum \beta_i X_{it} + \delta_i + z_t + \varepsilon_{it} \tag{6.6}$$

$$Quantity_{it} = \gamma_0 + \gamma_1 policy_{it} + \gamma_2 market_{iyt} + \gamma_3 policy_{it} \times market_{iyt}$$
$$+ \sum \beta_i X_{it} + \delta_i + z_t + \varepsilon_{it} \tag{6.7}$$

$$Quality_{it} = \kappa_0 + \kappa_1 policy_{it} + \kappa_2 market_{iyt} + \kappa_3 policy_{it} \times market_{iyt}$$
$$+ \sum \beta_i X_{it} + \delta_i + z_t + \varepsilon_{it} \tag{6.8}$$

其中,$market_{iyt}$ 表示企业 i 在所在的 y 地区第 t 年的市场竞争程度,此处借鉴张晓晶等(2018)的做法,使用国民经济研究所编制的市场化指数进行衡量。该市场化指数由政府与市场的关系、非国有经济发展、产品市场发育程度、要素市场发育程度、市场中介组织的发育和法律制度环境五个方面的评分综合计算得到。该指数以基础年份为基准进行计算,基期采用 0—10 分的打分系统,得分最高省份的市场化程度为 10 分,得分最低省份的市场化程度为 0 分,其余省份介于 0 分与 10 分之间。此后年份的市场化程度计算仍以基年为基准,允许出现高于 10 分和低于 0 分的情况。在上述模型中加入政策激励与市场竞争的交互项 $policy_{it} \times market_{iyt}$,其余变量的含义与上文一致。

表 6.15 呈现了市场竞争与政策激励互补性检验的估计结果,模型 1 至模型 6 中,交互项的系数均大于 0,且至少通过了 5% 的显著性水平检验,表明在政策激励影响企业技术创新的活动中,市场竞争发挥了重要的调节作用,即政策激励和市场竞争共同决定了企业在研发创新活动中的研发投入、创新数量和创新质量。尤其需要指出的是,加入市场竞争变量后,政策激励与市场竞争的交互作用对企业创新质量的提升效应明显,这是上文中仅考虑政策激励时所没有实现的效果。也就是说,政策激励能够促进企业的创新投入和创新产出规模(数量),而政策激励对于提升企业创新质量的作用非常有限,因此,需要考虑市场竞争的调节作用,即充分发挥政策激励与市场竞争在提升企业创新质量中的互补效应,避免政策激励效应带来的表面的专利

"繁荣",而忽视了创新专利是否对提升核心技术创新能力起到了助推作用。

表 6.15　市场竞争与政策激励互补性检验的回归结果

	创新投入		创新数量		创新质量	
	模型 1	模型 2	模型 3	模型 4	模型 5	模型 6
$policy$	2.124** (0.967)	1.848** (0.852)	-0.494 (0.516)	-0.565 (0.509)	-0.809* (0.432)	-0.834* (0.429)
$market$	4.320 (2.721)	1.451 (2.423)	0.844 (1.671)	0.371 (1.626)	-16.283*** (0.966)	-14.306*** (0.959)
$policy \times market$	0.295*** (0.102)	0.233** (0.098)	0.134** (0.068)	0.111** (0.053)	0.084** (0.039)	0.087** (0.042)
$scale$		0.757*** (0.019)		0.309*** (0.018)		0.217*** (0.019)
lev		-0.362*** (0.070)		-0.076 (0.050)		-0.088*** (0.031)
$maibusrtp$		1.755* (1.047)		-1.515* (0.777)		-0.529 (0.431)
$ppertp$		-2.418** (1.137)		-0.904 (0.923)		1.018 (0.635)
$shrholders$		4.364*** (1.108)		2.396*** (0.829)		5.327*** (0.481)
$revrt$		-0.000 (0.021)		-0.076*** (0.015)		0.016** (0.008)
企业控制	是	是	是	是	是	是
年份控制	是	是	是	是	是	是
行业控制	是	是	是	是	是	是
$\_cons$	143.121*** (26.122)	7.360 (77.908)	107.300** (42.565)	709.982*** (54.153)	145.102*** (8.118)	106.912*** (8.696)
观测数	16436	16420	19224	19206	15923	15910
F 值	420.193	490.562	79.078	65.036	194.154	100.843
Adj-R^2	0.811	0.844	0.737	0.748	0.204	0.217

第七节　本章小结

本章基于 2003—2019 年中国 A 股上市公司数据，从微观视角实证分析了政策激励在投入—产出—质量三个维度对企业技术创新的影响。研究发现，创新政策激励能显著促进企业加大研发投入，提高创新产出数量，但是对于提升企业技术创新质量的作用极为有限。进一步加入与政策激励相对应的市场竞争因素后发现，市场竞争对于政策激励提升企业创新质量具有明显的调节作用。也就是说，创新政策在很大程度上激励了规模创新，但具有更高技术含量的质量型创新却依赖于市场竞争的调节效应，即政策激励与市场竞争在推进中国技术创新中具有互补效应。当创新处于低水平阶段时，数量型创新占主导地位，此时的政策激励能够极大地鼓励并推动企业创新，提高创新产出。但是，当创新逐渐向更高水平迈进时，企业技术创新的政策激励效应逐渐减弱，此时应当充分发挥市场在资源配置中的作用，增加市场激励机制，从而更好地促进企业的高质量创新。

此外，本章还从企业异质性的角度对政策激励影响企业技术创新活动的作用进行了实证分析。研究发现，从企业的生命周期看，创新政策的激励效应对不同生命周期企业的创新活动具有明显的异质性，相比之下，对处于成熟期企业的政策激励效应最为明显。从企业的所有制类型看，尽管创新政策激励促进企业加大研发投入并不存在国有企业和民营企业的显著差别，但在创新产出上会因企业所有制类型的不同而出现明显的异质性。从企业的行业属性看，外部创新政策激励能够形成企业加大研发投入的动机，但事实上，非高新技术企业因为本身的研发属性并不明显，因而在创新政策的激励下存在的政策"套利"空间比较大，即使投入大量的研发投入却并未带来创新产出的上升。从地域差异看，中国创新活动产出效应的空间分布差异是存在的，东部地区企业受外部政策激励提高创新产出的能力明显高于中西部地区，这可能是因为，东部地区的营商环境、地理禀赋以及企业所在地区的要素资源投入均优于中西部地区，因而侧面助推了企业创新产出的提升。

最后，本章的稳健性检验和内生性讨论均证明了结论的可靠性和稳健性。

第七章 政策激励促进产业高质量发展的实证分析
——一个准自然实验的证据

上一章分析了政策激励在微观层面对企业技术创新的影响，本章将进一步分析政策激励在宏观层面对产业高质量发展的影响。就创新的激励政策而言，自 2008 年起，国家先后分批次在部分城市开展国家创新城市试点，这一激励政策可以被视作一项准自然实验，它是否促进了试点城市的产业高质量发展，有待进一步探讨。城市层面的产业高质量发展在一定意义上是城市内各类产业高质量发展的集合，因此本章基于 2003—2016 年 269 个城市面板数据，使用多期双重差分法（Difference-in-Differences，DID），实证检验政策激励对产业高质量发展的影响。此外，本章还通过机制分析检验了创新激励政策影响产业高质量发展的中介渠道。

第一节 问题的提出

在经历了几十年的粗放式发展后，加快产业结构转型升级，由制造业大国转变为制造业强国，是实现中国经济高质量发展的关键。产业结构的升级效应不仅反映在三次产业结构变化的表象上，还应具体到产业结构高度化的提升中，尤其是高端制造业所占比重的上升。截至 2019 年年底，中国第一、第二、第三产业比重依次为 7.0%、39.7%、53.3%，产业结构不断优化与调整，但是从分领域的情况看，中国工业增加值占 GDP 的比重和高技术产业出口占制造业出口的比重，自2010年以后均呈明显下降趋势。近年来，美国针对中国部分高科技企业的出口采取限制措施，将中国在高端制造业领域的短板与不足进一步暴露出来。当前，中国正处在转向经济高质量发展的关键阶段，探究中国产业高质量发展的路径和特征，具有重要的意义。在中国产业发展中，政府出台的产业政策发挥了独特的推动作用。已有学者针对地区层面实施的各类区域政策的产业升级效应进行了量化评估与分析，如国家高新区、自贸区、智慧城市建设对产业转型升级的影响。

学者的研究表明，政府创新激励政策及创新要素变化推动产业结构升级的效果尤为重要。而从现实层面看，国家创新型城市建设（以下简称创新城市建设）是政府利用创新激励政策调节资源配置、引导产业发展的又一重要实践。自2008年启动深圳市创建国家创新城市试点后，2009年又部署大连、青岛、厦门等16个城市开展国家创新城市试点工作。2010—2013年，国家相关部委批准40个城市进行创新城市建设。截至2018年，创新城市数量增至78个。

与设立开发区、自贸区、智慧城市建设等政策不同，创新城市建设是政府推动完善中国创新体系、提升城市创新能力和创新水平的重要举措，且有更为明确的产业升级导向。例如，在创新城市建设的总体任务中明确提出，加大创新能力建设投入力度，培育战略性新兴产业，发展高技术产业和现代服务业，促进产业创新集群发展，加快高新技术改造传统产业进程，优化产业结构。那么，在实践层面，创新城市建设的实施，是否有助于推动中国产业高质量发展呢？本章将对此进行检验。具体而言，基于2003—2016年全国269个城市面板数据，以创新城市建设作为准自然实验，采用多期DID方法实证分析创新政策激励对地区产业高质量发展的影响。

第二节 研究假说

一 创新政策激励对产业高质量发展的影响

中国产业结构转型升级的过程伴随着经济增长的不同阶段而受多

第七章 政策激励促进产业高质量发展的实证分析

样化外部政策推动的影响。在中国工业化的早期阶段,经济开发区、高新区的设立显著促进了生产要素由低附加值产业向高附加值产业的转移,并提高了技术复杂度和生产效率。但也有学者发现,上述区域型产业政策对中国技术创新的溢出效应主要体现在应用型技术创新的改进层面,对严重依赖基础研究的原始型技术创新的促进作用则相对有限,其表现为中国许多高新技术产品种类丰富、产值可观,但关键基础材料、先进基础工艺和核心基础零部件等都长期依赖进口。为了提升中国自主创新能力,国家已启动了创新城市建设工作。创新城市建设是国家创新驱动发展战略的重要组成部分,是政府推动创新体系建设在部分城市先行先试而后向全国推广的政策模式。那么,创新城市建设会对产业结构升级带来哪些影响?

从宏观层面看,创新城市建设是政府主导的创新资源配置的重要手段,可弥补创新要素流动中的市场"失灵"问题。在创新城市建设中,无论是中央政府还是地方政府,都能从区域创新的综合优势出发,在市场配置资源的基础上,依据不同城市要素禀赋结构的特点,出台各类政策引导创新资源加速向具有潜在优势的高附加值产业转移,即发挥政府在新兴产业发展中的增长甄别与因势利导的作用。与此同时,不符合创新城市建设标准的高污染、高耗能、低附加值产业会面临越来越大的空间挤压而寻求转型或向外围地区迁移。例如,通过改变行业准入门槛,加强环境规制,完善要素市场和信贷市场供给,搭建产学研合作平台,突出技术创新的靶向作用,为高端产业技术升级提供基础研究环境。从微观层面看,就前沿性技术产业和战略性新兴产业发展而言,很多原创性核心技术的突破离不开长周期、高投入的研发活动,企业仅依靠自身对风险收益的判断很难做出长期性的研发投入决策。但是在创新城市建设的整体框架内,与之相配套的税收优惠、研发补贴、信贷支持等政策信息与信号在传递至企业层面时,会影响企业的投资决策方向,倒逼企业加快生产设备与流程工艺的升级换代,通过以机器替代劳动等多种方式提高生产效率。一方面,创新城市建设形成了针对基础性研发活动的政策激励,强化了其学习累积效应和技术溢出效应,为后续新兴产业的发展提供支持;另一方面，附加值更高的新产业的不断出现和劳动生产率的提升带来更多产出，并推动剩余劳动力向其他产业有序转移，提高了产业结构的高度化与合理化。

基于此，提出假说 H1：创新城市建设能够提升产业高质量发展水平。

二 创新激励政策影响产业高质量发展的异质性分析

尽管创新城市建设可以调节创新资源配置，但其影响产业结构升级的政策效果受多种因素和内外部条件的约束。Diez 等（2004）发现，创新活动的空间格局能明显影响产出与绩效。这是因为创新活动可以利用本地化的知识和特定地区的创新系统来补充创新知识库，不同地区的发展水平决定了创新要素的层级与质量，进而影响了创新资源的利用效率。昌忠泽等（2019）的研究表明，中国四大板块经济区的要素禀赋不同，产业结构升级路径具有相对特殊性，创新驱动发展战略更适用于东部和东北部。在经济欠发达地区，地方政府有更强的激励追求短期经济增长，而需要较长回报周期的创新政策所产生的实施效果可能会偏离预期目标。经济发达地区在经济体量、要素禀赋和产业基础上具有明显优势，实现长期经济发展目标的意愿和条件更为成熟，因而创新城市建设在很大程度上适应了地区产业转型发展的需要而呈现出强大的政策效应。相对而言，东部地区在特定生产要素结构的基础上，利用创新城市建设的政策工具，可有效地淘汰落后产能，提高战略性新兴产业占比和高新技术企业数量，因而创新城市建设在东部地区往往会取得更好的政策效果。

不可否认的是，城市创新力离不开其系统中要素投入、结构变化和环境的支撑，相同地域内不同城市之间禀赋的差异也会导致创新城市建设的政策效果存在一定的差距。从城市的规模和经济发展水平看，直辖市、省会城市和副省级城市比普通地级市有更丰富的就业岗位与投资机会，对人才、资金的吸引能力更为突出，与之相呼应的便利的基础设施、宽松的营商环境和高效的行政审批效率，相对更有利于实现创新要素的持续流入与长期积累，无形中对落后产能及要素形成"挤出效应"，这在一定程度上提供了产业结构升级的基础和动力。

通过创新城市建设搭建起潜在的创新资源配置平台，激发创新要素的活力，从而推动产业高质量发展。基于此，提出如下假说。

假说H2a：东部地区创新城市试点政策的产业发展效应高于中西部地区。

假说H2b：大城市创新城市试点政策的产业发展效应高于中等城市。

三 创新激励政策影响产业高质量发展的机制

上文阐述了创新城市建设对产业高质量发展的影响，并从区域、城市异质性视角对创新城市建设可能的政策效果进行了分析，那么创新城市建设是通过何种机制影响产业高质量发展的？本章认为存在以下两个主要渠道。

一是创新城市建设在微观层面形成企业技术创新的外部激励，进而加速产业效率提升和发展质量。产业在发展到一定阶段后，会自发出现技术升级换代、提质增效的需求，但要素市场供给不足和制度性壁垒均会对产业发展中的技术升级形成阻碍。在创新城市建设的政策组合中，针对性的政府研发补贴、税收优惠、信贷支持和较低的准入门槛，大大降低了企业进行研发创新活动的成本限制和投融资约束，减少了研发收益不确定性的成本损失，因而激发了企业创新的动力和热情，促使企业加大创新研发力度。企业是以实现利润最大化为目标的微观个体，在创新城市建设的政策激励下，其开展创新性研发的投资环境得到改善，而使粗放式发展的成本抬升，因而加大研发性活动成为企业投资决策中的最优选择。此外，创新城市建设是地方政府立足本地布局战略性新兴产业的重要契机，为产业链上下游的关联企业提供了更多的机会窗口，从而激发当地企业不断地转向以技术创新为主的新模式，以融入当地战略性新兴产业的布局，借助战略性新兴产业发展的"红利期"获得更多的收益。这种技术创新的外部激励效应，在一定程度上促进了传统的劳动密集型产业向资本与技术密集型产业的转变，促进了产业高质量发展。

二是创新城市建设既促进了生产性服务业集聚，也提高了产业发展水平。生产性服务业集聚可以带来巨大的知识溢出效应和规模效应。一方面，生产性服务业集聚本身所引发的"知识与技术信息"等生产要素的跨地区流动，优化了流入地的产业结构与产业布局，提高了第三产业占比。与此同时，生产性服务业的规模效应有助于减少交易成本和信息不对称，提高了交易效率，因而形成了新兴产业快速成长的重要基础环境。另一方面，生产性服务业的集聚可以细化市场分工，提高专业服务能力，在高新技术产业与战略性新兴产业发展中起到润滑剂的作用，为企业创新生产提供人才供给、技术支撑与服务性保障。高康等（2020）的研究表明，生产性服务业空间集聚的外部效应是促进制造业转型升级的重要渠道。对于后发国家的中小企业而言，基于一定价值链的集聚发展有助于提升企业的技术创新能力和竞争力。基于此，提出如下假说。

假说 H3：微观层面的创新激励和生产性服务业集聚是创新城市建设政策影响产业高质量发展的中介渠道。

第三节 研究设计

一 模型构建

创新城市试点始于 2008 年，此后的 5 年间先后有 57 个城市开展了创新城市建设工作。因此，创新城市建设可被看作一项准自然试验，可将进行创新城市建设的城市视作实验组，将未进行创新城市建设的城市视作对照组，考察创新城市建设这一宏观政策是否可以促进地区产业高质量发展。本节基于 2003—2016 年城市面板数据，区分实验组与对照组，使用双重差分模型（DID）实证检验创新城市建设对地区产业高质量发展的影响。由于不同城市进行创新建设的时间并不一致，借鉴 Beck 等（2010）的做法，本节将多期 DID 模型形式设置如下：

$$HH_{it} = \alpha_{01} + \alpha_1 Innovate_{it} + \alpha_{j1} Z_{it} + \delta_i + \mu_t + \varepsilon_{it} \tag{7.1}$$

其中，HH 表示产业高质量发展指数；下标 i 和 t 分别表示城市和年份；$Innovate$ 表示是否开展创新城市建设（试点政策）；Z_{it} 表示其他控制变量；δ_i 表示城市固定效应；μ_t 表示时间固定效应；ε_{it} 表示随机扰动项。系数 α_1 表示创新城市建设对地区产业高质量发展的影响,若为正,表明国家创新城市建设促进了地区产业高质量。

二 变量选取

(一) 被解释变量

本节的被解释变量为产业高质量发展,此处使用第五章测度的城市层面的产业高质量发展指数进行衡量,详细的计算过程此处不再重复。

(二) 核心解释变量

本节的核心解释变量是创新城市建设,用创新城市建设政策指代。鉴于不同城市进行创新建设的年份不一致,故该变量的取值采取如下方式:若某一城市在某一年被部署开展创新城市建设,则该城市该年度及以后年度均取值 1,试点之前的年度取值为 0;若某一城市未被部署开展创新城市建设,则该城市取值为 0。

(三) 中介变量

本节的中介变量包括微观层面的技术创新激励($patent$)与生产性服务业集聚度($proser$)。针对创新激励效应,已有文献多从创新投入视角,使用企业 R&D 支出情况衡量企业创新激励。考虑到数据的可得性,本节从创新产出视角,以上市公司专利申请量衡量微观层面的创新激励。具体而言,使用上市企业发明专利、实用新型专利和外观设计专利三类专利申请数量之和加 1 后取自然对数,衡量技术创新激励水平。实施创新城市建设政策后,某地区上市公司三类专利数量越多,则表明该地区的创新活跃度越高,可反映该政策对企业技术创新的激励程度。

针对生产性服务业集聚度,本节借鉴宣烨等(2014)的方法,选取交通仓储邮电业,信息传输、计算机服务和软件业,金融业,租赁和商业服务业,科研、技术服务和地质勘查业五个行业代表生产性服务业,使用区位熵计算生产性服务业的集聚程度,具体方法为:

$$Proser_i = \left(\frac{PS_i}{T_i}\right) \Big/ \left(\frac{PS}{T}\right)$$

其中,PS_i、T_i 分别代表 i 市生产性服务业的从业人数和全部就业人数，PS、T 代表全部城市生产性服务业和全部就业人数。该指数越大代表生产性服务业的集聚程度越高。

（四）控制变量

结合既有研究，本节在模型中控制了以下变量：地区实际使用外资；科技教育支出；地区人力资本水平，使用高校在校生人数表示；财政支出占 GDP 比重；基础设施，使用城市人均道路面积表示；消费水平，使用全社会消费品零售总额占 GDP 比重表示。表 7.1 列出了主要变量的说明与描述性统计。

表 7.1　　　　　　　　　变量的描述性统计

变量	变量说明	观察值	均值	标准差	最小值	最大值
HH	产业结构高度化	3733	18.00	1.03	14.34	27.48
HI	产业结构合理化	3738	222.52	14.31	109.90	279.72
$reform$	创新城市建设	3766	0.06	0.24	0	1.00
$lfdi$	地区实际使用外资的对数	3640	9.58	2.00	0	14.94
$ltech$	科技教育支出的对数	3758	0.93	1.83	0	42.90
hr	地区人力资本水平	3677	10.27	1.55	0	13.87
Fin	财政支出占 GDP 比重	3764	0.07	0.03	0.01	0.24
$road$	城市人均道路面积	3751	10.43	7.54	0.31	108.37
$consume$	全社会消费品零售总额占 GDP 比重	3761	0.35	0.11	0	3.84
$patent$	创新激励	3766	6.45	1.82	1.39	12.02
$proser$	生产性服务业集聚	3677	0.80	0.32	0.12	5.03

第四节　双重差分模型的适应性检验

使用双重差分有两大前提：首先，应确定创新城市建设政策与城市的产业质量没有直接关系，即一个城市的产业发展质量高低并不决定该城市是否被部署开展创新城市建设，否则会因为该政策的内生性问题而导致估计结果的偏误；其次，需要保证在创新城市建设政策之前，实施创新建设的城市和未实施创新建设的城市具有相同的产业高质量变化趋势，即对照组与处理组需满足平行趋势假设。本节借鉴郑新业等（2011）的做法，对这两个前提进行检验。

一 样本选择偏误检验

使用双重差分法的第一个前提假设是明确是否存在样本选择偏误，即开展创新城市建设是否受城市产业发展质量的影响。根据国家发改委的相关通知，创新城市建设旨在完善区域创新体系，增强可持续发展能力，加快实现创新驱动发展。城市产业发展质量并非创新城市建设的首要考虑因素。但由于创新建设首先选在东部经济发展水平较高的城市，然后依次向内陆欠发达地区的城市推广，而城市发展水平与产业质量密切相关，因此，有必要检验城市产业质量是否影响了创新建设城市的选择。本节采用 Logit 模型检验国家开展创新城市建设的标准。

考虑到创新试点城市的设立是分期分批建设的以及试点开始的时间，本节将 2008—2013 年创新城市建设工作划分为三个阶段：2008—2009 年为第一阶段，2010—2011 年为第二阶段，2012—2013 年为第三阶段。同时，将第二批城市及以后的城市作为第一批城市的对照组，检验第一批城市开展创新城市建设前（2008 年以前）被部署开展创新城市建设的标准。以此类推，将第三批城市及以后的城市作为第二批城市的对照组，检验该批次城市被部署进行创新城市建设的标准。第三批城市则以始终没有进行创新建设的城市为对照组。

具体而言，本节以是否进行创新城市建设为被解释变量，以滞后一期的产业高质量发展水平和滞后一期的其他城市特征作为解释变量，看其是否影响一个城市被部署进行创新城市建设。如果城市产业发展质量的高低影响了创新城市建设政策，则表明模型存在严重的内生性问题，而导致估计结果出现偏误。二元回归模型估计结果见表 7.2。结果显示，无论第一阶段、第二阶段还是第三阶段实施的创新城市建设政策，滞后期的产业高质量发展水平对是否开展创新城市试点的影响均未通过5%的显著性水平检验，即城市产业质量本身并不是一个城市进行创新城市建设的主要因素。从表7.2还可以发现，在影响创新建设城市的选择中，对外开放水平（利用外资）、人力资源以及基础设施是创新建设城市选择的重要因素。

表 7.2　　二元选择模型的回归结果

	被解释变量：是否开展创新城市建设（0/1）		
	第一阶段	第二阶段	第三阶段
ltotal	0.735 (0.629)	1.335 (0.889)	−0.567 (0.713)
ltech	0.338 (0.117)	0.623*** (0.236)	0.245** (0.122)
lfdi	0.999*** (0.206)	0.305 (0.218)	0.841*** (0.238)
lhr	1.481*** (0.244)	1.057*** (0.297)	0.125*** (0.019)
lfin	−0.222*** (0.084)	−0.015 (0.131)	−0.068 (0.092)
lconsume	−5.901** (2.804)	3.345 (3.205)	1.923 (2.424)
_cons	−26.889*** (2.722)	−18.282*** (2.937)	−11.730*** (2.506)
观测数	1249	469	661

注：***、**、*分别代表1%、5%、10%的显著性水平；括号中的数值表示聚类稳健性标准误。下同。

二　平行趋势检验

使用双重差分的第二个前提假设为平行趋势检验，即在创新建设前，城市的产业高质量发展是否具有相同的变动趋势。在创新城市建设政策推出前，建设城市与非建设城市具有相同的产业高质量发展变化趋势，或者即便存在差异，差异也是固定的，即建设城市与非建设城市的发展趋势是一致的。本节使用回归法和图示法对这一假定进行检验。处理方法如下：若样本是"处理组"且为"政策实施前的第 j 期"则 d_j 取值为1，其他情况取值为0；若样本是"处理组"且为"政策实

施后的第 j 期"则 dj 取值为 1，其他情况取值为 0；若样本是"处理组"且为"政策实施当期"则 current 取值为 1，其他情况取值为 0。由表 7.3 的回归结果看，创新城市建设政策实施前变量系数均不显著，而创新城市建设政策实施后，变量的系数自政策冲击后的第 1 年开始显著为正，说明对照组与实验组满足共同趋势假设。

表 7.3　　　　　　　　平行趋势检验的回归结果

	模型 1	模型 2
d_4	-0.280*** (0.070)	-0.028 (0.057)
d_3	-0.139* (0.077)	0.099 (0.068)
d_2	-0.062 (0.066)	0.126 (0.163)
current	0.068 (0.064)	0.108 (0.067)
$d1$	0.174*** (0.062)	0.178*** (0.062)
$d2$	0.236*** (0.070)	0.189*** (0.068)
$d3$	0.289*** (0.082)	0.175** (0.083)
$d4$	0.302*** (0.079)	0.096 (0.089)
控制变量	否	是
城市控制	是	是
年份控制	是	是
_cons	22.181*** (0.012)	21.036*** (0.132)
观测数	3444	3323
F 值	12.383	21.852
Adj-R^2	0.840	0.202

注：d_4、d_3、d_2 分别表示政策冲击前 4 年、3 年、2 年，current 表示政策冲击年，$d1$、$d2$、$d3$、$d4$ 分别表示政策冲击后 1 年、2 年、3 年、4 年。

图 7.1 呈现了创新城市建设政策前后产业高质量发展的时间趋势。图 7.1 显示，政策冲击后，产业高质量发展指数出现明显的上升趋势，与政策冲击前差异明显，表明创新城市建设对产业高质量的影响是存在的，满足平行趋势。

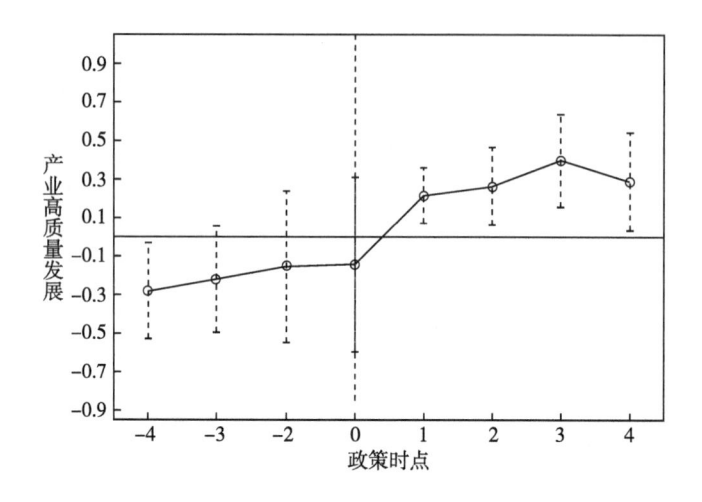

图 7.1　平行趋势检验

第五节　实证结果分析

一　基准回归结果

基于 2003—2016 年中国 269 个地级市数据，本节以创新城市建设为准自然实验，使用双重差分法，从宏观视角实证检验创新政策激励是否提高了中国产业高质量发展指数。表 7.4 呈现了估计结果，在未加入控制变量的模型 1 中，*reform* 的系数显著为正，且通过了 1% 的显著性水平检验，表明创新城市建设能促进地区产业高质量发展，即创新城市建设政策影响产业高质量发展的激励效应是存在的。如模型 2—模型 6 所示，依次加入不同控制变量后，*reform* 的系数略有下降，但依然显著为正，说明创新城市建设政策可以优化区域内资源配置并促进创新要素向高附加值产业流动,提升了产业发展水平。

表 7.4　创新政策激励影响产业高质量发展的基准回归结果

	模型 1	模型 2	模型 3	模型 4	模型 5	模型 6
$reform$	0.377*** (0.032)	0.215*** (0.027)	0.213*** (0.026)	0.212*** (0.026)	0.212*** (0.026)	0.212*** (0.026)
$ltech$		0.117*** (0.011)	0.117*** (0.011)	0.117*** (0.010)	0.118*** (0.010)	0.118*** (0.010)
$lfdi$			-0.649** (0.329)	-0.609* (0.337)	-0.549 (0.337)	-0.592* (0.337)
hr				-0.015** (0.006)	-0.015** (0.006)	-0.016*** (0.006)
fin					-0.458 (0.289)	-0.451 (0.289)
$consume$						-0.075 (0.078)
城市控制	是	是	是	是	是	是
年份控制	是	是	是	是	是	是
$\_cons$	-0.276*** (0.015)	-0.494*** (0.025)	-0.430*** (0.039)	-0.294*** (0.066)	-0.275*** (0.067)	-0.241*** (0.077)
观测数	3678	3678	3557	3492	3492	3492
F 值	175.704	301.066	278.396	260.679	247.174	235.574
Adj-R^2	0.828	0.887	0.886	0.886	0.886	0.886

二　政策激励影响产业高质量发展的异质性检验

（一）基于区域异质性的视角

表 7.5 呈现了在不同地域开展创新城市建设对产业高质量发展的政策效果,检验结果显示,创新政策激励能显著促进东部地区的产业高质量发展,且通过了 5% 的显著性检验;但对中西部地区城市,仅在 10% 的显著性水平上成立,并未通过 5% 的显著性水平检验。这说明,在东部、中西部地区开展创新城市建设的政策效果因地理禀赋的不同而存在一定差异。地区产业高质量发展,不仅依赖短期内加大创新资源投入力度带来的生产效率的提升,还需要长时间积累形成的要

素禀赋作为支撑,因而中西部产业高质量发展难以因短期政策的冲击而迅速上升。下面将进一步从城市层面进行分析。

表 7.5　创新政策激励影响产业高质量发展的区域异质性分析

	东部地区		中西部地区	
	模型 1	模型 2	模型 3	模型 4
reform	0.491*** (0.050)	0.250*** (0.038)	0.240* (0.125)	0.181* (0.096)
ltech		0.118*** (0.011)		0.100*** (0.018)
lfdi		−0.474 (0.350)		−0.290 (0.322)
hr		−0.015** (0.006)		−0.013** (0.006)
fin		−0.533* (0.297)		−0.217 (0.297)
consume		−0.077 (0.080)		−0.080 (0.077)
城市控制	是	是	是	是
年份控制	是	是	是	是
_cons	−0.289*** (0.016)	−0.273*** (0.077)	−0.307*** (0.014)	−0.296*** (0.075)
观测数	3427	3243	3343	3157
F 值	151.013	191.768	177.651	213.805
Adj-R²	0.825	0.884	0.819	0.852

(二) 基于城市规模差异的分析

为了考察创新城市建设影响产业高质量发展的政策效应是否因城市规模而有所差异,本部分首先计算出样本期内中国城市人口规模的均值,再根据城市规模大小将样本城市划分成大城市、中等规模城市和中小城市,分样本进行回归。估计结果如表 7.6 所示。在不加入控制变量的模型 1 和模型 3 中,reform 的系数显著为正,且均通过了 1% 的显著性水平检验;在加入控制变量即大中型城市的模型 2 和模型 4

中，实施创新城市建设整体上促进了产业高质量发展；在模型 5 和模型 6 中，reform 的系数未通过 5% 的显著性水平检验，即在中小城市实施创新政策激励对产业高质量发展的促进作用并不明显。这说明，产业质量的提升如果没有相关产业要素的长期积累，仅通过短期的政策冲击难以实现长期的产业高质量发展。

表 7.6 城市规模在创新城市建设影响产业高质量发展中的效果检验

	大城市		中等规模城市		中小城市	
	模型 1	模型 2	模型 3	模型 4	模型 5	模型 6
reform	1.026*** (0.115)	0.511*** (0.071)	0.706*** (0.038)	0.340*** (0.058)	0.157* (0.085)	0.099* (0.052)
ltech		0.110*** (0.010)		0.175*** (0.025)		0.102*** (0.019)
lfdi		3.318*** (0.416)		1.038 (1.113)		−0.316 (0.327)
hr		0.058*** (0.007)		0.109*** (0.038)		−0.012** (0.006)
fin		3.442*** (0.361)		4.745*** (1.022)		−0.353 (0.297)
consume		0.092 (0.091)		0.450* (0.239)		−0.077 (0.077)
城市控制	是	是	是	是	是	是
年份控制	是	是	是	是	是	是
_cons	−0.066*** (0.005)	−1.285*** (0.070)	0.101*** (0.012)	−1.831*** (0.348)	−0.085*** (0.005)	−0.307*** (0.075)
观测数	3231	3047	1028	1018	3301	3115
F 值	79.922	190.081	337.273	146.805	342.902	214.980
Adj-R^2	0.718	0.847	0.704	0.852	0.680	0.847

（三）基于经济发展水平的分析

按照国际惯例，一个国家或地区的人均 GDP 能够反映该国或地区的经济发展水平，因此本部分使用城市人均地区生产总值衡量城市发展水平。首先计算出样本期内中国城市人均地区生产总值的均值，再根据人均地区生产总值的高低将各城市分成高收入城市、中等收入城市和中低收入城市三个子样本，分样本进行回归。估计结果如表 7.7 所示。在不加入控制变量的模型 1 和模型 3 中，*reform* 的系数显著为正，且均通过了 1% 的显著性水平检验。在加入控制变量的模型 2 和模型 4 中，实施创新城市建设能整体上促进产业高质量发展。在模型 5 和模型 6 中，*reform* 的估计系数仅通过 5% 的显著性水平检验，即在中低收入城市中实施创新政策激励对产业高质量发展的促进作用并不明显。这一结果说明，宏观层面的创新驱动发展战略影响产业高质量发展的政策效果依赖于一定的经济发展水平，在欠发达地区给予创新政策倾斜和投入大量的创新资源未必能起到明显的政策效果。

表 7.7　经济发展水平在创新城市建设影响产业高质量发展中的效果检验

	高收入城市		中等收入城市		中低收入城市	
	模型 1	模型 2	模型 3	模型 4	模型 5	模型 6
reform	1.062*** (0.086)	0.539*** (0.063)	0.628*** (0.030)	0.134*** (0.041)	0.038** (0.018)	0.037** (0.018)
ltech		0.109*** (0.010)		0.099*** (0.019)		0.101*** (0.019)
lfdi		3.418*** (0.416)		7.907*** (1.736)		−0.224 (0.322)
hr		0.058*** (0.007)		0.047** (0.021)		−0.011** (0.006)
fin		3.405*** (0.370)		9.020*** (1.444)		−0.305 (0.300)
consume		0.119 (0.107)		0.035 (0.063)		−0.074 (0.073)
城市控制	是	是	是	是	是	是
年份控制	是	是	是	是	是	是
_cons	−0.055*** (0.005)	−1.302*** (0.073)	0.337*** (0.018)	−1.871*** (0.270)	−0.321*** (0.014)	−0.327*** (0.074)
观测数	3272	3088	753	720	3260	3074

续表

	高收入城市		中等收入城市		中低收入城市	
	模型1	模型2	模型3	模型4	模型5	模型6
F值	153.058	208.404	449.782	164.139	175.973	196.576
Adj-R²	0.735	0.854	0.564	0.762	0.810	0.844

三 安慰剂检验

采用双重差分（DID）法进行政策评估的原理在于对实验组实施一定的政策干预，而对照组未进行政策干预，一段时间后观察政策作用的效果。为保证实验组变量变化的效果是源自外生的政策干预而非其他因素，本部分采用更换实验组和政策发生年份两种方式进行安慰剂检验。

（一）更换实验组与对照组

一种方法是更换对照组，即重新选择其他未进行创新城市建设的城市作为实验组样本，假设这些城市也开展了创新城市建设，而开展创新城市建设的年份不做变化，重新进行双重差分估计。估计结果如表7.8所示，在未加入控制变量的模型1中，*reform* 的系数并未通过10%的显著性水平检验，表明变更实验组后的"创新城市建设"不存在影响产业高质量发展的政策效应。在依次加入控制变量后的模型2—模型6中，*reform* 的系数依然不显著，即变更实验组后，产业高质量发展的政策效果不显现。这一结果符合预期，从而证明了相比于未实施政策激励的城市，实施政策激励城市的产业高质量发展水平会更高。

表7.8 变更实验组的安慰剂检验

	模型1	模型2	模型3	模型4	模型5	模型6
*reform*1	0.260 (0.164)	0.175 (0.149)	0.090 (0.219)	0.061 (0.119)	0.008 (0.018)	0.005 (0.019)
ltech		0.143*** (0.003)	0.137*** (0.003)	0.137*** (0.003)	0.124*** (0.003)	0.123*** (0.003)

续表

	模型 1	模型 2	模型 3	模型 4	模型 5	模型 6
$lfdi$			7.888*** (0.413)	5.840*** (0.443)	3.354*** (0.461)	3.405*** (0.460)
hr				0.081*** (0.006)	0.063*** (0.006)	0.063*** (0.006)
fin					4.092*** (0.278)	3.968*** (0.280)
$consume$						0.167*** (0.052)
城市控制	是	是	是	是	是	是
年份控制	是	是	是	是	是	是
_cons	−0.023*** (0.006)	−0.149*** (0.005)	−0.884*** (0.039)	−1.524*** (0.064)	−1.346*** (0.063)	−1.398*** (0.065)
观测数	3678	3678	3557	3492	3492	3492
F 值	120.160	1159.806	960.833	782.466	711.466	596.290
Adj-R²	0.688	0.808	0.825	0.834	0.844	0.845

（二）更换冲击时间

另一种方法为更换政策发生的年份，即把开展创新城市建设的年份分别提前一年、两年、三年，实验组与对照组不做处理，再次进行双重差分（DID）估计。估计结果如表 7.9 所示。模型 1、模型 3 和模型 5 呈现了在不加入控制变量的情况下，将样本数据中创新城市建设的时间分别提前一年、两年、三年时创新城市建设对产业高质量发展的影响，此时，reform 的系数均未通过 10% 的显著性水平检验。模型 2、模型 4 和模型 6 则呈现了加入控制变量后的估计结果，reform 的系数依然不显著。这一结果表明，将样本数据中政策激励的时间提前到实际开展创新城市建设的年份，创新城市建设影响产业高质量发展的政策效应将不存在。这一结果同样符合预期，从而证明了相比于未实施政策激励，实施政策激励城市的产业高质量发展水平会更高。

表 7.9　　　　　　　变更政策实施时间的安慰剂检验

	提前一年		提前两年		提前三年	
	模型1	模型2	模型3	模型4	模型5	模型6
$reform1$	0.105 (0.243)	0.049 (0.120)	0.139 (0.148)	0.113 (0.321)	0.173 (0.152)	0.064 (0.054)
$ltech$		0.124*** (0.010)		0.126*** (0.011)		0.134*** (0.015)
$lfdi$		-0.869** (0.355)		-0.861** (0.355)		-0.839** (0.353)
hr		-0.018*** (0.005)		-0.019*** (0.006)		-0.023*** (0.007)
fin		-0.464 (0.296)		-0.455 (0.295)		-0.465 (0.295)
$consume$		-0.070 (0.079)		-0.070 (0.079)		-0.070 (0.078)
城市控制	是	是	是	是	是	是
年份控制	是	是	是	是	是	是
$\_cons$	-0.276*** (0.017)	-0.199** (0.082)	-0.276*** (0.017)	-0.200** (0.082)	-0.276*** (0.017)	-0.202** (0.081)
观测数	3678	3492	3678	3492	3678	3492
F值	168.862	210.125	168.938	211.343	170.447	212.271
Adj-R^2	0.814	0.882	0.814	0.882	0.815	0.882

四　考虑政策叠加的影响

通过检索发现，在创新城市建设的样本期内，还存在城市层面开展的其他国家级试点政策，例如，2010年和2012年，国家发改委先后分两批次在广东、辽宁、湖北、陕西、云南5个省份和天津、重庆、深圳、厦门等36个城市开展低碳城市试点工作；2012年住建部通过组织专家综合评审等程序，确定了首批国家智慧城市试点共90个，其中地市37个，区（县）50个，镇3个。已有研究表明，低碳城市试点和智慧城市试点均会影响城市的创新水平，进而影响产业升级。

因此，为检验不同政策的叠加对产业高质量发展的共同影响，以及其他政策是否会覆盖创新城市建设的产业高质量发展效应,本部分在模型中同时加入"低碳城市试点政策"(co2)和"智慧城市建设政策"(wisdom)。若加入其他政策后,reform 不再显著,则表明创新城市建设的政策效应不存在,本部分的结论不稳健;若加入其他政策后,reform 依然显著但系数下降,说明与创新城市建设同期的其他政策也影响了产业高质量发展水平,创新城市建设的产业高质量发展效应存在被高估的情况,但并不影响本部分的结论。估计结果如表 7.10 所示,加入低碳城市试点政策(co2)和智慧城市建设政策(wisdom)后,reform 的系数相比于基准回归略有下降,但依然显著为正,且通过了 1% 的显著性水平检验。这说明创新城市建设对产业高质量发展的促进效应依然是存在的,尽管"低碳城市试点政策"和"智慧城市建设政策"也会影响产业高质量发展,但创新城市建设的影响并不存在被过度高估的情况。

表 7.10　　考虑政策叠加的估计结果

	低碳城市试点政策		智慧城市试点政策	
	模型 1	模型 2	模型 3	模型 4
reform	0.592*** (0.031)	0.311*** (0.028)	0.620*** (0.034)	0.314*** (0.028)
co2	0.399*** (0.028)	0.154*** (0.020)		
wisdom			0.335*** (0.016)	0.097*** (0.019)
ltech		0.107*** (0.009)		0.110*** (0.010)
lfdi		3.439*** (0.378)		3.100*** (0.387)
hr		0.054*** (0.007)		0.059*** (0.007)
fin		2.728*** (0.314)		3.197*** (0.335)

续表

	低碳城市试点政策		智慧城市试点政策	
	模型1	模型2	模型3	模型4
$consume$		0.106 (0.098)		0.101 (0.090)
城市控制	是	是	是	是
年份控制	是	是	是	是
_cons	-0.082*** (0.005)	-1.231*** (0.072)	-0.065*** (0.005)	-1.272*** (0.072)
观测数	3678	3492	3678	3492
F值	268.512	285.819	487.872	319.375
Adj-R²	0.768	0.860	0.754	0.857

五 其他稳健性检验

(一) 剔除大城市的影响

无论是实验组还是对照组，本部分使用的城市样本数据均包含一些经济规模较大的城市，这些城市本身产业发展质量较高，第三产业和高新技术产业比重偏高，可能存在异常值效应。在2010年前后，北京、上海、天津、重庆、广州、深圳、苏州、杭州、武汉等东部城市的经济结构和体量明显优于其他地级市，因此，本部分在样本中剔除北京、上海、天津、重庆、广州、深圳、苏州、杭州、武汉等特大型城市，再次进行实证检验，估计结果见表7.11中的模型1与模型2。

(二) 缩短控制组样本区间

考虑到相比于全样本创新城市建设时间跨度偏短，政策实施前的样本时间过长也会弱化政策的冲击效应，为了更精准地检验创新城市建设的政策效果，本部分进一步缩短样本区间至2007—2016年，再次进行实证检验，估计结果见表7.11中的模型3与模型4。

(三) 基于Bootstrap法的检验

由于实验组的样本数量明显低于控制组，本部分进一步使用500次自抽样（Bootstrap）来克服实验组样本偏少的问题。Bootstrap是非参数统计中一种重要的估计统计方差进而进行区间估计的统计方法，可为解决小样本问题提供很好的思路。估计结果见表 7.11 中的模型 5 与模型 6。

表 7.11　　基于其他稳健性检验的估计结果

	剔除特大城市		缩短样本区间		Bootstrap 法	
	模型 1	模型 2	模型 3	模型 4	模型 5	模型 6
$reform$	0.570*** (0.022)	0.324*** (0.021)	0.532*** (0.034)	0.253*** (0.026)	0.699*** (0.030)	0.323*** (0.031)
$ltech$		0.058*** (0.008)		0.119*** (0.012)		0.112*** (0.009)
$lfdi$		2.838*** (0.330)		2.627*** (0.486)		3.292*** (0.337)
hr		0.047*** (0.006)		0.079*** (0.020)		0.060*** (0.007)
fin		2.543*** (0.293)		2.427*** (0.387)		3.410*** (0.370)
$consume$		0.161 (0.113)		0.460*** (0.077)		0.128 (0.157)
城市控制	是	是	是	是	是	是
年份控制	是	是	是	是	是	是
$\_cons$	−0.089*** (0.004)	−1.205*** (0.065)	0.045*** (0.006)	−1.482*** (0.196)	−0.044*** (0.008)	−1.316*** (0.072)
观测数	3539	3340	2618	2485	3678	3492
F 值	670.667	381.960	251.290	209.072		
Adj-R^2	0.734	0.855	0.808	0.891	0.735	0.856

如表 7.11 的结果所示，无论是剔除特大城市、缩短样本时间，还是使用 Bootstrap 法多次抽样，创新城市建设对产业高质量发展的影响依然显著为正，证明了结论的稳健性。

六　基于 PSM 的分析

本部分使用最近邻匹配法进行 PSM 分析。在匹配变量的选择上，除上文使用的控制变量外，还加入了第三产业产值占比（$gdp3$）、教育支出对数（lepd）和金融发展水平（finance）。表 7.12 显示匹配后的偏差率大部分低于 5%，表明匹配后的变量较为接近，且匹配后的 t 值对应的显著性水平均大于 5%，无法拒绝"匹配后处理组与控制组变量无差异"的假设，说明匹配后处理组和控制组的变量不存在系统性差异，匹配结果较为精确。

表 7.12　　　　　　　　平衡性检验

变量	匹配前后	均值 处理组	均值 对照组	偏差率（%）	偏差降低比率（%）	t 值
$gdp3$	匹配前	48.076	37.475	19.1	80.9	2.11**
	匹配后	48.076	46.055	3.6		1.36
$lfdi$	匹配前	12.068	9.4201	163.6	99.9	21.26***
	匹配后	12.068	12.089	-0.2		-0.02
fin	匹配前	0.0945	0.0641	117.4	99.8	16.53***
	匹配后	0.0945	0.0944	0.3		0.03
$lepd$	匹配前	13.754	11.827	144	98.3	16.49***
	匹配后	13.754	13.721	2.5		0.52
$finance$	匹配前	3.2719	1.9682	114.7	93.1	20.09***
	匹配后	3.2719	3.3624	-8		-0.69
$consume$	匹配前	0.4042	0.3464	59.4	96.3	7.96***
	匹配后	0.4042	0.4020	2.2		0.27

图 7.2 和图 7.3 呈现了实验组与控制组变量在匹配前后的概率分布情况，可以发现，匹配后的处理组与控制组的数据分布大体一致，可以进行后续的 ATT 分析。

表 7.13 呈现了创新城市试点政策的平均处理效应（ATT），结果表明，开展创新城市建设会使产业高质量发展指数提升 0.371 个单位。

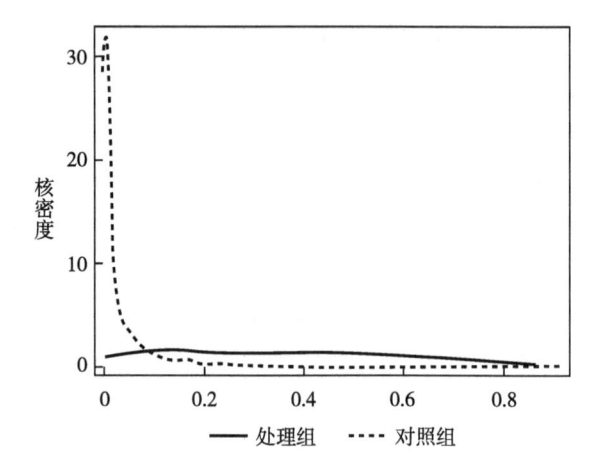

158 | 政策激励、技术创新与产业高质量发展

图 7.2 匹配前的倾向得分值分布

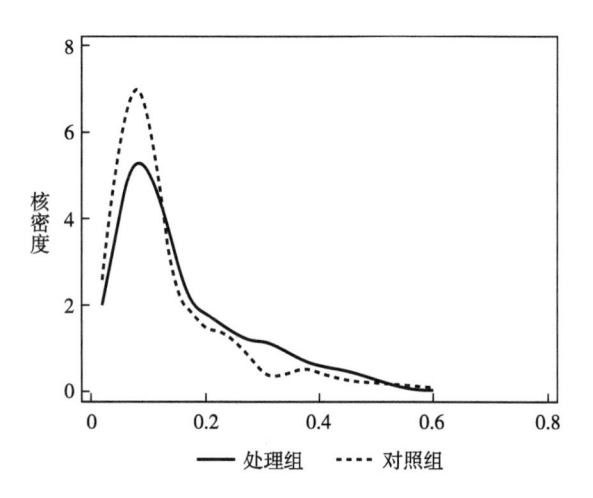

图 7.3 匹配后的倾向得分值分布

表 7.13 创新激励政策对产业高质量发展的影响效应（ATT）

变量	样本组	对照组	控制组	差异	S. E.	T值
产业高质量	未匹配	18.24737	17.92734	0.320022	0.066798	4.79
	ATT	18.24737	17.87644	0.370923	0.07018	5.29

第六节 中介机制分析

上文已经证实创新城市建设会显著促进地区产业结构高度化与产业结构合理化,但政策效果会因地域的不同而存在差异。本节将使用中介效应模型实证检验创新城市建设影响产业结构升级的传导机制。中介机制分析强调一个变量对另一个变量的影响是否通过其他中间变量实现,本节参考 Baron 等 (1986) 的中介机制检验方法,建立如下中介效应模型:

$$HX_{it} = \alpha_{11} + \varphi_{11} innovate_{it} + \kappa_{j2} Z_{it} + \delta_i + \mu_t + \varepsilon_{it} \qquad (7.2)$$

$$MP_{it} = \alpha_{12} + \rho_{12} innovate_{it} + \kappa_{j3} Z_{it} + \delta_i + \mu_t + \varepsilon_{it} \qquad (7.3)$$

$$HX_{it} = \alpha_{13} + \varphi_{13} innovate_{it} + \eta_{13} MP_{it} + \kappa_{j4} Z_{it} + \delta_i + \mu_t + \varepsilon_{it} \qquad (7.4)$$

其中,HX 为被解释变量,表示产业高质量发展;MP 为中介变量,包括创新激励($Patent$)和生产性服务业集聚($Proser$);其他变量的说明与前文保持一致。

模型(7.2)用来检验主效应,即创新城市建设对产业高质量发展的影响;模型(7.3)用来检验解释变量对中介变量的影响;模型(7.4)用来检验在控制其他变量的情况下,中介变量对被解释变量的影响。若 φ_{11}、ρ_{12}、φ_{13}、η_{13} 在统计上同时显著,则中介变量起到部分中介作用;若 φ_{11}、ρ_{12}、η_{13} 显著,而 φ_{13} 不显著,则中介变量起到完全中介作用。本节除根据系数判断中介效应外,还采用 Sobel 检验和 Bootstrap 检验进行辅助判别。以创新激励为中介变量进行中介效应检验的估计结果见表 7.14,以生产性服务业集聚为中介变量进行中介效应检验的估计结果见表 7.15。

表 7.14 中的模型 1 显示,在不加入控制变量时,$reform$ 的系数大于 0 且通过了 1% 的显著性水平检验,即创新城市建设能显著提升企业创新激励程度,在加入控制变量后,如模型 2 所示,$reform$ 的系数有一定的下降,但依然显著为正,表明创新政策激励能显著影响企业技术创新,这为下一步的分析提供了基础。模型 3 和模型 4 呈现了创

新政策激励对产业高质量发展的影响，这一结果与前文保持一致。模型 5 和模型 6 为同时加入中介变量的估计结果，此时，政策激励、技术创新均显著为正，表明企业技术创新在政策激励影响产业高质量发展中具有部分中介效应。也就是说，创新政策激励促进地区产业结构升级，在很大程度上是通过激发微观层面的技术创新水平实现的。创新激励的中介效应为 0.182，Sobel 检验和 Bootstrap 检验均证实存在创新激励的中介效应。

表 7.14　　　　　基于创新激励的中介效应估计结果

	企业技术创新激励		产业高质量发展		加入中介变量	
	模型 1	模型 2	模型 3	模型 4	模型 5	模型 6
reform	1.631*** (0.088)	0.503*** (0.059)	0.699*** (0.026)	0.212*** (0.026)	0.449*** (0.023)	0.280*** (0.020)
patent					0.153*** (0.004)	0.086*** (0.006)
ltech		0.073*** (0.009)		0.118*** (0.010)		0.106*** (0.003)
lfdi		21.644*** (1.269)		-0.592* (0.337)		1.437*** (0.447)
hr		0.337*** (0.018)		-0.016*** (0.006)		0.031*** (0.006)
fin		25.005*** (0.766)		-0.451 (0.289)		1.247*** (0.299)
consume		1.389*** (0.144)		-0.075 (0.078)		0.015 (0.049)
城市控制	是	是	是	是	是	是
年份控制	是	是	是	是	是	是
_cons	6.349*** (0.017)	-1.253*** (0.177)	-0.044*** (0.005)	-1.216*** (0.060)	-1.018*** (0.028)	-1.216*** (0.060)
Sobel 检验	0.182 ($z=5.741$, $p=0.000$)					
Bootstrap 检验 （间接效应）	0.182 ($z=4.80$, $p=0.000$)					

续表

	企业技术创新激励		产业高质量发展		加入中介变量	
	模型 1	模型 2	模型 3	模型 4	模型 5	模型 6
Bootstrap 检验（直接效应）	\multicolumn{6}{c}{0.417 (z=5.51, p=0.000)}					
观测数	3751	3548	3678	3492	3678	3492
F 值	346.027	940.146	742.418	655.133	1153.315	655.133
Adj-R^2	0.690	0.874	0.735	0.865	0.807	0.865

表 7.15 中的模型 1 显示，在不加入控制变量时，reform 的系数大于 0 且通过了 1% 的显著性水平检验，即创新城市建设能显著提升生产性服务业集聚水平，在加入控制变量后，如模型 2 所示，reform 的系数有一定的下降，但依然显著为正，表明创新政策激励能显著影响生产性服务业集聚，这为下一步的分析提供了基础。模型 3 和模型 4 呈现了创新政策激励对产业高质量发展的影响，这一结果与前文保持一致。模型 5 和模型 6 为同时加入中介变量的估计结果，政策激励、生产性服务业集聚均显著为正，这表明生产性服务业集聚在政策激励影响产业高质量发展中具有部分中介效应，且生产性服务业集聚的中介效应为 0.146。Sobel 检验和 Bootstrap 检验均证实生产性服务业的中介效应是存在的。

表 7.15　基于生产性服务业集聚的中介效应估计结果

	生产性服务业集聚		产业高质量发展		加入中介变量	
	模型 1	模型 2	模型 3	模型 4	模型 5	模型 6
reform	0.106*** (0.019)	0.023 (0.021)	0.699*** (0.034)	0.323*** (0.028)	0.686*** (0.034)	0.321*** (0.028)
serve					0.123*** (0.022)	0.028* (0.016)
tech		−1.654 (1.958)		0.112*** (0.009)		0.112*** (0.010)
lfdi		1.835*** (0.569)		3.292*** (0.392)		3.366*** (0.401)

续表

	生产性服务业集聚		产业高质量发展		加入中介变量	
	模型1	模型2	模型3	模型4	模型5	模型6
hr		0.022 (0.022)		0.060*** (0.007)		0.059*** (0.007)
fin		2.535*** (0.480)		3.410*** (0.343)		3.373*** (0.354)
$consume$		-0.061 (0.088)		0.128 (0.109)		0.129 (0.111)
城市控制	是	是	是	是	是	是
年份控制	是	是	是	是	是	是
$\_cons$	1.428*** (0.006)	0.880*** (0.210)	-0.044*** (0.005)	-1.316*** (0.074)	-0.214*** (0.031)	-1.348*** (0.075)
Sobel 检验	0.146 (z=3.371, p=0.000)					
Bootstrap 检验 （间接效应）	0.146 (z=4.29, p=0.000)					
Bootstrap 检验 （直接效应）	0.491 (z=7.52, p=0.000)					
观测数	3662	3487	3678	3492	3594	3434
Adj-R^2	0.633	0.643	0.735	0.856	0.736	0.855

第七节 本章小结

本章基于2003—2016年269个城市数据，以创新城市建设这一准自然实验实证分析了创新政策激励对地区产业高质量发展的影响。研究发现，创新政策激励能显著提升地区产业高质量发展水平。整体上，在城市层面实施的创新政策可以优化区域内资源配置和促进创新要素向高附加值产业流动，提升产业质量。然而，创新城市建设对产业高质量发展的影响因地理禀赋、城市规模和经济发展水平的不同而存在一定差异。在东部地区和大城市开展的创新城市建设的政策效果，明显优于在中西部地区和中等规模及以下城市的影响，这说明，创新城市建设影响产业高质量发展的政策效果依赖一定的要素禀赋、产业基础和经济发展阶段，对欠发达地区给予创新政策和投入大量创新资源未必能达到预期效果。此外，微观层面的企业创新激励和生产性服务业集聚是创新城市建设影响地区产业高质量发展的传递机制。尽管企业创新激励和生产性服务业集聚在创新政策激励影响地区产业高质量发展过程中的中介效应存在一定差异，但整体上，创新政策激励之所以能够协调资源配置和要素流动方向，在很大程度上是通过激发企业创新活力和促进生产性服务业集聚实现的。

第八章 政策激励、技术创新与产业高质量发展的溢出效应研究
——基于空间视角的实证分析

第六章和第七章分别从微观和宏观视角实证检验了政策激励对技术创新和产业高质量发展的影响，本章将从空间视角进一步实证检验政策激励、技术创新与产业高质量发展的协同关系以及政策激励的空间溢出效应。同时，本章通过构建三个维度的空间权重矩阵，测度政策激励、技术创新与产业高质量发展的空间 Moran's 指数，并对产业高质量发展的时空特征进行分析。此外，本章还实证检验了技术创新在政策激励影响产业高质量发展中的中介效应。

第一节 问题的提出

随着交通基础设施的完善和经济社会的发展，劳动、资本等各类生产要素的跨区域流动越来越频繁，不同空间区域内的经济联系越来越密切。不同地区的创新政策释放了积极的信号，引导各类生产要素加速流入，带动了创新资源的空间集聚和要素累积，为该地区的技术创新奠定了基础。与此同时，在创新政策的引导下，技术创新资源的空间集聚带动了新兴产业的集聚发展，为地区的产业高质量发展提供了重要保障。因此，地区的政策激励、技术创新和区域产业的高质量发展的空间联系越来越紧密，创新激励政策的空间溢出效应越来越明显。以中国经济增长极的长三角区域创新活动为例，长三角地区的政策一致性、技术关联性和产业协同性的关系日益明显。《2020长三角

一体化区域创新协同指数》显示，长三角创新协同总指数从2011年的100分（基期）增长至2019年的204.16分，较2011年翻了一番。同时，该指数的增速时隔5年再次升至两位数，2019年增长率为11.17%，技术创新的空间协同效应明显。在中国大都市圈建设的战略背景下，地区间的创新激励政策是否会进一步加剧各类资源的空间流动与分化，以技术创新驱动产业高质量发展的空间溢出效应是否更加明显，这一问题有待进一步探究。

在围绕这一问题的既有文献中，晏艳阳等（2020）研究表明，创新政策对区域全要素生产率具有显著的空间溢出效应，一个地区的创新政策不仅影响本地区的全要素生产率，其影响还会辐射至周边地区而存在正向溢出过程。郑威等（2019）发现，创新驱动对地区的产业结构升级呈现出空间溢出效应的特征，即创新驱动不仅升级了本地区的产业结构，还对相邻地区的产业结构升级起到促进作用。谢伟伟等（2019）基于ESDA法的研究发现，创新活动具有显著的空间正自相关性，并且呈现出逐渐增强的趋势。

研究发现，创新政策对技术创新具有明显的空间溢出效应，同时，技术创新对产业发展的空间关联性也是显著的。那么，不同地区的政策激励效应是否改变了技术创新进而影响了地区的产业高质量发展水平，即政策激励、技术创新和产业高质量发展之间是否存在空间协同效应和空间溢出效应，尚未有文献进行探讨。鉴于此，本章基于1998—2018年中国31省份的平衡面板数据，使用空间自回归模型、空间误差模型和空间杜宾模型，实证分析政策激励与技术创新影响产业高质量发展的溢出效应。

第二节 理论分析与研究假说

一 政策激励、技术创新与产业高质量发展的空间效应分析

已有研究发现，政府的干预政策在很大程度上影响了资源配置的空间分布，各类资源向大城市和发达地区流动的趋势十分明显。资源的空间集聚可以实现技术创新所需要素的空间集聚,这一过程会通过生产效率的提升和资源配置效率的提高来实现规模效应。相反地,若各类资源的非集聚性空间分布无法发挥大国的规模效应,宏观上资源过度分散与空间错配会直接影响中国的全要素生产率。与此同时,随着信息技术和交通基础设施连通性的不断提高,不同空间范围内的联系和经济活动日益紧密,技术创新的溢出效应明显上升。Knoben 等(2006)认为,创新合作的优势就在于可以摆脱地理距离的约束,而在更大的空间范围内提升技术水平。但是技术创新的实现过程依赖资本、劳动力、基础配套设施等生产要素的高度集中,资源的空间分散性事实上会抑制技术创新。俞立平等(2019)的研究则表明,创新活动在某一空间范围内的集聚降低了创新速度,提高了创新质量,但创新集聚降低创新速度这一发现可以反映出中国的创新驱动正从速度转向质量升级。在政策的驱动下,创新资源的空间集聚往往带动新兴或优势产业的空间集聚,同时对不适合经济新发展阶段的落后产业资源形成"挤出效应",倒逼产业转型升级。提高一个地区的产业高质量发展水平,除推动地区内产业结构优化升级外,还应促进较大空间范围内的要素配置效率提升和供需结构均衡,完善地区间要素市场和产品市场的自由流通机制。也就是说,创新激励政策能加速创新资源的空间集聚,为技术创新和产业升级提供要素保障,在一定空间范围内提高要素效率配置与加速自由流动,最终实现产业的高质量发展。

假说 H1:创新激励政策、技术创新对产业高质量发展的影响具有空间溢出效应。

二 政策激励、技术创新与产业高质量发展的异质性分析

通过一定的产业政策鼓励和引导重点产业的发展、淘汰落后和过剩产能、强化技术创新、实现产业结构升级是中国产业发展和经济增长的常规举措。但是在不同的地区和不同的发展阶段,从政策激励到技术创新再到产业发展的传递路径和作用效果并不完全一致,甚至表现出极强的异质性特征。一方面,地区地理资源禀赋、政策倾斜程度、历史文化背景的客观差异,决定了相同的创新激励政策在各个地区必然产生不同的效果，不遵循地区比较优势的产业政策还会导致资源错配。从地区的空间差异看，东部地区的基础设施完善程度、劳动力密集度、产业规模和结构以及营商环境都优于中部地区，明显优于西部地区，创新激励政策更容易引起各类资源的集聚和在不同产业间的流动与调整，能明显促进微观企业的研发投入与创新产出，这在一定程度上为产业高质量发展积累了要素资本。另一方面，在不同的经济发展阶段，政策激励的效果也会有所不同。若处在经济发展的早期阶段，缺乏开展高水平技术创新的必要生产要素，技术累积能力薄弱，产品结构和产业结构相对简单，此时的政策激励、技术创新对产业高质量发展的溢出效应也相对薄弱。

假说 H2a：政策激励、技术创新影响产业高质量发展的作用效果受地区差异的影响。

假说 H2b：政策激励、技术创新影响产业高质量发展的作用效果受经济发展阶段的影响。

三 中介传导机制分析

政府出台的创新激励政策最后传导至产业高质量发展，需要依赖一定的调节机制。其中，产业高质量发展是生产效率、供给结构和价值创造共同决定的多层次产业发展形态。因此，产业高质量发展离不开技术创新的驱动作用。技术创新可以提高劳动生产率，在单位时间内创造更多的价值，节约劳动时间和固定资产成本，同时能促进生产要素在不同产业间的加速流动。研发创新的过程需要投入大量的研发资金和在容忍失败的环境中反复试错，要经过长期的技术累积才能实现核心技术能力的突破，因而技术研发的外部性特征需要政府给予一定的政策引导与激励。技术创新与战略性、新兴产业的发展方向密不可分，在政策激励的作用下，未来具有潜在比较优势的产业更容易受到政策的扶持与鼓励，从而引导大量的资金、人才流向该产业，大量生产要素的集聚与积累为技术创新奠定了基础。因此，政策激励通过对技术创新的驱动作用，很大程度上提升了产业的发展水平。

假说 H3：技术创新对政策激励影响产业高质量发展具有中介效应。

第三节 模型构建与数据说明

一 空间计量模型构建

Anselin（1988）将传统计量经济学中可能被忽略的变量之间的空间联系和空间差异引入计量模型，形成了空间计量模型的系统分析方法。空间计量模型充分考虑了数据的非均质性和变量的空间联系性，主要包括空间自回归模型（SAM）、空间误差模型（SEM）以及空间杜宾模型（SDM）。

空间自回归模型，又称作空间滞后模型，主要用来分析相邻空间单元内的变量变化对系统内其他空间单元变量变化可能带来的影响（溢出效应），其空间依赖性主要反映在因变量的空间关联性上，其数学表达式如下：

$$y_{it} = \lambda \sum_{j=1}^{n} w_{ij} y_{ij} + x'_{it} \beta + u_i + \varepsilon_{it} \quad (i = 1, \cdots, n; \; t = 1, \cdots, T) \tag{8.1}$$

其中，y_{it} 表示某地区 i 在第 t 年的因变量的经济活动；λ 表示空间自回归系数，用以测度其他相邻区域的经济活动对本区域经济活动的干预程度；$\sum_{j=1}^{n} w_{ij} y_{ij}$ 表示空间滞后因变量集合，是在第 t 年地区 i 以外的其他区域经济活动的加权平均值；x'_{it} 表示解释变量集合，既包括核心解释变量，也包括控制变量；β 表示各解释变量的系数；u_i 表示地区层面的个体效应；ε_{it} 表示随机误差项。

空间误差模型用以分析不同地区之间关联程度在误差项上的反映情况，它的空间依赖性主要表现在随机误差项的滞后项上，其数学表达式可以写为：

$$y_{it} = X_{it} \beta + u_{it} \tag{8.2}$$

$$u_{it} = \eta \sum_{j=1}^{n} W_{ij} u_{jt} + \varepsilon_{it} \tag{8.3}$$

其中，η 表示空间误差系数，用以测度相邻区域经济观察值受到误差冲击时，对本区域经济观察值可能具有的影响程度；$\sum_{j=1}^{n} W_{ij} u_{jt}$

表示空间滞后误差项,衡量了在第 t 年区域 i 以外的其他相邻区域观测值受到误差冲击时的加权平均值;ε_{it} 表示随机干扰项。

空间杜宾模型则用以研究区域被解释变量受到其他区域的被解释变量和解释变量影响的情况,其空间依赖性主要反映在解释变量包含了其他区域的被解释变量和解释变量,数学表达式可以写为:

$$y_{it} = \lambda \sum_{j=1}^{n} w_{ij} y_{jt} + X_{it}\beta + \sum_{j=1}^{n} w_{ij} x_{jt} \delta + \varepsilon_{it} \quad (i \neq j) \quad (8.4)$$

其中,$\sum_{j=1}^{n} w_{ij} y_{jt}$ 表示其他区域被解释变量的情况,λ 表示相应的系数向量;$\sum_{j=1}^{n} w_{ij} x_{jt}$ 表示其他区域解释变量的情况,δ 表示相应的系数向量,其他变量的含义与式(8.1)一致。

为了实证研究政策激励技术创新影响产业高质量发展的空间溢出效应,本节分别建立面板形式的空间自回归模型、空间误差模型和空间杜宾模型。事实上,不同的空间计量模型所假定的传导机制并不一样,空间杜宾模型综合考虑了空间自回归模型和空间误差模型的传导形式,因此,本节首先建立空间杜宾模型:

$$Score_{it} = \beta_0 + \lambda W_{ij} Score_{jt} + \beta_1 policy_{it} + \beta_2 patent_{it} + \sum \beta_i X_{it}$$
$$+ W_{ij} policy_{jt} + W_{ij} patent_{jt} + \sum W_{ij} X_{jt} \gamma + \varphi_i + u_t + \varepsilon_{it} \quad (8.5)$$

其中,$Score_{it}$ 为被解释变量,表示产业高质量发展指数,$W_{ij} Score_{jt}$ 表示空间滞后因素的产业高质量发展指数,$policy_{it}$ 表示政策激励,$patent_{it}$ 表示技术创新,X_{it} 表示控制变量集合,φ_i 表示个体固定,u_t 表示时间固定,ε_{it} 表示随机扰动项。

放松空间杜宾模型的限制条件,可得到空间面板自回归模型和空间面板误差模型,如下:

$$Score_{it} = \beta_0 + \lambda W_{ij} Score_{jt} + \beta_1 policy_{it} + \beta_2 patent_{it} + \sum \beta_i X_{it} + \varphi_i + u_t + \varepsilon_{it}$$
$$(8.6)$$

$$Score_{it} = \beta_0 + \beta_1 policy_{it} + \beta_2 patent_{it} + \sum \beta_i X_{it} + \varphi_i + u_t + \varepsilon_{it}$$
$$(8.7)$$

其中,$\varepsilon_{it} = \eta \sum w_{ij} \varepsilon_{it} + \pi_{it}$,式(8.6)为空间面板自回归模型,式(8.7)为空间面板误差模型。各变量与符号的含义与前文保持一致。

二 指标选取

(一) 产业高质量发展

本节使用省级数据研究政策激励、技术创新影响产业高质量发展协同效应与空间溢出效应，就产业高质量发展的指标量化而言，使用第五章测算的省级层面的产业高质量发展指数的方法，计算得到1998—2018年中国31个省份的产业高质量发展指数（具体测算过程参见第五章第一节的相关内容）。

(二) 政策激励

省级层面创新政策激励变量的测度是本节的难点之一。目前，对省级层面政策变量的处理思路，大致有两种：一是宏观层面各省份政府政策的加总，其中，中央和地方的各类产业政策中包含的围绕创新发展的积极政策理论上可视为创新激励政策。但是，在收集2006—2018年中央和地方各类产业政策后，发现产业扶持政策多为"五年规划"政策，不满足数据的连续性，难以形成面板数据。二是企业层面各类创新激励政策的加总。这一方法在研究政府财政补贴政策对企业创新行为时具有重要的价值，但是对微观企业层面的政策激励数据加总也存在明显的不足：一方面，企业实际在政策激励中获得的补助收益与宏观层面的政策激励有着不同的内涵与外延，二者不是同一概念，并不适合加总；另一方面，从微观层面测度的创新激励政策仅限于上市公司数据，而大量的非上市企业获得的政策性激励却不包含在内，因而采用简单加总的方式，难免存在缺漏情况。本节借鉴晏艳阳等（2020）的做法，使用31省份历年R&D活动中的政府资金数据。考虑到创新属于连续性的投资活动，政府上一期的资金投入规模会对当期的资金投入产生影响，为了反映政府资金支出的累积性，本节使用存量指标反映R&D活动中的政府资金，本节参考吴延兵的做法获得存量的政府资金支出。

(三) 技术创新

各地区层面的技术创新是高校、科研院所和企业进行研发投入后实现的技术进步。就省级层面的数据而言，衡量技术创新的指标既包括投入阶段的R&D经费支出，也包括创新产出阶段的专利数量（专利申请数量和专利授权数量）。研发投入阶段的经费支出并不必然带来较高水平的产业技术升级,而从创新产出阶段看,申请专利一旦获得授权即代表该专利所蕴含的技术得到了某一标注并获得认可,因此,根据研究的需要,本节使用 2000—2018 年中国 31 个省份历年发明专利、实用新型专利和外观设计专利的授权数量作为衡量各地区技术创新的指标。

(四) 控制变量

(1) 资本存量,采用永续盘存法进行估算。借鉴张军等 (2003) 的做法,使用以下公式进行计算:

$$K_{it} = \frac{I_{it}}{P_{it}} + (1-\delta) K_{i,t-1} \tag{8.8}$$

其中,K_{it} 为第 t 年 i 地区的资本存量值;I_{it} 为第 t 年 i 地区资本形成总额中的固定资本形成总额;P_{it} 为平减指数(由公式 $P_{i,t} = U_{i,t} \times P_{i,t-1}$ 得出,$U_{i,t}$ 为固定资产投资价格指数),将固定资产价格指数平减到 2001 年不变价格;$K_{i,t-1}$ 为第 $t-1$ 年 i 地区的资本存量;常数 δ 为 6.9%。

(2) 人均受教育年限,借鉴包群等 (2008) 和朱承亮等 (2011) 的做法,本节采用 31 个省份 6 岁及以上人口的四类平均受教育年限的对数值。具体而言,将居民的受教育程度分为小学、初中、高中、大专及以上,限定各类受教育年限的时间为 6 年、9 年、12 年和 16 年,以此计算出各省份人均受教育年限。

(3) 社会消费。由于 31 个省份社会消费的数据缺失,本节借鉴项后军、巫姣、谢杰 (2017) 的做法,使用全社会消费品零售额近似度量消费。

(4) 财政支出。本节采用各省份一般预算内财政支出占 GDP 比重来衡量财政支出规模。

(5) 贸易依存度。本节使用 31 个省份进出口贸易额占 GDP 比重来衡量各地区的外贸依存度。

三 数据来源

各省份的固定资产投资额、固定资产价格指数、全社会消费品零售、地区生产总值、进出口贸易额、R&D 投入、三类专利的申请数量和授权数量数据来源于1998—2018年《中国统计年鉴》；各省份R&D活动中的政府资金来源于1998—2018年《中国科技统计年鉴》；居民受教育程度来源于历年《中国人口统计年鉴》和《中国人口与就业统计年鉴》中的抽样统计，根据抽样比例计算各省份受教育程度分布并得到相应数据；中国工业产成品产量数据来源于中国研究数据服务平台（CNRDS）。

四 空间权重矩阵设定

运用空间计量模型进行实证分析前必须建立对称形式的空间权重矩阵，从而对各地区之间要素的相互依赖性与空间关联程度进行测度。本节采用三种不同形式的空间权重矩阵：一是使用地理空间是否相邻来定义空间相邻权重矩阵（0—1矩阵），若两个地区在地理空间上相邻，则认为二者存在空间相关关系，记为1；若两个地区在地理空间上不相邻，则认为二者不存在空间相关关系，记为0。设定空间权重矩阵W主对角线上的元素为0，其他位置的元素分布如下：

$$w_{ij} = \begin{cases} 1, & i \neq j \\ 0, & i = j \end{cases}$$

空间相邻权重矩阵假定两区域空间单元之间是否存在联系仅取决于二者在空间上是否相邻。尽管这一方法简单易行、准确率高，但也存在一些缺陷：一方面，只要两个区域在地理空间上相互邻接，则默认两个区域之间具有相同的关联程度；另一方面，只要两个区域在地理空间上不相邻接，即认为两个区域之间不存在任何的经济与社会联系。这一假定因过于严格而可能与现实不符。因此，本节继续选用地理距离权重矩阵的设定方式，即以两区域的地理距离为标准构造权重矩阵，具体而言，采用中国31个省会城市及直辖市两两城市之间直线距离的平方的倒数作为权重。矩阵W主对角线上的元素设为零，其他位置的元素分布如下：

$$w_{ij} = \begin{cases} \dfrac{1}{d^2}, & i \neq j \\ 0, & i = j \end{cases}$$

其中，d 为两城市中心位置的直线距离。

地理距离权重矩阵能克服空间相邻权重以是否相邻作为设定矩阵标准的不足，可反映不相邻的地区之间的联系，提高了矩阵中不同元素间联系的精确性。但地理距离权重矩阵也存在一定的问题，如各地区之间的经济联系有时并不由地理距离的远近决定，甚至两个直线距离更远的地区也可能存在比两个直线距离更近的地区更为密切的经济关联程度。为了弥补这一方面的不足，本章进一步使用经济距离权重矩阵的设定方式，即以两两区域的经济联系为标准构造权重矩阵，具体而言，使用人均 GDP 作为衡量区域经济发展水平的指标，设定空间单元 i 和空间单元 j 的人均 GDP 分别为 Y_i 和 Y_j，同时定义地区 i 和地区 j 之间的经济距离（经济差距）为 $e_{ij}=|Y_i-Y_j|$。因此，e_{ij} 越小，地区 i 和地区 j 之间的经济发展水平越接近，经济距离越近，二者的空间权重系数也越大。将地理距离权重矩阵主对角线元素设为零，其他位置元素分布如下：

$$w_{ij}=\begin{cases}\dfrac{1}{|Y_i-Y_j|}, & i\neq j \\ 0, & i=j\end{cases}$$

至此，三种空间权重矩阵设定完毕，下文的空间关联度测算和空间计量模型回归，将以上述空间权重矩阵为基础。

五 空间关联性测度

（一）Moran's I 指数（莫兰指数）

一般使用全局空间自相关指数莫兰指数对两区域的空间关联性进行测度，它从空间整体上刻画与反映观测值 x_i（$i=1, 2, 3, \cdots, n$）的空间分布与集聚状态，计算公式如下：

$$\begin{aligned}Moran's\ I &= \frac{n\sum_{i=1}^{n}\sum_{j=1}^{n}w_{ij}(x_i-\bar{x})(x_j-\bar{x})}{\sum_{i=1}^{n}\sum_{j=1}^{n}w_{ij}\sum_{i=1}^{n}(x_i-\bar{x})^2}\\ &=\frac{\sum_{i=1}^{n}\sum_{j=1}^{n}w_{ij}(x_i-\bar{x})(x_j-\bar{x})}{S^2\sum_{i=1}^{n}\sum_{j=1}^{n}w_{ij}}\end{aligned} \quad (8.9)$$

其中，$S^2 = \frac{1}{n}\sum_{i=1}^{n}(x_i - \bar{x})^2$ 为整体样本的方差，ω_{ij} 表示空间权重矩阵 (i, j) 的内部元素，用以度量区域 i 与区域 j 之间的距离，而 $\sum_{i=1}^{n}\sum_{j=1}^{n}w_{ij}$ 表示所有元素空间权重之和。

莫兰指数的取值通常介于 -1 和 1，大于 0 表示空间单元之间存在正自相关关系，即高值与高值相邻、低值与低值相邻；小于 0 表示空间单元之间存在负自相关关系，即高值与低值相邻。一般情况下，正自相关关系比负自相关关系更为常见，即同一空间集聚区内多为相同的空间关联类型。如果等于 0，则表明各地区元素间不存在空间关联性，此时，空间区域是各自独立的。事实上，莫兰指数可视作观测值与其空间滞后项（Spatial Lag）之间的相关系数。

使用莫兰指数对产业高质量发展指数进行全局空间相关性检验，检验结果拒绝"产业高质量发展不存在空间相关性"的原假设，即各地区产业高质量发展存在一定的空间关联性。进一步，对政策激励、技术创新进行莫兰指数检验，发现检验结果至少在 10% 的显著性水平下拒绝了"不存在空间相关性"的原假设。2009—2018 年政策激励、技术创新与产业高质量发展指数的莫兰指数测度结果见表 8.1。

表 8.1　2009—2018 年政策激励、技术创新与产业高质量发展指数的莫兰指数

年份	政策激励	P 值	技术创新	P 值	产业高质量发展指数	P 值
2009	0.064***	0.006	0.101**	0.012	0.077*	0.058
2010	0.062**	0.017	0.111*	0.062	0.097*	0.060
2011	0.062**	0.032	0.106*	0.061	0.145**	0.019
2012	0.070*	0.065	0.088***	0.005	0.162*	0.085
2013	0.063***	0.001	0.079*	0.064	0.200**	0.042
2014	0.074**	0.021	0.104*	0.095	0.198**	0.045
2015	0.073**	0.035	0.107**	0.025	0.192**	0.049
2016	0.085*	0.053	0.110**	0.015	0.203**	0.038
2017	0.095*	0.099	0.111*	0.075	0.221**	0.022

续表

年份	Moran's I					
	政策激励	P 值	技术创新	P 值	产业高质量发展指数	P 值
2018	0.075*	0.082	0.112*	0.060	0.186**	0.039

资料来源：笔者整理计算。***、**、*分别表示1%、5%和10%的显著性水平。

由表8.1可知，2009—2018年产业高质量过程存在显著的空间相关性，政策激励的空间关联性逐渐增强，但近几年的莫兰指数未通过5%的显著性水平检验，而技术创新的空间关联性经历了先下降后上升的变化趋势，部分年份的莫兰指数未通过5%的显著性水平检验。总之，由莫兰指数的结果不难看出，分析政策激励、技术创新与产业高质量发展的关系，应当充分考虑各因素在相互影响中的空间关联性。

（二）Moran 莫兰散点图

莫兰指数揭示了各地区的全局空间相关性，而针对局域的空间关联性分析则依赖莫兰散点图。为进一步分析各地区政策激励、技术创新以及产业高质量发展是否存在空间关联性与空间异质性，本部分呈现了2018年31个省份政策激励、技术创新和产业高质量发展指数的局域莫兰散点图（见图8.1、图8.2和图8.3）。

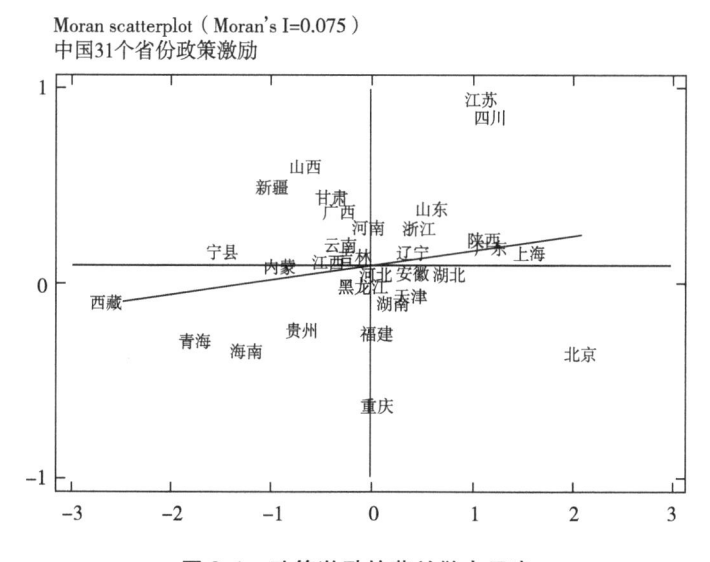

图 8.1 政策激励的莫兰散点示意

176 | 政策激励、技术创新与产业高质量发展

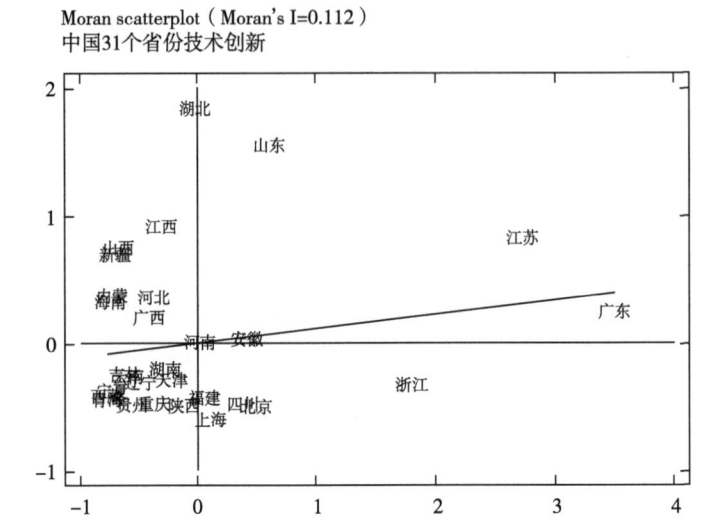

Moran scatterplot（Moran's I=0.112）
中国31个省份技术创新

图 8.2 技术创新的莫兰散点示意

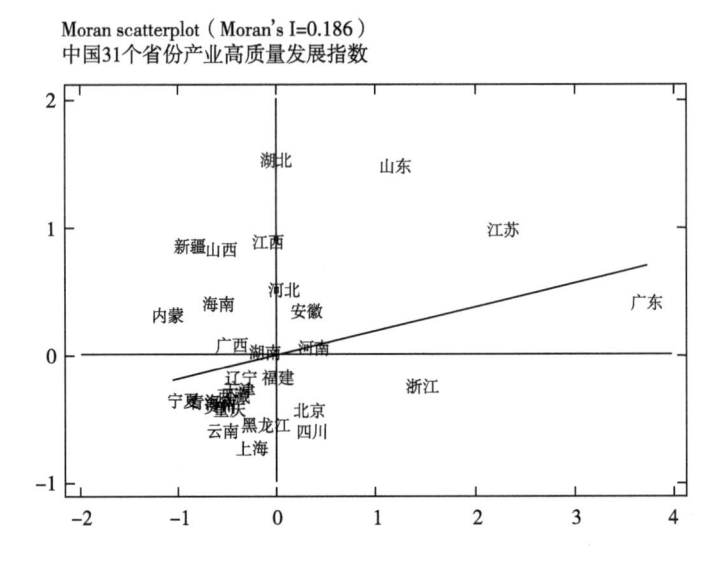

Moran scatterplot（Moran's I=0.186）
中国31个省份产业高质量发展指数

图 8.3 产业高质量发展指数的莫兰散点示意

莫兰散点图共划分为四个象限，分别对应着不同空间单元与其相邻空间单元之间的空间局域联系。其中，第一象限代表了高观测值被同样是高观测值包围着的空间联系形式，第二象限代表了低观测值被高观测

值包围着的空间联系类型，第三象限代表了低观测值被同为低观测值包围着的空间联系类型，第四象限代表了低观测值被高观测值包围着的空间联系形式。为了更清晰地呈现各省份在莫兰散点图中的象限分布，本部分进一步画出了以数字表示的各省份象限位置，如图 8.4—图 8.6 所示。

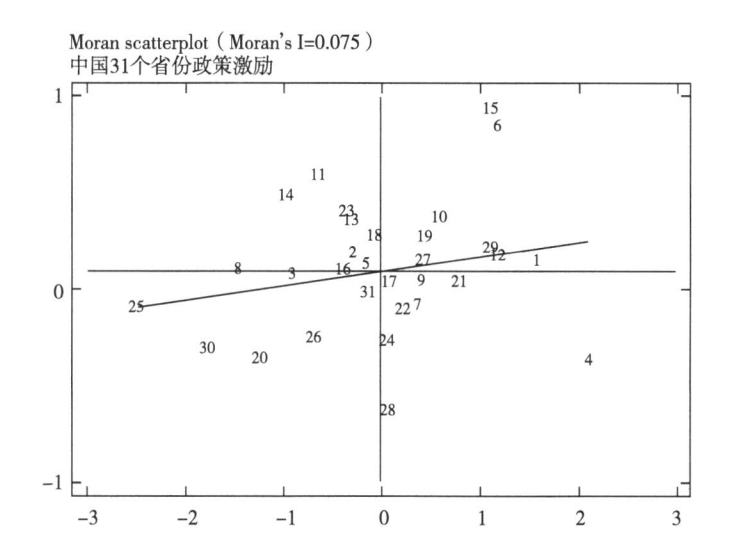

图 8.4 政策激励的莫兰散点示意（数值型）

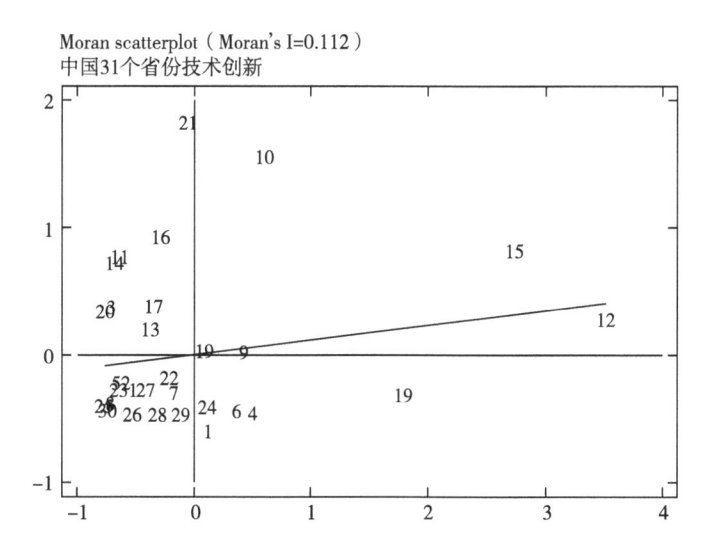

图 8.5 技术创新的莫兰散点示意（数值型）

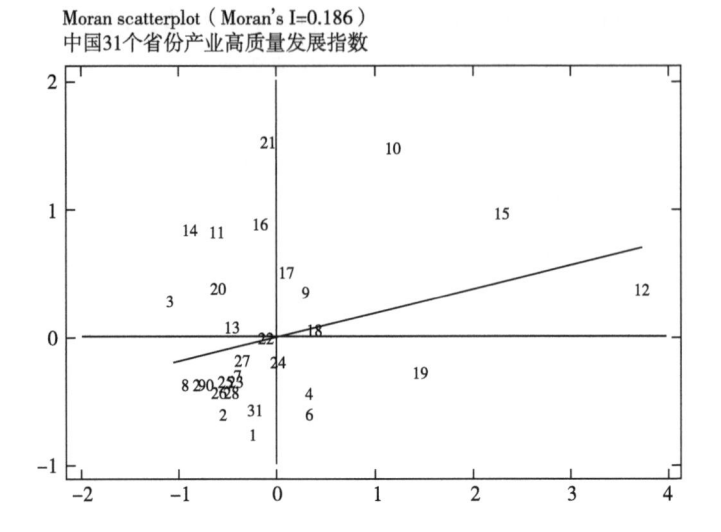

图 8.6 产业高质量发展指数的莫兰散点示意（数值型）

注：1 表示北京，2 表示天津，3 表示河北，4 表示山西，5 表示内蒙古，6 表示辽宁，7 表示吉林，8 表示黑龙江，9 表示上海，10 表示江苏，11 表示浙江，12 表示安徽，13 表示福建，14 表示江西，15 表示山东，16 表示河南，17 表示湖北，18 表示湖南，19 表示广东，20 表示广西，21 表示海南，22 表示重庆，23 表示四川，24 表示贵州，25 表示云南，26 表示西藏，27 表示陕西，28 表示甘肃，29 表示青海，30 表示宁夏，31 表示新疆。

从各地区产业高质量发展指数看，莫兰散点图的四个象限分别对应着空间单元与相邻空间单元间的四种局部空间关联形式（见表8.2）。其中，第一象限代表"高—高"，包含的省份为上海、江苏、安徽、山东、湖南、湖北；第二象限代表"低—高"，包含的省份为河北、浙江、福建、江西、河南、广西；第三象限代表"低—低"，包含的省份为吉林、黑龙江、天津、重庆、宁夏、青海、甘肃、四川、海南、内蒙古、河北、云南、西藏、陕西、新疆；第四象限代表"高—低"，包括的省份为山西、广东、辽宁、贵州。由图8.6可以看出，处于"高—高"和"高—低"的大都是空间距离较近、经济发展水平一致的省份；而处于"低—低"和"低—高"的则为空间距离较远、经济发展水平差距较大的省份。大部分省份分布在第三象限，这些省份大都为空间溢出能力较弱的地区，这充分说明产业高质量发展在地理空间分布上存在明显的空间集聚性。

表 8.2　　　　　　　产业高质量发展的空间关联形式

象限	空间关联形式	所含地区
第一象限	高—高	上海、江苏、安徽、山东、湖南、湖北
第二象限	低—高	河北、浙江、福建、江西、河南、广西
第三象限	低—低	吉林、黑龙江、天津、重庆、宁夏、青海、甘肃、四川、海南、内蒙古、河北、云南、西藏、陕西、新疆
第四象限	高—低	山西、广东、辽宁、贵州

第四节　实证结果分析

一　基准结果分析

（一）基于空间滞后模型的分析

本节基于1998—2018年中国31个省级面板数据，分析政策激励、技术创新与产业高质量发展的空间溢出效应，使用空间滞后模型的估计结果如表8.3所示。表8.3同时汇报了使用空间相邻权重矩阵、地理距离权重矩阵和经济距离权重矩阵进行估计的回归结果。可以发现，相比于静态空间滞后模型，动态空间滞后模型加入了含有被解释变量的一阶滞后项，其中，模型1、模型3和模型5为不加入控制变量时的估计结果，产业高质量发展指数的一阶滞后项 $L.score$ 的估计系数均大于0，且通过了1%的显著性水平检验，表明产业高质量发展存在一定的时滞性，当期产业高质量发展水平受前期产业高质量发展水平的影响。同时，产业高质量发展指数的空间滞后项 $w1y\_score$ 的估计系数均大于0，且通过了1%的显著性水平检验，表明政策激励、技术创新对地区产业高质量发展的影响存在明显的地理空间关联性，具体来看，经济距离产生的溢出效应明显大于空间相邻和地理距离产生的溢出效应。这说明，在各地区经济发展过程中，产业高质量发展水平越来越多地受经济关联地区产业高质量发展水平的影响，而不仅仅是各地区在空间上是否相邻或者在地理空间上距离的远近。模型2、模型4和模型6为加入控制变量后的估计结果，尽管在加入控制变量后，滞后一阶的 $L.score$ 和空间滞后项 $w1y\_score$ 的估计系数略有变化，但依然显著为正，表明了估计结果的稳健性。

从核心解释变量政策激励的估计系数看，无论是使用空间相邻权重矩阵、地理距离权重矩阵还是经济距离权重矩阵，$policy$ 的估计系数均显著为正，且至少通过了5%的显著性水平检验，表明省级政策激励能显著促进地区产业高质量发展，也就是说，政府实施的激励政策在推动地区产业高质量发展中的作用是有效的，这一结果在一定程度上支持了产业政策的有效性，即政府应当积极作为，通过精准的政策激励，助推地区产业高质量发展。从另一核心解释变量技术创新的估计系数看，无论是使用空间相邻权重矩阵、地理距离权重矩阵还是经济距离权重矩阵，$patent$ 的估计系数均大于0，且通过了1%的显著性水平检验，表明地区技术创新能力能显著提升产业高质量发展水平。技术驱动产业高质量发展的效应是明显的，产业高质量发展在很大程度上依赖技术创新，以提高劳动生产率、淘汰落后产能、促进产业的高效化与绿色化。

表 8.3　　基于空间滞后模型的估计结果

	被解释变量：产业高质量发展指数					
	空间相邻权重矩阵		地理距离权重矩阵		经济距离权重矩阵	
	模型1	模型2	模型3	模型4	模型5	模型6
$L.score$	0.997*** (0.006)	0.559*** (0.045)	0.628*** (0.013)	0.532*** (0.031)	1.000*** (0.012)	0.871*** (0.033)
$w1y\_score$	0.024*** (0.002)	0.123*** (0.008)	0.023*** (0.001)	0.021*** (0.001)	8.867*** (2.058)	9.986** (4.261)
$policy$	0.257*** (0.035)	0.349** (0.134)	0.213** (0.087)	0.305** (0.122)	0.200*** (0.033)	0.160*** (0.027)
$patent$	0.516*** (0.015)	1.192*** (0.261)	0.165*** (0.061)	0.625*** (0.146)	0.460*** (0.026)	0.523*** (0.116)

续表

	被解释变量：产业高质量发展指数					
	空间相邻权重矩阵		地理距离权重矩阵		经济距离权重矩阵	
	模型1	模型2	模型3	模型4	模型5	模型6
hc		0.562* (0.309)		0.292 (0.292)		-0.340** (0.138)
$captial1$		0.608** (0.296)		1.064*** (0.246)		-0.062 (0.097)
$consume1$		3.304** (1.496)		1.457 (0.991)		0.209 (0.702)
$fin1$		-0.217*** (0.018)		-0.184*** (0.022)		0.041*** (0.010)
$popu1$		39.289*** (12.976)		1.680*** (0.249)		31.645*** (7.070)
$Constant$	-5.132*** (0.147)	-30.620*** (3.562)	-1.544*** (0.564)	-8.326*** (2.448)	-4.632*** (0.261)	-6.984*** (1.741)
观测数	620	620	620	620	620	620
Sargan 检验	0.232	0.245	0.357	0.382	0.183	0.194

注：***、**、*分别表示1%、5%和10%的显著性水平；括号中的数值表示聚类稳健标准误。下同。

（二）基于空间误差模型的分析

空间误差模型主要用来反映相邻（包括地理距离和经济距离）地区的被解释变量在受到随机误差项冲击而发生变化时对本区域观测值可能带来的影响，它与空间自回归模型的不同之处在于，各地区之间的空间结构联系主要体现在误差项中。换句话说，其他地区的产业高质量发展在受到随机误差项冲击而变化时，与之关联的本地区的产业高质量发展是否受到影响，这是检验不同地区的要素及其变化是否存在空间联系的又一重要方面。基于空间误差模型的估计结果如表8.4所示，误差项的空间自回归系数的估计值满足5%的显著性水平检验，说明存在明显的空间误差效应。模型1、模型3和模型5为不加入控制变量时的估计结果，$policy$ 和 $patent$ 的估计系数均大于0，且均通过了1%的显著性水平检验，表明在空间误差模型下，政策激励和技术创新能显著影响地区的产业高质量发展水平,从而进一步证明了产业高质量发展在地区间存在空间溢出效应,相邻地区的发展会通过扩散效应影响本地区的发展,同时,本地区产业高质量发展水平的变化也会引起空间关联区域产业发展质量的变化。从不同空间权重矩阵的估计结果看,核心解释变量的估计系数差异并不明显。

表 8.4　　　　　　　基于空间误差模型的估计结果

	被解释变量:产业高质量发展指数					
	空间相邻权重矩阵		地理距离权重矩阵		经济距离权重矩阵	
	模型 1	模型 2	模型 3	模型 4	模型 5	模型 6
$policy$	0.650*** (0.046)	0.619*** (0.046)	0.712*** (0.056)	0.624*** (0.046)	0.687*** (0.046)	0.621*** (0.037)
$patent$	9.124*** (0.075)	9.030*** (0.076)	6.581*** (0.076)	6.061*** (0.076)	9.124*** (0.075)	8.994*** (0.051)
hc		8.201*** (0.053)		7.243*** (0.079)		8.249*** (0.052)
$captial1$		2.575*** (0.135)		3.143*** (0.215)		2.724*** (0.137)
$consume1$		0.458*** (0.023)		0.739*** (0.123)		0.494*** (0.024)
$fin1$		9.036*** (0.896)		9.042*** (0.716)		8.925*** (0.953)
$popu1$		0.423*** (0.011)		0.728*** (0.062)		0.425*** (0.011)
观测数	651	620	620	620	651	651
δ^2	0.419***	0.308***	0.319***	0.333***	0.347***	0.403***
Log-L	88.73***	95.65***	85.71***	76.96***	78.23***	74.80***
F 值	371.82***	401.91***	361.62***	435.63***	382.93***	391.71***

二　政策激励的溢出效应分析

为考察某地区产业高质量发展水平除受本地区的因素影响外,是否还受周围地区政策激励与技术创新水平等因素的影响,本部分进一步建立空间杜宾模型。空间杜宾模型主要是分析地区被解释变量依赖

第八章 政策激励、技术创新与产业高质量发展的溢出效应研究

于相邻地区被解释变量和解释变量的情况,其空间依赖性主要反映在解释变量中含有相邻地区的被解释变量和解释变量的变化因素。表 8.5 呈现了政策激励、技术创新影响产业高质量发展的空间杜宾模型的估计结果,其中,模型 1、模型 3 和模型 5 为不加入控制变量时的空间杜宾模型的估计结果,在滞后 1 期的产业高质量发展指数作为变量纳入计量模型时,*L.score* 的估计系数均大于 0,且通过了 1%的显著性水平检验,表明各地区的产业高质量发展水平存在一定时间上的关联性,当期的产业高质量发展水平受前期产业高质量发展水平的影响,这一结果与前文保持了一致。从核心解释变量的估计系数看,*policy* 和 *patent* 的系数均显著为正,表明政策激励、技术创新能显著提升各地区的产业高质量发展水平。同时,以经济距离权重矩阵估计的结果明显大于空间相邻权重矩阵和地理距离权重矩阵的估计结果,也就是说,各地区产业发展的联系性不仅取决于空间上是否相邻或地理上是否更近,还取决于是否在更大的经济圈范围内产生影响。

从空间滞后因素看,在不同的空间权重矩阵设定模式下,估计结果存在一定的差异,在空间相邻权重矩阵和地理距离权重矩阵的设定下(模型 1—模型 4),*w1x_policy* 的估计系数显著为正,即相邻地区的政策激励效应对本地区的产业高质量发展的影响是显著的,但这一结果并不稳健,会受其他空间滞后因素的影响;在经济距离权重矩阵的设定下(模型 5 和模型 6),相邻地区的政策激励对本地区的产业高质量发展的影响是显著且稳健的,并不受其他空间滞后因素的影响。这再一次说明了,各地区间的经济联系是政策激励推动产业高质量发展溢出效应的重要决定因素。从技术创新的空间滞后因素看,在空间相邻权重矩阵和地理距离权重矩阵的设定下(模型 1—模型 4),*w1x_patent* 的估计系数小于 0,且大都在 1%的显著性水平下显著,表明相邻地区的技术创新对本地区的产业高质量发展水平具有一定的抑制作用,即相邻地区的技术创新与本地区的产业高质量发展水平之间存在一定的虹吸效应。相邻地区的技术创新越强,吸收了本地区越多的大量的创新资源,与此同时,相邻地区相对落后的产能被挤出,甚至转移至周边地区,从而阻碍了本地区产业高质量的发展。在基于经

济距离权重矩阵的空间杜宾估计结果中（模型 5 和模型 6），$w1x\_patent$ 的估计系数并未通过 10% 的显著性水平检验，即从经济关联性上看，相邻地区的技术创新对本地区产业高质量发展水平的影响并不显著。这一结果与事实也基本吻合，各地区产业发展主要以某一中心城市为极点，在某一范围内形成强烈的溢出效应或虹吸效应从而影响周边地区的产业发展质量与水平，因此，空间相邻或者地理距离越近的两个地区，产业的关联性就越大，而空间关联性较远的两个地区，即便存在一定的经济联系，一地区的产业高质量发展水平也难以影响另一地区的产业高质量发展水平。

表 8.5　　　　　　　　基于空间杜宾模型的估计结果

	被解释变量：产业高质量发展指数					
	空间相邻权重矩阵		地理距离权重矩阵		经济距离权重矩阵	
	模型 1	模型 2	模型 3	模型 4	模型 5	模型 6
$L.score$	0.646*** (0.022)	0.539*** (0.066)	0.636*** (0.015)	0.618*** (0.086)	1.026*** (0.010)	0.901*** (0.063)
$policy$	0.122*** (0.019)	0.143*** (0.031)	0.385*** (0.124)	0.366*** (0.119)	0.459*** (0.050)	0.462*** (0.167)
$Patent$	0.294*** (0.075)	0.426*** (0.132)	0.466*** (0.120)	0.312*** (0.041)	0.358*** (0.108)	0.891*** (0.047)
hc		1.514* (0.896)		0.314 (2.487)		−0.909 (1.087)
$captial1$		0.576 (0.501)		0.927* (0.545)		0.098 (0.209)
$consume1$		2.504* (1.362)		1.531 (2.919)		−0.812 (2.142)
$fin1$		−0.167*** (0.042)		−0.193*** (0.044)		0.035* (0.018)
$popu1$		39.169 (38.722)		1.787 (1.191)		30.805* (17.988)
$w1x\_policy$	0.183*** (0.033)	0.009 (0.228)	0.014*** (0.001)	0.001 (0.001)	7.980*** (1.947)	16.371*** (4.348)
$w1x\_patent$	−0.114*** (0.042)	−0.481*** (0.183)	−0.032* (0.018)	−0.023*** (0.002)	3.671 (34.434)	24.117 (159.411)

续表

	被解释变量：产业高质量发展指数					
	空间相邻权重矩阵		地理距离权重矩阵		经济距离权重矩阵	
	模型1	模型2	模型3	模型4	模型5	模型6
$w1x\_hc$		−0.388 (0.240)		0.001 (0.001)		67.648 (117.463)
$w1x\_captial1$		0.137 (0.200)		0.012*** (0.001)		−38.431* (21.310)
$w1x\_consume1$		−0.276 (1.316)		0.031*** (0.001)		−418.617 (366.203)
$w1x\_fin1$		0.029* (0.017)		0.002 (0.002)		18.557*** (5.014)
$w1x\_popu1$		−14.749*** (5.620)		0.001 (0.001)		−634.454 (780.639)
Constant	3.025*** (0.471)	24.536* (13.724)	3.841*** (0.290)	26.980*** (4.134)	−4.039*** (0.269)	21.414* (12.373)
观测数	620	620	620	620	620	620
F值	163.27***	278.33***	204.38***	312.71***	168.67***	401.37***
Log-L	715.446	813.624	801.572	725.398	629.684	696.133
Adj-R^2	0.858	0.919	0.797	0.756	0.893	0.952

三 时空异质性分析

上文实证了各地区政策激励、技术创新对产业高质量发展的影响存在明显的空间关联性和时间滞后性，一方面，当期产业高质量发展水平取决于前期产业高质量发展水平，即产业高质量发展需要依赖一定的基础；另一方面，某一地区的产业高质量发展水平受周边及其他区域产业高质量发展水平的影响，即产业高质量发展具有一定的空间差异和局部集聚特征，这是因为产业高质量发展依赖大量创新性资源的投入，政策激励推动的产业高质量发展则形成了加剧资源在不同地区间转移、配置的信号，从而强化了资源输入地区产业高质量发展的基础。为了进一步从空间差异和时间联系上分析这一结果，本部分将进行时间和空间的异质性分析。

(一) 基于不同经济发展阶段的分析

从时间异质性（不同发展阶段）看，2008年是产业发展的重要分水岭。2008年国际金融危机改变了全球资源的流动方式和配置形式，为应对国际金融危机的影响，中国也出台了一系列经济和产业发展的政策（如"四万亿"财政刺激计划、十大产业振兴规划），对中国之后的产业发展方向产生了深远的影响。2008年以前，中国粗放的发展模式对经济增长贡献巨大，而2008年以后中国逐渐进入调整期，转向了经济新常态的发展模式。因此，从产业发展的角度，本部分以2008年为中国产业发展的分界点，将1998—2018年31个省份的面板数据划分为1998—2008年和2009—2018年两个阶段，从而对比在不同的经济发展阶段政策激励、技术创新影响产业高质量发展的溢出效应。

表8.6呈现了不同发展阶段空间自回归模型的估计结果。模型1和模型4为空间相邻权重矩阵的估计结果，模型2和模型5为地理距离权重矩阵的估计结果，模型3和模型6为经济距离权重矩阵的估计结果，从被解释变量产业高质量发展指数 $L.score$ 的滞后项看，估计系数因不同阶段不同的空间权重矩阵设定而存在一定差异，在第一阶段（1998—2008年），$L.score$ 的估计系数均显著为正，且通过了1%的显著性水平检验，表明在此阶段产业高质量发展水平取决于前期产业高质量发展水平。在第二阶段（2009—2018年），$L.score$ 的估计系数的显著性均满足了1%的显著性水平，但系数正负却有所不同，在空间相邻权重矩阵和地理距离权重矩阵设定的回归中小于0，而在经济距离权重矩阵设定的回归中大于0，这表明在此阶段产业高质量发展的滞后性并不稳健。

从空间滞后因素看，$w1y\_score$ 也因不同阶段不同的空间权重矩阵设定而存在一定差异。在第一阶段中，$w1y\_score$ 的估计系数均显著为正，表明此阶段其他区域的产业高质量发展水平能显著影响本地区产业高质量发展水平，即产业高质量发展存在明显的空间溢出效应。但是，在第二阶段中，$w1y\_score$ 的系数仅在空间相邻权重矩阵设定中的回归中大于0，且通过了1%的显著性水平检验，而在地理距离权重矩阵设定中不显著,在经济距离权重矩阵设定中显著为负,这说明此阶段产业高质量发展的空间溢出效应仅存在于相邻地区间,即空间地理相邻为产业高质量发展提供了相互溢出的可能。这一结果也基本符合中国近十年产业发展的实践与现状,产业高质量发展的空间集聚效应逐渐凸显,越是空间邻近的区域,产业发展的协同效应和关联性往往也越强;空间距离偏远的地区因为资源的分散性,中心地区的产业辐射与扩散效应难以覆盖,因而难以与其他产业高质量发展的地区建立联系。

表 8.6　　　　　　　　基于不同发展阶段的回归结果分析

	被解释变量:产业高质量发展指数					
	第一阶段(1998—2008 年)			第二阶段(2009—2018 年)		
	模型 1	模型 2	模型 3	模型 4	模型 5	模型 6
$L.score$	0.924*** (0.040)	0.850*** (0.030)	1.148*** (0.022)	-0.553*** (0.032)	-0.239*** (0.014)	0.663*** (0.017)
$w1y\_score$	0.058*** (0.005)	0.012*** (0.003)	8.428*** (2.737)	0.117*** (0.013)	0.005 (0.006)	-18.312*** (5.024)
$policy$	0.032** (0.015)	-0.004 (0.007)	0.033*** (0.010)	0.959*** (0.282)	1.035*** (0.369)	1.069*** (0.223)
$patent$	-0.129 (0.169)	0.107 (0.106)	0.375*** (0.043)	1.270*** (0.358)	1.128*** (0.273)	0.513** (0.206)
hc	-0.091 (0.056)	0.057 (0.056)	0.057 (0.043)	-0.069 (0.228)	1.079*** (0.191)	-0.999*** (0.149)
$captial$	0.051 (0.126)	-0.092** (0.046)	0.276*** (0.035)	1.758*** (0.140)	2.095*** (0.152)	-0.340*** (0.082)
$consume$	-0.574 (1.221)	1.440 (1.474)	0.004 (0.912)	-0.374 (0.927)	-5.111*** (0.578)	0.075 (0.650)
fin	0.144*** (0.032)	0.085** (0.036)	-0.015 (0.019)	-0.004 (0.014)	0.067*** (0.015)	0.069*** (0.011)
$popu$	9.914*** (3.480)	0.478*** (0.055)	3.420*** (1.314)	-8.028 (32.884)	-1.963*** (0.267)	93.412*** (21.901)
Constant	-3.986*** (1.267)	-3.054*** (0.631)	-6.398*** (0.661)	8.961 (11.794)	-4.549 (3.092)	-31.102*** (7.317)
观测数	310	310	310	279	279	279

从核心解释变量政策激励对产业高质量发展的影响看，policy 的估计系数在不同的发展阶段具有明显的异质性。在第一阶段（1998—2008 年），仅在空间相邻权重矩阵和经济距离权重矩阵设定中 policy 的估计系数显著为正，且至少通过了 5% 的显著性水平检验，而在地理距离权重矩阵设定中，policy 的估计系数并未通过 10% 的显著性水平检验。在第二阶段（2009—2018 年），无论是在空间相邻权重矩阵、地理距离权重矩阵还是在经济距离权重矩阵设定中，policy 的估计系数均显著为正，且通过了 1% 的显著性水平检验。对比第一阶段和第二阶段 policy 的系数，不难发现，在第二阶段政策激励对产业高质量发展的影响明显大于第一阶段政策激励对产业高质量发展的影响，也就是说，相比于 2008 年以前，近十年来产业高质量发展越来越依赖政府政策的推动。产业高质量发展不同于经济的粗放式发展，需要更加精准的政策引导和激励，以实现中国产业迈向全球价值链中高端。

从技术创新对产业高质量发展的影响看，patent 的估计系数在不同的发展阶段同样表现出明显的异质性。在第一阶段（1998—2008年），仅在经济距离权重矩阵设定中，patent 的估计系数显著为正，且通过了 1% 的显著性水平检验，而在空间相邻权重矩阵和地理距离权重矩阵设定中，patent 的估计系数并未通过 10% 的显著性水平检验。在第二阶段（2009—2018 年），无论是在空间相邻权重矩阵、地理距离权重矩阵还是在经济距离权重矩阵设定中，patent 的估计系数均显著为正，且通过了 1% 的显著性水平检验。这就表明，相比于 2008 年及以前，近十年来技术创新对产业高质量发展的促进作用越来越强。

（二）基于不同区域的分析

从空间异质性上看，东部和中西部地区因为地理禀赋、自然资源、人文环境、产业基础等多种因素的不同，产业发展的区域异质性特征越来越明显。随着城市户籍政策的逐渐放开和交通基础设施的日益完善，人口的跨地域流动特征越来越明显。与此同时，资本、人才、优质项目等向东部沿海城市集聚的特征和趋势逐渐显现，这进一步加剧了空间发展的不均衡。产业高质量发展离不开人才、资金等，离不开对新兴产业发展的依赖，这在一定程度上决定了在不同的空间区域上，产业发展的规模和动力会存在巨大差异。那么，政策激励、技术创新对产业高质量发展影响中的溢出效应是否也存在地域差异，本部分将按照东部和中西部的样本划分标准进行实证分析。

表 8.7 呈现了不同空间区域的回归结果，从被解释变量产业高质量发展指数 L.score 的滞后项看，估计系数因不同地域而存在一定差异。整体上，无论是在空间相邻权重矩阵、地理距离权重矩阵还是在经济距离权重矩阵设定中，在东部地区样本中 L.score 的估计系数并未通过 10% 的显著性水平检验，而在中西部样本中，L.score 的估计系数均大于 0，且通过了 1% 的显著性水平检验。这说明，产业高质量发展的滞后因素主要体现在中西部地区，东部地区因资源流入快、产业发展快等，当期产业高质量发展水平并不过度依赖前期的发展状况。从空间滞后因素看，w1y_score 的估计系数因不同区域而存在一定的差别。无论是在空间相邻权重矩阵、地理距离权重矩阵还是在经济距离权重矩阵设定中，在东部地区样本中，w1y_score 的估计系数均大于 0，且至少通过了 5% 的显著性水平检验，而在中西部样本中，w1y_score 的估计系数均未通过 10% 的显著性水平检验。这说明，地区间产业高质量发展的空间溢出效应在东部地区十分明显，而在中西部地区间并不明显，这或许是因为中西部地区的核心城市相邻较远，同时新兴产业的发展相对较弱，在产业高质量发展中的相互促进作用并不突出。

从核心解释变量政策激励对产业高质量发展的影响看，policy 的估计系数在不同的空间区域中具有明显的异质性。无论是在空间相邻权重矩阵、地理距离权重矩阵还是在经济距离权重矩阵设定中，东部地区样本中 policy 的估计系数均显著为正，且至少通过了 5% 的显著性水平检验，而在中西部样本中，仅在空间相邻权重矩阵和经济距离权重矩阵设定中，policy 的估计系数通过了 10% 的显著性水平检验。对比东中西部地区 policy 的系数大小，不难看出东部地区政策激励对产业高质量发展的影响明显强于中西部地区政策激励对产业高质量发展的影响。这也从侧面反映出，就产业高质量发展而言，东部地区的政策推动力度显著优于中西部地区。

从核心解释变量技术创新对产业高质量发展的影响看，patent 的估计系数同样在不同的空间区域中表现出明显的异质性。无论是在空间相邻权重矩阵、地理距离权重矩阵还是在经济距离权重矩阵设定中，在东部地区样本中，patent 的估计系数均显著为正，且均通过了 5% 的显著性水平检验，而在中西部样本中，patent 的估计系数均不显著。这表明，技术创新对产业高质量发展存在显著的空间异质性特征，这是因为东部地区的技术累积能力强，与产业高质量发展形成了良性互动，而中西部地区的技术创新能力相对薄弱，而产业高质量发展离不开强大的技术创新的推动作用，当技术创新能力累积较弱时，难以满足产业高质量发展的要求，因而较弱的技术创新能力并不能有效促进产业高质量发展。也就是说，推动产业高质量发展需要持续地提升技术创新水平，在形成一定的技术创新的基础和动力后，方能转化成推动产业发展的核心动力。

表 8.7 基于不同空间区域的回归结果

	空间相邻权重矩阵		地理距离权重矩阵		经济距离权重矩阵	
	东部	中西部	东部	中西部	东部	中西部
$L.score$	−3.599 (7.123)	0.459*** (0.162)	−6.963 (7.318)	0.621*** (0.127)	−9.076 (5.752)	0.481*** (0.155)
$w1y\_score$	0.735*** (0.187)	0.145 (0.218)	2.690** (1.319)	1.060 (0.842)	3.575*** (0.441)	1.407 (1.232)
$policy$	1.323*** (0.481)	0.130* (0.068)	1.364** (0.659)	0.002 (0.269)	4.966*** (0.972)	0.084* (0.047)
$patent$	4.111** (1.744)	0.787 (1.132)	3.606** (1.662)	1.068 (1.300)	2.655** (1.056)	0.619 (0.753)
hc	−4.925** (2.281)	−0.190 (0.384)	−2.157** (0.969)	0.194* (0.106)	−0.261*** (0.091)	0.008 (0.245)
$captial1$	−2.940*** (0.349)	0.526* (0.306)	0.446* (0.260)	−0.297 (0.375)	−8.432** (4.194)	0.176 (0.497)
$consume$	0.745** (0.369)	−0.616 (3.070)	5.408** (2.260)	−0.746 (3.661)	3.673*** (0.546)	−4.304** (2.128)
$fin1$	0.704 (1.688)	0.037 (0.048)	1.861** (0.888)	0.047 (0.076)	2.000* (1.026)	0.066 (0.053)

续表

	空间相邻权重矩阵		地理距离权重矩阵		经济距离权重矩阵	
	东部	中西部	东部	中西部	东部	中西部
$popu1$	5.775 (2.390)	-3.081** (1.328)	-4.129 (5.036)	-8.264** (3.452)	0.170 (8.954)	-8.061*** (2.029)
Constant	224.100 (137.751)	0.468 (14.273)	885.815* (458.195)	8.431 (31.210)	92.765 (137.566)	1.547 (14.367)
观测数	220	400	220	400	220	400
F 值	413.14***	368.44***	274.59***	431.85***	566.83***	489.12***
Log-L	834.346	763.524	791.862	810.238	643.185	675.221
Adj-R^2	0.843	0.832	0.791	0.866	0.813	0.901

第五节 中介机制检验

上文已经证实了政策激励、技术创新影响产业高质量发展的溢出效应，而各地区的产业高质量发展具有明显的空间关联性特征，且作用效果会因不同的空间地域和不同的经济发展阶段而有所差异。那么，技术创新是否在政策激励影响产业高质量发展中具有中介作用，即政策激励先通过促进技术创新，进而实现了产业高质量发展呢？本节使用中介效应模型对此进行实证检验。中介机制分析强调一个变量对另一个变量的影响是否通过其他中间变量实现，参考温忠麟等的中介机制检验设计思路，建立下面的中介效应模型：

$$Score_{it} = \alpha_{11} + \varphi_{11} policy_{it} + \kappa_{j2} Z_{it} + \delta_i + \mu_t + \varepsilon_{it} \quad (8.10)$$

$$Patent_{it} = \alpha_{12} + \rho_{12} policy_{it} + \kappa_{j3} Z_{it} + \delta_i + \mu_t + \varepsilon_{it} \quad (8.11)$$

$$Score_{it} = \alpha_{13} + \varphi_{13} innovate_{it} + \eta_{13} patent_{it} + \kappa_{j4} Z_{it} + \delta_i + \mu_t + \varepsilon_{it} \quad (8.12)$$

其中，$Score$ 为被解释变量，表示产业高质量发展；$Patent$ 为中介变量，表示技术创新；其他变量的说明与前文保持一致。

模型（8.10）用来检验主效应，即政策激励对产业高质量发展的影响；模型（8.11）用来检验解释变量对中介变量的影响；模型

(8.12) 用来检验在控制其他变量的情况下中介变量对被解释变量的影响。若 φ_{11}、ρ_{12}、φ_{13}、η_{13} 在统计上同时显著,则中介变量起到部分中介作用;若 φ_{11}、ρ_{12}、η_{13} 显著,而 φ_{13} 不显著,则中介变量起到完全中介作用。

表 8.8 呈现了中介效应模型的估计结果,模型 1、模型 3 和模型 5 为不加入控制变量时的估计结果。模型 1 中 policy 的估计系数显著为正,且通过了 1% 的显著性水平检验,表明在主效应中,政策激励能显著促进产业高质量发展。模型 3 中 policy 的估计系数大于 0,且通过了 5% 的显著性水平检验,表明政策激励能正向促进中介变量——技术创新的增长。同时将政策激励、技术创新变量加入模型 5 中,policy 和 patent 的估计系数均显著为正,且均通过了 1% 的显著性水平检验,表明技术创新在政策激励影响产业高质量发展中起到了部分中介作用。Sobel 检验进一步证明了技术创新的中介效应是存在的,且测算出技术创新在政策激励影响产业高质量发展中的中介效应作用为 0.352。

表 8.8　　　　　　　　基于中介效应的分析

	产业高质量发展		技术创新		加入中介变量	
	模型 1	模型 2	模型 3	模型 4	模型 5	模型 6
policy	2.209*** (0.358)	0.452*** (0.173)	0.047** (0.022)	0.105*** (0.022)	2.349*** (0.353)	0.536*** (0.175)
patent					2.977*** (0.639)	0.798** (0.317)
hc		0.686 (0.502)		0.311*** (0.065)		0.437 (0.509)
captial1		−0.454*** (0.099)		−0.005 (0.013)		−0.450*** (0.099)
consume1		10.318*** (0.864)		−0.341*** (0.111)		10.591*** (0.867)
fin1		0.039 (0.024)		0.014*** (0.003)		0.028 (0.024)

续表

	产业高质量发展		技术创新		加人中介变量	
	模型 1	模型 2	模型 3	模型 4	模型 5	模型 6
$popu1$		−10.485 (6.868)		−4.420*** (0.885)		−6.955 (6.979)
$trade$		3.046*** (0.244)		0.164*** (0.031)		2.916*** (0.248)
地区控制	是	是	是	是	是	是
时间控制	是	是	是	是	是	是
_cons	2.587** (1.022)	2.654 (4.513)	7.420*** (0.064)	7.036*** (0.581)	−19.503*** (4.846)	−2.963 (5.017)
Sobel 检验	0.352 (z=7.643, p=0.000)						
观测数	651	651	651	651	651	651
F 值	9.250	118.761	384.311	344.499	10.121	115.774
Adj-R^2	0.518	0.899	0.970	0.974	0.534	0.900

第六节 本章小结

本章基于1998—2018年31个省份的平衡面板数据，建立多维度空间面板模型和中介效应模型，实证检验了政策激励、技术创新与产业高质量发展的溢出效应关系。研究表明，政府实施一定的创新激励政策在推动地区产业高质量发展中的作用是有效的，即政府应当积极作为，通过精准的政策激励，助推地区产业高质量发展。同时，技术驱动产业高质量发展的效应是明显的，产业高质量发展在很大程度上依赖技术创新提高劳动生产率，淘汰落后产能，促进产业的高效化与绿色化。从空间溢出效应看，政策激励、技术创新对地区产业高质量发展的影响存在明显的地理空间关联性，具体来看，因经济距离产生的溢出效应明显大于因空间相邻和地理距离产生的溢出效应。这说明，在各地区经济发展过程中，产业高质量发展水平越来越多地受经济关联地区产业高质量发展的影响，而不仅仅是各地区间在空间上是否相邻或者在地理空间上距离的远近。也就是说，政策激励本身不仅促进了本地区的产业发展，而且通过溢出效应辐射到全国其他地区，加速了不同区域要素的空间流动，为政策策源地产业发展积累了各类资源和要素，从而进一步促进该地区的产业高质量发展。

从异质性上看，政策激励、技术创新影响产业高质量发展的空间溢出效应明显受经济发展阶段和地区发展水平差异的影响。产业高质量发展的空间集聚效应逐渐凸显，越是空间邻近的区域，产业发展的协同效应和关联性往往也越强；空间距离偏远的地区因为资源的分散性，中心地区的产业辐射与扩散效应难以覆盖，因而该地区的产业发展难以与其他产业高质量发展的地区建立联系。同时，技术创新对产业高质量发展的影响存在显著的空间异质性特征，这是因为东部地区的技术累积能力强，与产业的高质量发展形成了良性互动，而中西部地区的技术创新能力相对薄弱，并不能有效促进产业高质量发展。

从影响渠道上看，技术创新在政策激励影响产业高质量发展中起到了部分中介作用，即政府实施的政策对产业高质量发展的影响在很大程度上是通过提升技术进步实现的。也就是说，产业的竞争力和高质量的发展依然离不开核心技术的创新驱动能力，政策的实施也应重点激励核心技术能力的突破，通过要素累积为技术创新提供基础和保障。

第九章　结论、建议与研究展望

党的十九大报告指出，中国经济已转向高质量发展的新阶段。经济高质量发展离不开产业高质量发展，回顾改革开放以来中国产业的发展史，政策引导、技术革新、产业升级是一以贯之的逻辑主线。在全面转向经济高质量发展的新阶段，政府的政策激励、技术创新与产业高质量发展之间存在怎样的关系？本书从理论与实证角度进行了分析与检验，得出了许多重要结论，并据此提出在政策激励下依靠技术创新作为重要动力推进产业高质量发展的政策建议。最后，本书还对这一问题的后续研究进行了展望。

第一节　主要结论与政策建议

一　主要研究结论

（一）关于政策激励与技术创新

基于2003—2019年中国 A 股上市公司数据，本书从微观视角实证分析了政策激励在投入—产出—质量三个维度对企业技术创新的影响。研究发现，创新政策激励能显著促进企业加大研发投入，提高创新产出数量，但是对于提升企业技术创新质量的作用却极为有限。进一步加入与政策激励相对应的市场竞争的因素后，研究发现，市场竞争对于政策激励提升企业创新质量具有明显的调节作用。也就是说，创新政策在很大程度上激励了规模创新，但具有更高技术含量的质量型创新却依赖于市场竞争的调节效应，即政策激励与市场竞争在推进中国技术创新中具有互补的效应。当创新处于低水平阶段时，数量型创新占主导地位，此时的政策激励能够最大限度地鼓励并推动企业创新，提高创新产出。但是，当创新逐渐向更高水平迈进时，企业技术创新的政策激励效应逐渐减弱，此时，应当充分发挥市场在资源配置中的作用，增加市场激励机制，从而更好地促进企业的高质量创新。

本书从企业异质性的角度对政策激励影响企业技术创新活动的作用进行实证分析。研究发现，从企业的生命周期阶段看，创新政策的激励效应对不同生命阶段企业的创新活动的影响具有明显的异质性，对处于成熟期的企业的政策激励效应最为明显。从企业的所有制类型看，尽管创新政策激励促进企业增大研发投入的作用并不存在国有企业和民营企业的显著差别，但在创新产出上会因企业所有制类型的不同而出现明显的异质性。从企业的行业属性看，外部的创新政策激励能够加大企业研发投入的动机，但事实上，非高新技术企业因为本身的研发属性并不明显，因而创新政策的"套利"空间比较大，即使投入大量的研发投入也并未能带来创新产出的上升。从地域差异看，中国创新活动产出效应的空间分布差异是存在的，东部地区的企业受外部政策激励提高创新产出的能力明显高于中西部地区，这可能是因为，东部地区的营商环境、地理禀赋以及企业所在地区的要素资源投入均优于中西部地区，因而侧面助推了企业创新产出的提升。

（二）关于政策激励与产业高质量发展

本书基于2003—2016年269个城市的数据，以创新城市试点这一准自然实验实证分析了创新政策激励对地区产业高质量发展的影响。研究发现，创新政策激励能显著提升地区产业高质量发展水平。整体上，在城市层面实施的创新政策可以优化区域内资源配置和促进创新要素向高附加值产业流动，提升产业质量。然而，创新城市试点对产业高质量发展的影响因地理禀赋、城市规模和经济发展水平的不同而存在一定差异。在东部地区和大城市开展的创新城市试点的政策效果，明显优于在中西部地区和中等规模及以下城市的效果，这说明创新城市试点影响产业高质量发展的政策效果依赖于一定的要素禀赋、产业基础和经济发展阶段，对欠发达地区给予创新政策和投入大量创新资源未必能达到预期效果。此外，微观层面的企业创新激励和生产性服务业集聚是创新城市试点影响地区产业高质量发展的传递机制。尽管创新激励和生产性服务业集聚在创新政策激励影响地区产业高质量发展过程中的中介效应存在一定差异，但整体上，创新政策激励之所以能够协调资源配置和要素流动方向，很大程度上是通过激发企业创新活力和促进生产性服务业集聚实现的。

（三）关于政策激励、技术创新与产业高质量发展的协同效应与溢出效应

本书基于1998—2018年31个省份的平衡面板数据，建立多维度空间面板模型和中介效应模型，实证检验了政策激励、技术创新与产业高质量发展的溢出效应和协同效应关系。研究表明，政府实施一定的创新激励政策在推动地区产业高质量发展中的作用是有效的，即政府应当积极作为，通过精准的政策激励，助推地区产业高质量发展。同时，技术驱动产业高质量发展的效应是明显的，产业高质量发展在很大程度上依赖技术创新提高劳动生产率，淘汰落后产能，促进产业的高效化与绿色化。从空间溢出效应看，政策激励、技术创新对地区产业高质量发展的影响存在明显的地理空间关联性，具体来看，经济距离产生的溢出效应明显大于空间相邻和地理距离产生的溢出效应。这说明，在各地区经济发展过程中，产业高质量发展水平越来越多地受经济关联地区产业高质量发展水平的影响，而不仅仅是各地区间在空间上是否相邻或者在地理空间上距离的远近。也就是说，政策激励本身不但促进了本地区的产业发展，而且通过溢出效应辐射到其他地区，加速不同地区要素的空间流动，为政策策源地产业发展积累了各类资源和要素，从而进一步促进该地区的产业高质量发展。

从异质性上看，政策激励、技术创新与产业高质量发展的空间溢出效应明显受经济发展阶段和地区发展水平差异的影响。产业高质量发展的空间集聚效应逐渐突显，越是空间邻近的区域，产业发展的协同效应和关联性往往也越强，空间距离偏远的地区因为资源的分散性，难以获得中心地区的产业辐射与扩散效应，因而该地区难以与其他产业高质量发展的地区建立联系。同时，技术创新对产业高质量发展的影响存在显著的空间异质性特征，这是因为东部地区的技术累积

能力强,与产业的高质量发展形成了良性互动,而中西部地区的技术创新能力相对薄弱,难以满足产业高质量发展的要求,并不能有效促进产业高质量发展。

从影响渠道上看,技术创新在政策激励影响产业高质量发展中起到了部分中介作用,即政府实施的政策对产业高质量发展的影响很大程度上是通过促进技术进步实现的。也就是说,产业的竞争力和高质量发展依然离不开核心技术的创新驱动能力,政策的实施也应重点激励核心技术能力的突破,通过要素累积为技术创新提供基础和保障。

二 政策建议

基于本书的研究结论,可以得到如下政策建议。

第一,就企业的技术创新而言,核心技术创新是企业提升竞争力的关键,但是企业开展技术创新活动的长期投入与企业追求短期利润的目标不匹配,并且研发的不确定性风险也使得技术创新活动具有很强的外部性。因此,政府应当对企业技术创新活动进行一定的补偿。但是,也要避免政府政策激励可能加剧企业短期创新偏好的风险,应通过精准化的政策支持,真正扶持那些开展基础研发与技术创新攻关的企业。一方面,通过完善资本市场的资金融通渠道和风险评估机制,降低资金流通门槛和制度壁垒,引导社会资金流向那些长期性的技术创新项目,同时严密监测企业资金流向,严防专项创新研发资金"变相"流入金融、房地产等领域。另一方面,政府应该采用"事前补贴"和"事后补贴"相结合的政策扶持体系,在企业研发活动亟须资金的情况下,通过财政补贴和税收减免的方式降低企业运营成本,提高企业研发投入的稳定性和持续性。

第二,应当加大由政府主导的创新投入力度,充分发挥完善的创新体系对地区经济与产业高质量发展的促进和协调作用。高端制造业升级面临着许多核心技术壁垒,难以通过私人资本形成的研发力量进行突破,因而必须依赖政府主导下的大量创新资源的汇聚,形成规模效应和知识溢出效应,才能形成完整的高端制造业产业链,实现制造业强国。创新激励政策需要结合区域的禀赋和要素特征,根据地区发展的不同阶段和产业基础,因地制宜发展本地特色产业,形成区域间的比较优势,助力产业高质量发展,避免在地理禀赋较差的地区"一刀切"式投入大量创新要素,导致资源错配。依托创新驱动发展战略,形成"由点到面"的都市圈建设,提高生产服务业集聚程度,引导研发资源向技术创新的相关领域进行转移和配置,发挥创新资源集聚的知识外溢效应与规模效应,加速中国高端制造业的转型升级。

第三,中国产业高质量发展空间关联性越来越紧密,创新激励政策的空间溢出效应十分强烈,对地域的技术创新能力的累积过程产生重要影响。因此,应当以地域增长极和大都市圈建设为思路,发挥中心城市的核心带动与辐射作用,充分发挥规模经济效应和产业高质量发展的空间溢出效应。政府应当进一步强化市场在资源配置中的作用,疏通要素市场上的流通性障碍,形成各类资源集聚发展的新模式。同时,也应发挥政府在区域协调发展中的引导作用,避免资源的过度分散和盲目投资,减少资源错配出现的概率。

第二节　研究展望

本书从理论与实证的角度对政策激励、技术创新与产业高质量发展的关系进行了分析,对既有文献中相关研究的不足进行了补充。但是,由于目前数据条件的限制,仍有许多问题值得未来深入研究。一方面,对创新质量的考察应当从原始创新和基础性创新的角度进一步设计合理的指标进行测度,以真正反映前沿技术差距和中国实施核心技术追赶与跨越政策的方向。另一方面,产业高质量发展是近年来新兴的热门话题,如何从理论与实证角度进一步论述,仍是未来重点探究的课题。产业高质量发展不同于产业结构升级,后者仅仅是产业结构和技术效率层次的讨论,而前者则具有更深刻的内涵,如产业供需结构是否合理、要素配置效率是否完善、产业绿色化是否提高、核心技术自给率是否上升等。这有待未来进一步研究与拓展。

参考文献

白旭云、王砚羽、苏欣：《研发补贴还是税收激励——政府干预对企业创新绩效和创新质量的影响》，《科研管理》2019 年第 6 期。

包群、刘蓉：《贸易开放与经济增长：基于政策协调效果的实证研究》，《世界经济研究》2008 年第 9 期。

昌忠泽、陈昶君、张杰：《产业结构升级视角下创新驱动发展战略的适用性研究——基于中国四大板块经济区面板数据的实证分析》，《经济学家》2019 年第 8 期。

常曦、郑佳纯、李凤娇：《地方产业政策、企业生命周期与技术创新——异质性特征、机制检验与政府激励结构差异》，《产经评论》2020 年第 6 期。

陈爱贞、张鹏飞：《并购模式与企业创新》，《中国工业经济》2019 年第 12 期。

陈玲、杨文辉：《政府研发补贴会促进企业创新吗？——来自中国上市公司的实证研究》，《科学学研究》2016 年第 3 期。

成力为、赵晏辰、吴薇：《经济政策不确定性、融资约束与企业研发投资——基于 20 国（地区）企业的面板数据》，《科学学研究》2021 年第 2 期。

崔也光、姜晓文、王守盛：《财税政策对企业自主创新的支持效应研究——基于经济区域的视角》，《经济与管理研究》2017 年第 10 期。

戴晨、刘怡：《税收优惠与财政补贴对企业 R&D 影响的比较分析》，《经济科学》2008 年第 3 期。

邓向荣、冯学良、李仲武：《网络关注度对企业创新激励效应的影响机制研究——基于中国 A 股上市公司数据的实证分析》,《中央财经大学学报》2020 年第 9 期。

干春晖、郑若谷、余典范:《中国产业结构变迁对经济增长和波动的影响》,《经济研究》2011 年第 5 期。

高康、原毅军:《生产性服务业空间集聚如何推动制造业升级?》,《经济评论》2020 年第 4 期。

顾夏铭、陈勇民、潘士远:《经济政策不确定性与创新——基于我国上市公司的实证分析》,《经济研究》2018 年第 2 期。

郭然、原毅军:《环境规制、研发补贴与产业结构升级》,《科学学研究》2020 年第 12 期。

郭玥:《政府创新补助的信号传递机制与企业创新》,《中国工业经济》2018 年第 9 期。

韩永辉、黄亮雄、王贤彬:《产业政策推动地方产业结构升级了吗?——基于发展型地方政府的理论解释与实证检验》,《经济研究》2017 年第 8 期。

何凌云等:《政府补贴、税收优惠还是低利率贷款?——产业政策对环保产业绿色技术创新的作用比较》,《中国地质大学学报》(社会科学版)2020 年第 6 期。

胡浩然:《择优政策选择如何影响企业绩效——以经济技术开发区为例的准自然实验》,《当代财经》2018 年第 8 期。

黄先海、宋学印:《准前沿经济体的技术进步路径及动力转换——从"追赶导向"到"竞争导向"》,《中国社会科学》2017 年第 6 期。

霍春辉、田伟健、张银丹:《创新型城市建设能否促进产业结构升级——基于双重差分模型的实证分析》,《中国科技论坛》2020 年第 9 期。

江兵:《企业入驻高新技术园区提高了创新绩效吗?——基于倾向得分匹配的实证研究》,《科技管理研究》2018 年第 13 期。

姜国华、饶品贵:《宏观经济政策与微观企业行为——拓展会计与财务研究新领域》,《会计研究》2011 年第 3 期。

焦翠红、陈钰芬:《R&D 补贴、寻租与全要素生产率提升》,《统计研究》2018 年第 12 期。

金培振、殷德生、金桩:《城市异质性、制度供给与创新质量》,《世界经济》2019 年第 11 期。

金宇、王培林、富钰媛:《选择性产业政策提升了我国专利质量吗?——基于微观企业的实验研究》,《产业经济研究》2019 年第 6 期。

黎绍凯、李露一:《自贸区对产业结构升级的政策效应研究——基于上海自由贸易试验区的准自然实验》,《经济经纬》2019 年第 5 期。

黎文靖、郑曼妮:《实质性创新还是策略性创新?——宏观产业政策对微观企业创新的影响》,《经济研究》2016 年第 4 期。

李广子、刘力:《产业政策与信贷资金配置效率》,《金融研究》2020 年第 5 期。

李汇东、唐跃军、左晶晶:《用自己的钱还是用别人的钱创新?——基于中国上市公司融资结构与公司创新的研究》,《金融研究》2013 年第 2 期。

李建强、高翔、赵西亮:《最低工资与企业创新》,《金融研究》2020 年第 12 期。

李艳艳、王坤:《企业行为约束下技术创新所得税激励政策效应研究》,《科技进步与对策》2016 年第 4 期。

李长英、赵忠涛:《技术多样化对企业创新数量和创新质量的影响研究》,《经济学动态》2020 年第 6 期。

李政、杨思莹:《国家高新区能否提升城市创新水平?》,《南方经济》2019 年第 12 期。

梁正、邓兴华、洪一晨:《从变革性研究到变革性创新:概念演变与政策启示》,《科学与社会》2017 年第 3 期。

林毅夫、向为、余淼杰:《区域型产业政策与企业生产率》,《经济学(季刊)》2018 年第 2 期。

林毅夫:《新结构经济学与中国发展之路》,《中国市场》2012 年第 50 期。

林洲钰、林汉川、邓兴华：《所得税改革与中国企业技术创新》，《中国工业经济》2013 年第 3 期。

刘放、杨筝、杨曦：《制度环境、税收激励与企业创新投入》，《管理评论》2016 年第 2 期。

刘佳、顾小龙、辛宇：《创新型城市建设与企业创新产出》，《当代财经》2019 年第 10 期。

刘瑞明、赵仁杰：《国家高新区推动了地区经济发展吗？——基于双重差分方法的验证》，《管理世界》2015 年第 8 期。

刘诗源、林志帆、冷志鹏：《税收激励提高企业创新水平了吗？——基于企业生命周期理论的检验》，《经济研究》2020 年第 6 期。

刘伟、张辉、黄泽华：《中国产业结构高度与工业化进程和地区差异的考察》，《经济学动态》2008 年第 11 期。

卢洪友、郑法川、贾莎：《前沿技术进步、技术效率和区域经济差距》，《中国人口·资源与环境》2012 年第 5 期。

卢盛峰、刘潘：《财政支出与区域创新质量——中国省级数据的实证分析》，《宏观质量研究》2015 年第 1 期。

卢馨、郑阳飞、李建明：《融资约束对企业 R&D 投资的影响研究——来自中国高新技术上市公司的经验证据》，《会计研究》2013 年第 5 期。

陆铭：《空间的力量：地理、政治与城市发展》，格致出版社、上海人民出版社 2013 年版。

逯进、王晓飞、刘璐：《低碳城市政策的产业结构升级效应——基于低碳城市试点的准自然实验》，《西安交通大学学报》（社会科学版）2020 年第 2 期。

吕政、张克俊：《国家高新区阶段转换的界面障碍及破解思路》，《中国工业经济》2006 年第 2 期。

马光荣、刘明、杨恩艳：《银行授信、信贷紧缩与企业研发》，《金融研究》2014 年第 7 期。

毛其淋、许家云：《政府补贴对企业新产品创新的影响——基于补贴强度"适度区间"的视角》，《中国工业经济》2015年第6期。

宁靓、李纪琛：《财税政策对企业技术创新的激励效应》，《经济问题》2019年第11期。

彭伟辉、宋光辉：《实施功能性产业政策还是选择性产业政策？——基于产业升级视角》，《经济体制改革》2019年第5期。

钱雪松、丁滋芳、陈琳琳：《缓解融资约束促进了企业创新吗？——基于中国〈物权法〉自然实验的经验证据》，《经济科学》2021年第1期。

冉茂盛、同小歌：《金融错配、政治关联与企业创新产出》，《科研管理》2020年第10期。

任碧云、贾贺敬：《基于内涵重构的中国制造业产业升级测度及因子分析》，《经济问题探索》2019年第4期。

芮明杰、韩佳玲：《产业政策对企业研发创新的影响研究——基于促进创新型产业政策"信心效应"的视角》，《经济与管理研究》2020年第9期。

邵宜航、刘仕保、张朝阳：《创新差异下的金融发展模式与经济增长：理论与实证》，《管理世界》2015年第11期。

宋丽颖、钟飞：《税收优惠政策激励战略性新兴产业发展的效应评价》，《税务研究》2019年第8期。

孙红军、张路娜、王胜光：《科技人才集聚、空间溢出与区域技术创新——基于空间杜宾模型的偏微分方法》，《科学学与科学技术管理》2019年第12期。

单伟、马文、高俊光：《弹性视角下的R&D投入与产出关系研究》，《科学学研究》2017年第7期。

孙文浩：《城市抢"人"大战与企业创新》，《山西财经大学学报》2020年第9期。

孙早、席建成：《中国式产业政策的实施效果：产业升级还是短期经济增长》，《中国工业经济》2015年第7期。

谭静、张建华：《国家高新区推动城市全要素生产率增长了吗？——基于277个城市的"准自然实验"分析》，《经济与管理研究》2018年第9期。

唐荣：《产业政策促进企业价值链升级的有效性研究——来自中国制造企业微观数据的证据》，《当代财经》2020年第2期。

唐荣、黄抒田：《产业政策、资源配置与制造业升级：基于价值链的视角》，《经济学家》2021年第1期。

田祥宇、杜洋洋、李佩瑶：《高管任期交错会影响企业创新投入吗?》，《会计研究》2018年第12期。

田志龙、陈丽玲、顾佳林：《我国政府创新政策的内涵与作用机制：基于政策文本的内容分析》，《中国软科学》2019年第2期。

涂圣伟：《我国产业高质量发展面临的突出问题与实现路径》，《中国发展观察》2018年第14期。

王桂军、张辉：《促进企业创新的产业政策选择：政策工具组合视角》，《经济学动态》2020年第10期。

王立国、鞠蕾：《地方政府干预、企业过度投资与产能过剩：26个行业样本》，《改革》2012年第12期。

王丽纳、李敬、李玉山：《经济政策不确定性与制造业全要素生产率提升——基于中国各省级党报数据的分析》，《财政研究》2020年第9期。

王文甫、明娟、岳超云：《企业规模、地方政府干预与产能过剩》，《管理世界》2014年第10期。

王文祥、史言信：《我国光伏产业困境的形成：路径、机理与政策反思》，《当代财经》2014年第1期。

王晓珍、邹鸿辉、高伟：《产业政策有效性分析——来自风电企业产权性质及区域创新环境异质性的考量》，《科学学研究》2018年第2期。

王瑶、彭凯、支晓强：《税收激励与企业创新——来自"营改增"的经验证据》，《北京工商大学学报》（社会科学版）2021年第1期。

王永进、张国峰：《开发区生产率优势的来源：集聚效应还是选择效应?》，《经济研究》2016年第7期。

温忠麟等：《中介效应检验程序及其应用》，《心理学报》2004 年第 5 期。

文丰安：《生产性服务业集聚、空间溢出与质量型经济增长——基于中国 285 个城市的实证研究》，《产业经济研究》2018 年第 6 期。

吴延兵：《R&D 与生产率——基于中国制造业的实证研究》，《经济研究》2006 年第 11 期。

吴一平、李鲁：《中国开发区政策绩效评估：基于企业创新能力的视角》，《金融研究》2017 年第 6 期。

项后军、巫姣、谢杰：《地方债务影响经济波动吗》，《中国工业经济》2017 年第 1 期。

肖文、林高榜：《政府支持、研发管理与技术创新效率——基于中国工业行业的实证分析》，《管理世界》2014 年第 4 期。

谢伟伟、邓宏兵、王楠：《地理邻近与技术邻近对区域创新的空间溢出效应研究》，《华东经济管理》2019 年第 7 期。

谢子远、吴丽娟：《产业集聚水平与中国工业企业创新效率——基于 20 个工业行业 2000—2012 年面板数据的实证研究》，《科研管理》2017 年第 1 期。

徐伟民：《科技政策、开发区建设与高新技术企业全要素生产率——来自上海的证据》，《中国软科学》2008 年第 10 期。

闫绪娴、曾强：《研发经费提高了创新数量还是创新质量？》，《现代经济探讨》2021 年第 2 期。

颜恩点、李上智：《产能过剩与企业创新——来自 A 股上市公司的经验证据》，《上海管理科学》2020 年第 3 期。

颜晓畅、黄桂田：《政府在高新技术产业发展中的扶持效应——基于国家火炬计划软件产业基地的数据》，《经济科学》2019 年第 6 期。

晏国菀、刘强、陈红冰：《开发区与企业创新——基于中国开发区审核公告目录的数据》，《外国经济与管理》2020 年第 9 期。

晏艳阳、吴志超：《创新政策对全要素生产率的影响及其溢出效应》，《科学学研究》2020 年第 10 期。

杨其静：《企业成长：政治关联还是能力建设?》，《经济研究》2011 年第 10 期。

杨仁发、李胜胜：《创新试点政策能够引领企业创新吗？——来自国家创新型试点城市的微观证据》，《统计研究》2020 年第 12 期。

杨亭亭、段军山：《股票流动性与上市公司创新质量》，《云南财经大学学报》2019 年第 6 期。

杨幽红：《创新质量理论框架：概念、内涵和特点》，《科研管理》2013 年第 S1 期。

叶静怡等：《中国国有企业的独特作用：基于知识溢出的视角》，《经济研究》2019 年第 6 期。

衣莉芹：《地域发展效应视域下会展活动运营研究》，知识产权出版社 2021 年版。

衣莉芹：《农业会展经济影响路径、机理与效应研究》，知识产权出版社 2021 年版。

余东华、吕逸楠：《政府不当干预与战略性新兴产业产能过剩——以中国光伏产业为例》，《中国工业经济》2015 年第 10 期。

余明桂、范蕊、钟慧洁：《中国产业政策与企业技术创新》，《中国工业经济》2016 年第 12 期。

余泳泽等：《中国城市全球价值链嵌入程度与全要素生产率——来自 230 个地级市的经验研究》，《中国软科学》2019 年第 5 期。

余泳泽、刘大勇：《我国区域创新效率的空间外溢效应与价值链外溢效应——创新价值链视角下的多维空间面板模型研究》，《管理世界》2013 年第 7 期。

余泳泽、孙鹏博、宣烨：《地方政府环境目标约束是否影响了产业转型升级?》，《经济研究》2020 年第 8 期。

余泳泽、张少辉、杨晓章：《税收负担与"大众创业、万众创新"——来自跨国的经验证据》，《经济管理》2017 年第 6 期。

俞立平、龙汉：《创新：集聚、速度与升级》，《上海经济研究》2019 年第 11 期。

袁航、朱承亮：《智慧城市是否加速了城市创新?》，《中国软科学》2020年第12期。

袁建国、后青松、程晨：《企业政治资源的诅咒效应——基于政治关联与企业技术创新的考察》，《管理世界》2015年第1期。

袁其刚、刘斌、朱学昌：《经济功能区的"生产率效应"研究》，《世界经济》2015年第5期。

张纯、潘亮：《转型经济中产业政策的有效性研究——基于我国各级政府利益博弈视角》，《财经研究》2012年第12期。

张帆：《多因素交叉影响的企业的创新激励效应及动力机制研究——基于博弈关系的视角》，《当代经济科学》2017年第6期。

张国庆、李卉：《财税政策影响产业升级的理论机制分析——基于地方政府竞争视角》，《审计与经济研究》2020年第6期。

张嘉望、彭晖、李博阳：《地方政府行为、融资约束与企业研发投入》，《财贸经济》2019年第7期。

张健、鲁晓东：《产业政策是否促进了中国企业出口转型升级》，《国际贸易问题》2018年第5期。

张杰等：《融资约束、融资渠道与企业R&D投入》，《世界经济》2012年第10期。

张杰等：《中国创新补贴政策的绩效评估：理论与证据》，《经济研究》2015年第10期。

张杰：《政府创新补贴对中国企业创新的激励效应——基于U型关系的一个解释》，《经济学动态》2020年第6期。

张杰、周晓艳、李勇：《要素市场扭曲抑制了中国企业R&D?》，《经济研究》2011年第8期。

张劲松、李宇航：《高管团队风险偏好对上市公司研发投入的影响研究》，《哈尔滨商业大学学报》（社会科学版）2020年第2期。

张军、章元：《对中国资本存量K的再估计》，《经济研究》2003年第7期。

张明斗：《政府激励方式对高新技术企业创新质量的影响研究——促进效应还是挤出效应?》，《西南民族大学学报》（人文社科版）2020年第5期。

张晓晶、李成、李育：《扭曲、赶超与可持续增长——对政府与市场关系的重新审视》，《经济研究》2018年第1期。

张协奎、邬思怡：《基于"要素—结构—功能—环境"的城市创新力评价研究——以17个国家创新型试点城市为例》，《科技进步与对策》2015年第2期。

张营营、高煜：《创新要素流动能否促进地区制造业结构优化——理论解析与实证检验》，《现代财经（天津财经大学学报）》2019年第6期。

张永安、关永娟：《政府补助对企业创新绩效的影响》，《工业技术经济》2021年第2期。

章文光、李金东：《政府在产业转型升级中的作用范围分析》，《中国行政管理》2017年第8期。

章元、程郁、佘国满：《政府补贴能否促进高新技术企业的自主创新？——来自中关村的证据》，《金融研究》2018年第10期。

赵建军、贾鑫晶：《智慧城市建设能否推动城市产业结构转型升级？——基于中国285个地级市的"准自然实验"》，《产经评论》2019年第5期。

赵萌、叶莉、范红辉：《经济政策不确定性与制造业企业创新——融资约束的中介效应研究》，《华东经济管理》2020年第1期。

赵世芳等：《股权激励能抑制高管的急功近利倾向吗——基于企业创新的视角》，《南开管理评论》2020年第6期。

赵延东、张文霞：《集群还是堆积——对地方工业园区建设的反思》，《中国工业经济》2008年第1期。

郑江淮、高彦彦、胡小文：《企业"扎堆"、技术升级与经济绩效——开发区集聚效应的实证分析》，《经济研究》2008年第5期。

郑威、陆远权：《创新驱动对产业结构升级的溢出效应及其衰减边界》，《科学学与科学技术管理》2019年第9期。

郑新业、王晗、赵益卓：《"省直管县"能促进经济增长吗？——双重差分方法》，《管理世界》2011年第8期。

郑绪涛、柳剑平：《促进R&D活动的税收和补贴政策工具的有效搭配》,《产业经济研究》2008 年第 1 期。

钟腾、汪昌云:《金融发展与企业创新产出——基于不同融资模式对比视角》,《金融研究》2017 年第 12 期。

周茂等:《开发区设立与地区制造业升级》,《中国工业经济》2018 年第 3 期。

周亚虹等:《政府扶持与新型产业发展——以新能源为例》,《经济研究》2015 年第 6 期。

朱承亮、师萍、岳宏志:《FDI、人力资本及其结构与研发创新效率》,《科学学与科学技术管理》2011 年第 9 期。

朱云欢、张明喜:《我国财政补贴对企业研发影响的经验分析》,《经济经纬》2010 年第 5 期。

Acemoglu, D. et al., "Innovation, Reallocation and Growth", *The American Economic Review*, Vol. 108, No. 11, 2018, pp. 3450−3491.

Acemoglu, D., Zilibotti, F., Aghion, P., "Distance to Frontier, Selection, and Economic Growth", *Journal of the European Economic Association*, Vol. 4, No. 1, 2006, pp. 37−74.

Aghion, P., Askenazy, P., Berman, N. et al., "Credit Constraints and the Cyclicality of R&D Investment: Evidence from France", *Journal of the European Economic Association*, Vol. 10, No. 5, 2012, pp. 1001−1024.

Aghion, P. et al., "Volatility and Growth: Credit Constraints and Productivity - Enhancing Investment", NBER Working Papers 11349, 2005.

Aghion, P. et al., "Industrial Policy and Competition", *American Economic Journal: Macroeconomics*, Vol. 7, No. 4, 2015, pp. 1−32.

Aigner, D., Lovell, C. A. K., Schmidt, P., "Formulation and Estimation of Stochastic Frontier Production Function Models", *Journal of Econometrics*, Vol. 6, No. 1, 1977, pp. 21−37.

Anselin, L., "Lagrange Multiplier Test Diagnostics for Spatial Dependence and Spatial Heterogeneity", *Geographical Analysis*, Vol. 20,

No. 1, 1988, pp. 1-17.

Anthony, Joseph H., Ramesh, K., "Association between Accounting Performance Measures and Stock Prices: A Test of the Life Cycle Hypothesis", *Journal of Accounting and Economics*, Vol. 15, No. 2-3, 1992, pp. 203-227.

Arimoto, Y., Nakajima, K., Okazaki, T., "Sources of Productivity Improvement in Industrial Clusters: The Case of the Prewar Japanese Silk-Reeling Industry", *Regional Science and Urban Economics*, Vol. 46, 2014, pp. 27-41.

Arrow, K. J., "The Economic Implications of Learning by Doing", in Hahn, F. H., ed., *Readings in the Theory of Growth: A Selection of Papers from the Review of Economic Study*, Palgrave Macmillan, 1971, pp. 131-149.

Awate, S., Larsen, M. M., Mudambi, R., "Accessing vs Sourcing Knowledge: A Comparative Study of R&D Internationalization between Emerging and Advanced Economy Firms", *Journal of International Business Studies*, Vol. 46, No. 1, 2015, pp. 63-86.

Baldwin, R. E., "The Case against Infant-Industry Tariff Protection", *Journal of Political Economy*, Vol. 77, No. 3, 1969, pp. 295-305.

Baron, R. M., Kenny, D. A., "The Moderator-Mediator Variable Distinction in Social Psychological Research: Conceptual, Strategic, and Statistical Considerations", *Journal of Personality and Social Psychology*, Vol. 51, No. 6, 1986, pp. 1173-1182.

Beaudry, C., Schiffauerova, A., "Who's Right, Marshall or Jacobs? The Localization versus Urbanization Debate", *Research Policy*, Vol. 38, No. 2, 2008, pp. 318-337.

Beck, T., Levine, R., Levkov, A., "Big Bad Banks? The Winners and Losers from Bank Deregulation in the United States", *The Journal of Finance*, Vol. 65, No. 5, 2010, pp. 1637-1667.

Bhattacharya, U., Hsu, P. H., Tian, X. et al., "What Affects

Innovation More: Policy or Policy Uncertainty?", *Journal of Financial and Quantitative Analysis*, Vol. 52, No. 5, 2017, pp. 1869–1901.

Blonigen, B. A. , "Industrial Policy and Downstream Export Performance", *The Economic Journal*, Vol. 126, No. 595, 2016, pp. 1635–1659.

Blonigen, B. A. , Wilson, W. W. , "Foreign Subsidization and Excess Capacity", *Journal of International Economics*, Vol. 80, No. 2, 2010, pp. 200–211.

Bloom, N. et al. , "Do R&D Tax Credits Work? Evidence from a Panel of Countries 1979–1997", *Journal of Public Economics*, Vol. 85, No. 1, 2002, pp. 1–31.

Boeing, P. , "The Allocation and Effectiveness of China's R&D Subsidies—Evidence from Listed Firms", *Research Policy*, Vol. 45, No. 9, 2016.

Boldrin, M. , Levine, D. K. , "Rent–Seeking and Innovation", *Journal of Monetary Economics*, Vol. 51, No. 1, 2008, pp. 127–160.

Bronzini, R. , Iachini, E. , "Are Incentives for R&D Effective? Evidence from a Regression Discontinuity Approach", *American Economic Journal: Economic Policy*, Vol. 6, No. 4, 2014, pp. 100–134.

Brollo, F. et al. , "The Political Resource Curse", *The American Economic Review*, Vol. 103, No. 5, 2013, pp. 1759–1796.

Brown, J. R. , Martinsson, G. , Petersen, B. C. , "Do Financing Constraints Matter for R&D?", *European Economic Rewiew*, Vol. 56, No. 8, 2012, pp. 1512–1529.

Cappelen, A. , Raknerud, A. , Rybalka, M. , "The Effects of R&D Tax Credits on Patenting and Innovations", *Research Policy*, Vol. 41, No. 2, 2012, pp. 334–345.

Charnes, A. , Cooper, W. W. , Rhodes, E. , "Measuring the Efficiency of Decision Making Units", *European Journal of Operational Research*, Vol. 2, No. 6, 1978, pp. 429–444.

Chen, C. J. P. , Li, Z. , Su, X. et al. , "Rent-Seeking Incentives, Corporate Political Connections, and the Control Structure of Private Firms: Chinese Evidence", *Journal of Corporate Finance*, Vol. 17, No. 2, 2011, pp. 229-243.

Chen, V. Z. et al. , "Ownership Structure and Innovation: An Emerging Market Perspective", *Asia Pacific Journal of Management*, Vol. 31, No. 1, 2014, pp. 1-24.

Ciccone, A. , Hall, R. E. , "Productivity and the Density of Economic Activity", Economics Working Papers, 1995.

Czarnitzki, D. , Lopes-Bento, C. , "Evaluation of Public R&D Policies: A Cross-Country Comparison", ZEW Discussion Paper No. 10-073, 2010.

Czarnitzki, D. et al. , "Evaluating the Impact of R&D Tax Credits on Innovation: A Microeconometric Study on Canadian Firms", *Research Policy*, Vol. 40, No. 2, 2011, pp. 217-229.

Dang, J. , Motohashi, K. , "Patent Statistics: A Good Indicator for Innovation in China? Patent Subsidy Program Impacts on Patent Quality", *China Economic Review*, Vol. 35, 2015, pp. 137-155.

Dechezleprêtre, A. , Einiö, E. , Martin, R. et al. , "Do Tax Incentives for Research Increase Firm Innovation? An RD Design for R&D", NBER Working Papers 22405, 2016.

Diez, J. R. , Berger, M. , "The Role of Multinational Corporations in Metropolitan Innovation Systems: Empirical Evidence from Europe and Southeast Asia", *Environment and Planning A: Economy and Space*, Vol. 37, No. 10, 2005, pp. 1813-1835.

Eisenhardt, K. M. , "Agency Theory: An Assessment and Review", *The Academy of Management Review*, Vol. 14, No. 1, 1989, pp. 57-74.

Farrell, M. J. , "The Measurement of Productive Efficiency", *Journal of the Royal Statistical Society. Series A (General)*, Vol. 120, No. 3, 1957, pp. 253-290.

Feldman, M. P. , Kelley, M. R. , "The Ex Ante Assessment of Knowledge Spillovers: Government R&D Policy, Economic Incentives and Private Firm Behavior", *Research Policy*, Vol. 35, No. 10, 2006, pp. 1509-1521.

Ferreira, D. , Manso, G. , Silva, A. C. , "Incentives to Innovate and the Decision to Go Public or Private", *The Review of Financial Studies*, Vol. 27, No. 1, 2014, pp. 256-300.

Gereffi, G. , Lee, J. , "Economic and Social Upgrading in Global Value Chains and Industrial Clusters: Why Governance Matters", *Journal of Business Ethics*, Vol. 133, 2016, pp. 25-38.

Grög, H. , Strobl, E. , "The Effect of R&D Subsidies on Private R&D", *Economica*, Vol. 74, No. 294, 2007, pp. 215-234.

Habib, A. , Hasan, M. M. , "Firm Life Cycle, Corporate Risk-Taking and Investor Sentiment", *Accounting and Finance*, Vol. 57, No. 2, 2017, pp. 465-497.

Hall, B. H. , "Investment and Research and Development at the Firm Level: Does the Source of Financing Matter?", Economic Working Papers No. 92-194,, 1992.

Haner, U. -E. , "Innovation Quality—A Conceptual Framework", *International Journal of Production Economics*, Vol. 80, No. 1, 2002, pp. 31-37.

Hansen, M. T. , Birkinshaw, J. , "The Innovation Value Chain", *Harvard Business Review*, Vol. 85, No. 6, 2007, pp. 121-130, 142.

Hicks, J. R. , "The Measurement of Capital in Relation to the Measurement of Other Economic Aggregates", in Hague, D. C. , ed. , *The Theory of Capital*, Palgrave Macmillan, 1961.

Howell, S. T. , "Financing Innovation: Evidence from R&D Grants", *The American Economic Review*, Vol. 107, No. 4, 2017, pp. 1136-1164.

Hsu, P. H. , Tian, X. , Xu, Y. , "Financial Development and Innovation: Cross-Country Evidence", *Journal of Financial Economics*, Vol. 112, No. 1, 2014, pp. 116-135.

Huang, Q., Jiang, M. S., Miao, J., "Effect of Government Subsidization on Chinese Industrial Firms' Technological Innovation Efficiency: A Stochastic Frontier Analysis", *Journal of Business Economics and Management*, Vol. 17, No. 2, 2016, pp. 187-200.

Huergo, E., Moreno, L., "National or International Public Funding? Subsidies or Loans? Evaluating the Innovation Impact of R&D Support Programmes", MPRA Paper, 2014.

Jing, C., Chen, Y., Wang, X., "The Impact of Corporate Taxes on Firm Innovation: Evidence from the Corporate Tax Collection Reform in China", NBER Working Papers 25146, 2018.

Kasahara, H., Shimotsu, K., Suzuki, M., "Does an R&D Tax Credit Affect R&D Expenditure? The Japanese Tax Credit Reform in 2003", CARF F-Series, 2013.

Kergroach, S., "National Innovation Policies for Technology Upgrading through GVCs: A Cross-Country Comparison", *Technological Forecasting and Social Change*, Vol. 145, 2019, pp. 258-272.

Kleer, R., "Government R&D Subsidies as a Signal for Private Investors", *Research Policy*, Vol. 39, No. 10, 2010, pp. 1361-1374.

Kline, P., Moretti, E., "Local Economic Development, Agglomeration Economies, and the Big Push: 100 Years of Evidence from the Tennessee Valley Authority", *The Quarterly Journal of Economics*, Vol. 129, No. 1, 2014, pp. 275-331.

Knoben, J., Oerlemans, L. A. G., "Proximity and Inter-Organizational Collaboration: A Literature Review", *International Journal of Management Reviews*, Vol. 8, No. 2, 2006, pp. 71-81.

Knudsen, B., Florida, R., Stolarick, K. et al., "Density and Creativity in U. S. Regions", *Annals of the Association of American Geographers*, Vol. 98, No. 2, 2008, pp. 461-478.

Krueger, A. O. , "The Political Economy of the Rent-Seeking Society", *The American Economic Review*, Vol. 64, No. 3, 1974, pp. 291-303.

Kumbhakar, S. C. , Lovell, C. A. K. , *Stochastic Frontier Analysis*, Cambridge University Press, 2003.

Lerner, J. , "The Government as Venture Capitalist: The Long-Run Impact of the SBIR Program", *The Journal of Business*, Vol. 72, No. 3, 1999, pp. 285-318.

Le, T. , Jaffe, A. B. , "The Impact of R&D Subsidy on Innovation: Evidence from New Zealand Firms", *Economics of Innovation and New Technology*, Vol. 26, 2017, pp. 429-452.

Lin, J. Y. , Rosenblatt, D. , "Shifting Patterns of Economic Growth and Rethinking Development", *Journal of Economic Policy Reform*, Vol. 15, No. 3, 2012, pp. 171-194.

Lin, J. et al. , "DRP Debate: Growth Identification and Facilitation: The Role of the State in the Dynamics of Structural Change", *Development Policy Review*, Vol. 29, No. 3, 2011, pp. 259-310.

Lu, Y. , Wang, J. , Zhu, L. , "Do Place-Based Policies Work? Micro-Level Evidence from China's Economic Zone Program", *SSRN Electronic Journal*, 2015.

Makkonen, T. , Inkinen, T. , "Innovation Quality in Knowledge Cities: Empirical Evidence of Innovation Award Competitions in Finland", *Expert Systems with Applications*, Vol. 41, No. 12, 2014, pp. 5597-5604.

Malmquist, S. , "Index Numbers and Indifference Surfaces", *Trabajos de Estadistica*, Vol. 4, No. 2, 1953, pp. 209-242.

Mamuneas, T. P. , Nadiri, M. I. , "Public R&D Policies and Cost Behavior of the US Manufacturing Industries", *Journal of Public Economics*, Vol. 63, No. 1, 1996, pp. 57-81.

Manso, G. , "Motivating Innovation", *The Journal of Finance*,

Vol. 66, No. 5, 2011, pp. 1823-1860.

Martin, P., Ottaviano, G. I. P., "Growth and Agglomeration", *International Economic Review*, Vol. 42, No. 4, 2001, pp. 947-968.

McConnell, J. J., Servaes, H., "Additional Evidence on Equity Ownership and Corporate Value", *Journal of Financial Economics*, Vol. 27, No. 2, 1990, pp. 595-612.

Meuleman, M., Maeseneire, W. D., "Do R&D Subsidies Affect SME's Access to External Financing?", *Research Policy*, Vol. 41, No. 3, 2012, pp. 580-591

Moorsteen, R. H., "On Measuring Productive Potential and Relative Efficiency", *The Quarterly Journal of Economics*, Vol. 75, No. 3, 1961, pp. 451-467.

Morck, R., Shleifer, A., Vishny, R. W., "Management Ownership and Market Valuation: An Empirical Analysis", *Journal of Financial Economics*, Vol. 20, 1988, pp. 293-315.

Nunn, N., Trefler, D., "The Structure of Tariffs and Long-Term Growth", *American Economic Journal: Macroeconomics*, Vol. 2 No. 4, 2010, pp. 158-194.

Peters, M. et al., "The Impact of Technology-Push and Demand-Pull Policies on Technical Change—Does the Locus of Policies Matter?", *Research Policy*, Vol. 41, No. 8, 2012, pp. 1296-1308.

Petrakis, E., Poyago-Theotoky, J., "R&D Subsidies versus R&D Cooperation in a Duopoly with Spillovers and Pollution", *Australian Economic Papers*, Vol. 41, No. 1, 2002, pp. 37-52.

Pietrobelli, C., "Global Value Chains and Clusters in LCDs: What Prospects for Upgrading and Technological Capabilities", UNCTAD Report, 2007.

Porter, M. E., "Clusters and New Economics of Competition", *Harvard Business Review*, Vol. 76, No. 6, 1998, pp. 77-90.

Ray, S. C., Desli, E., "Productivity Growth, Technical Progress, and Efficiency Change in Industrialized Countries: Comment", *The American Economic Review*, Vol. 87, No. 5, 1997, pp. 1033-1039.

Schminke, A., Biesebroeck, J. V., "Using Export Market Performance to Evaluate Regional Preferential Policies in China", *Review of World Economics*, Vol. 149, 2013, pp. 343-367.

Shapira, P., Youtie, J., Kay, L., "Building Capabilities for Innovation in SMEs: A Cross-Country Comparison of Technology Extension Policies and Programmes", *International Journal of Innovation and Regional Development*, Vol. 3, No. 3/4, 2011, pp. 254-272.

Solow, R. M., "A Contribution to the Theory of Economic Growth", *The Quarterly Journal of Economics*, Vol. 70, No. 1, 1956, pp. 65-94.

Stiglitz, J. E., Lin, J. Y. and Monga, C., "Introduction: The Rejuvenation of Industrial Policy", in Stiglitz, J. E., Lin, J. Y., eds., *The Industrial Policy Revolution I: The Role of Government Beyond Ideology*, Palgrave Macmillan, 2013.

Suzuki, K., Doi, Y., "Industrial Development in Malaysia and Singapore: Empirical Analysis with Multiple-Cone Heckscher-Ohlin Model", *Review of Development Economics*, Vol. 23, No. 3, 2019, pp. 1414-1431.

Takalo, T., Tanayama T., Toivanen, O., "Estimating the Benefits of Targeted R&D Subsidies", *The Review of Economics and Statistics*, Vol. 95, No. 1, 2013, pp. 255-272.

The World Bank, *The Role of the State in the Dynamics of Structural Change: Industrial Policy*, 2011.

Tokila, A., Haapanen, M., "Evaluating Project Deadweight Measures: Evidence from Finnish Business Subsidies", *Environment & Planning C: Government and Policy*, Vol. 27, No. 1, 2009, pp. 124-140.

Tong, T. W. et al., "Patent Regime Shift and Firm Innovation: Evidence from the Second Amendment to China's Patent Law", *Academy of Management Proceedings*, Vol. 2014, No. 1, 2014, 14174.

Zhang, J. J. , Guan, J. , "The Time-Varying Impacts of Government Incentives on Innovation", *Technological Forecasting and Social Change*, Vol. 135, 2018, pp. 132-144